그날이 오면

# 그날이 오면

| 생명·평화·정의를 위한 증언록 |

김거성

동연

# 김거성의 『그날이 오면』을 읽고

인간다운 따스함이 깊이 녹아 있는 그의 간증적 증언집은 통상
적인 설교집이 아니었다. 진부한 장광설도 없고 현학적 신학 논증
도 없다. 대신 그 속엔 김거성의 인간적 향기가 서려 있다. 바로
그 인간 냄새에서 예수의 자기비움의 겸손과 용기, '바보'(바로 보
는 예수의 통찰력과 바로 보살피는 예수의 실천력) 같은 예수의 향기
가 나는 듯하다.

그의 글은 짧다. 그리고 쉽다. 간증적 교만도 없고 신학적 지루
한 논증도 없다. 그의 담백하고 따뜻한 시대 간증에는 역사의 예수
와 부활의 그리스도가 함께 살아 움직이고 있다. 그래서 좋다. 한
국교회에서는 역사 예수와 부활의 그리스도가 따로따로 움직이기
에 기독교가 개독교로 오해받고 있는 것 아니겠는가. 그래서 김거
성의 신앙적 역사 증언을 통해 복음주의(evangelism)와 교회일치
(ecumenism) 간의 부끄러운 갈등과 불신이 종식되어 하느님의 평
화와 공의로 하나 되는 한국 기독교가 되기를 갈망한다.

그의 간증적 증언은 모두 그의 삶과 한국 역사 현실에서 잉태되
었다. 특히 부당하게 당하는 고통 속에서 우러나온 것이기에 저자는
그런 민중적 절규에 매우 민감하게 대응하시는 하느님의 육화

(incarnation)를 그의 삶의 중심에서 체휼했던 것이다. 평화 민중운동의 격랑 속에서 성육신의 성부와 비움의 성자를 모두 체험한 것을『그날이 오면』에 담고 있다. 그러니 살아있는 메시지의 전달자가 된 것이다.

그래서 그의 설교 아닌 설교에서는 항상 구체적 인물이 나온다. 군사재판에서 사형선고를 받고 "영광입니다!"라고 외쳤던 젊은이 김병곤, 열악한 노동 조건에서 기계처럼 혹사당했던 여공들을 위해 풀빵을 사 주었던 〈작은 한국 예수〉 전태일 등 실물이 거론된다. 모두 부당한 고난의 현장에서 억울하게 짜부라진 지극히 작은 자들과 잔인한 인간 정글 현장에서 꼴찌로 전락한 인생들을 살신성인의 실천으로 돌봐주었다. '예수따르미'들을 그의 간증의 주인공으로 등장시킨다.

특히 저자는 흥미로운 성서해석을 시도한다. 예수의 오병이어 나눔 기적을 전태일이 여공들에게 풀빵을 사줬던 이야기와 연결한 것은 매우 감동적이다. 그 풀빵 몇 개가 나중에 수천 명, 수만 명을 값지게 먹이는 생명의 양식으로 폭발할 수 있기 때문이다. 전태일 자신의 자기비움과 자기지움(자기해체)의 실천이 던져준 세계적 감동 파장을 우리는 잊지 말아야 한다.

끝으로 김거성은 역시 장공長空 김재준의 진정한 제자로구나 하는 느낌을 받고 흐뭇했다. 평소 장공의 애자무적愛子無敵의 신학은 성육신과 자기비움의 실천으로 이어졌기에, 그의 호號 뜻 그대로 '긴 자기비움'을 곧 이었다. 나는 한국 역사 속에 깊이 육화된 장공의 향기를 바로 지금, 여기에서 맡고 있다.

김거성 목사에게 말하고 싶다.

"앞으로 긴 비움뿐 아니라 '깊은 비움'(深空심공)의 삶을 신나게 사시길 바랍니다. 그래서 진정 이 땅에서, 우리 조국 강토에서 그 날이 동터올 때 함께 부활 주님과 손 맞잡고 해방의 춤, 광복의 춤 추고 노래하며 그날의 잔치를 함께 치르고 싶습니다. 이것이 바로 크로산Crossan이 말한 신인공조神人共助로 이뤄진 하느님 나라의 잔치 아닐까요?"

전 통일, 교육 부총리
韓民 한완상 교수

## 추천의 글

　김거성 목사가 자기의 설교를 묶어 출판하겠다고 합니다. 카카오톡으로 원고를 받았습니다. 추천하는 글을 쓰려면 일별이라도 해야 하지 않을까 싶었습니다. 첫 설교를 대충 훑어봤습니다. 한 번 흘낏 보아 넘길 설교들이 아닌 겁니다. 다시 맨 먼저 설교로 돌아가 좀 더 찬찬히 읽었습니다. 시좌는 넓고 시력은 깊습니다. 밀착하면서도 큽니다. 평생 설교했던 저였지만 배워야 할 것이 너무 많습니다.

　저처럼 평생 설교하는 것을 과업으로 삼는 모든 동역자들에게 김 목사의 설교를 꼭 읽자고 추천합니다.

　텍스트에 대한 신학적 천착이 치열합니다. 주석합니다. 신학자들의 연구를 살핍니다. 한 편의 설교를 위해 어찌 그렇게 많은 씨름을 할까. 설교마다 그렇습니다. 그 품이 나 같은 설교자를 부끄럽게 합니다.

　김 목사의 가슴에는 항상 실존적인 고통 가운데 있는 너, 사회의 약자들이 있습니다. 사회적 소수자, 사회적 희생자, 세계 곳곳에서 고통당하고 있는 이들과 만납니다. 그것, 쉬지 않고 드리는 기도입니다. 가슴이 살아 있어야 그리 되겠지요. 설교자의 가슴은 당연히 그래야 하지요. 그러나 쉽지 않습니다. 김 목사의 설교는 설교하는 모든 이들에게 숫돌 같다는 생각이 듭니다.

기독교사회윤리적 설교를 추구하는 이들에게 김 목사의 설교를 여러 번 읽자고 권합니다.

김 목사는 설교로 만나게 될 이들의 삶에 조심스럽게 그러나 분명하게 다가갑니다. 그가 살아오면서 만난 수많은 사람이 등장합니다. 그들 각각 자기가 부딪힌 현실과 씨름하는 사람입니다. 김 목사는 그때 그들과 가슴 열고 대화합니다. 그들의 삶의 현장이 김 목사의 삶의 현장입니다. 그들과 함께 산 삶에서 불현듯이 나를 보게 될 것입니다.

참다운 삶을 구하는 모든 이들에게 김 목사의 설교와 만나보라고 권합니다.

그리스도인이거나 아직 그리스도인이 아니거나 가릴 것 없습니다. 아니, 종교의 다름도 관계없습니다. 김 목사의 설교와 만나보십시오. 김 목사의 설교가 신학적 천착을 거쳐 나오는 것이라 해서 어렵거나 난해하거나 알아들을 수 없는 방언이 아닙니다. 억지스러움 같은 것은 흔적도 없습니다. 강요가 아닙니다. 그리스도인으로 이렇게 살자! 메시지가 분명합니다. 참을 찾아 두드리는 자여, 이렇게 살자! 메시지가 분명합니다.

김 목사 같은 후배 목사를 가까이 함께 살 수 있어 행복합니다.

언제 처음 만났던지 기억이 없습니다. 김 목사의 기억을 따르면 1977년 가을 서대문경찰서 유치장에 갇혀 있을 때 내가 면회를 갔

었다고 합니다. 연세대 학생 시절이었고 유신독재 반대 〈구국선언
서〉 사건으로 친구 노영민과 함께 연행되어 있었을 때 찾아갔었나
봅니다. 격려하는 마음이었겠지요. 그리고 당국자에게 선처를 부
탁했겠지요. 그게 첫 만남이었답니다. 김 목사와 만남은 꽤 오래전
에 이뤄졌던 겁니다. 민통련, 전민련에서 활동할 때 멀리서 지켜볼
수 있었습니다. 반독재투쟁, 시민운동 동지로 함께 일했습니다.
반부패운동, 국제투명성기구 한국지부 활동, 경기도교육청 감사
관, 대통령비서실 시민사회수석비서관 등 일마다 직간접적으로
협력하며 지냈습니다. 목회 활동에도 때마다 밀고 당기며 함께 헤
쳐 나갔습니다. 그냥 후배가 아닙니다. 가족 같습니다. 그래서 이
출판이 유난히 기쁩니다.

   김거성 목사와 동행하고 있다는 것. 하나님께 감사드립니다. 나에게 큰 행
복입니다.
   격하게 추천합니다. 예사 설교집이 아닙니다. 꼭 읽어보시기 바
랍니다. 함께 생각합시다. 오늘을 함께 살아갑시다.

전 한국방송공사(KBS) 이사장
김상근 목사

## 추천의 글

저는 교회 안의 김거성 목사는 잘 알지 못합니다. 저에게 김거성이라는 인물은 오랜 민주화운동의 동지이자, 종교 테두리를 넘어 종교인의 역할을 고민하게 하는 뜻 맞는 동지입니다.

유신헌법반대투쟁, 5·18민주화운동, 민주통일민중운동연합, 전국민족민주운동연합 등의 활동과 또 지역운동 전반에 걸쳐 모범을 보이신 모습은 끝없는 민주화에 대한 의지와 민주주의자로서의 솔선수범이었습니다. 한편, 한국투명성기구 회장, 국제투명성기구 이사에 이어 문재인 정부 시민사회수석으로 공직에 몸담는 동안에는 '청렴한 공직자의 모습이란 이런 것이구나' 하고 느낄 수 있었습니다.

훌륭한 인물로서 존경하는 마음으로 대한 지는 오래되었으나, 이번 설교집을 통해 이 모든 것이 또한 신실한 종교인으로서의 자세와 다르지 않았음을 다시 깨닫습니다.

먼저 살펴본 『그날이 오면』은 교회 문밖의 이들에게도 깨달음을 줄 수 있는 훌륭한 말씀들로 가득합니다. 다른 종교에 몸담아 공부하는 저에게도 참 많은 가르침과 깨우침을 주었습니다.

설교집 곳곳에는 민주화운동의 역사와 목사님의 경험, 민주주의에 대한 고민이 녹아 있습니다. 성경 말씀을 통해 사회적 참사를 읽어내고, 민주시민교육의 필요성을 설파하고, 나아가 정의로운 사회에 봉헌하는 태도를 강조한 이야기들을 읽으며 통찰과 혜안에 무릎을 쳤습니다. 넓고 깊은 사상을 이렇게 글로나마 만나볼 수 있어 기쁘고 또 감사하게 생각합니다.

앞으로 초 종파적인 차원에서 주의 주장을 내려놓고 우리나라와 전 세계인들이 합의된 힘으로 결합해 나가는 길이 무엇인지, 대동세상을 만들어 가는 방법에 대해서도 향상일로의 지도자가 되어주셨으면 하는 바람입니다.

시민사회수석으로 계시면서 김거성 목사께서는 우리나라 민주주의 발전을 위한 여러 일을 해주셨습니다. 민주화운동 유공자들이 최초로 정부의 이름으로 포상을 받게 되었고, 민주인권기념관이 옛 남영동 대공분실 터에서 무사히 착공을 준비할 수 있었습니다. 이처럼 우리 민주화운동의 역사를 오늘날 국가의 기억으로 공식화하는 데 큰 역할을 해주셨습니다. 또 민주시민교육이 일상에서 이루어질 수 있도록 하는 사업과 법제화 추진에도 큰 관심으로 지원해주셨습니다. 남은 몫은 민주화운동기념사업회가 시민들과 함께 앞으로 꾸준히 이뤄나갈 것입니다.

이 책이 우리 사회 민주주의 발전을 위해 교회에서, 또 사회 여러 곳에서 널리 읽히고 볼 수 있게 되길 기대합니다.

『그날이 오면』 발간을 진심으로 축하드립니다.

민주화운동기념사업회 이사장
지선 스님

## 추천의 글

　어둠이 깊어져 가는 산길에서 길을 잃어본 적이 있는 사람은 그 공포와 두려움을 압니다. 익숙하게 다니던 길이 어색해지고 발걸음은 느려집니다. 마음은 불안과 두려움으로 평정심을 잃고 갈팡질팡합니다.

　김거성 목사님으로부터 추천의 글을 요청받았을 때, 오래전 설악산 등반했을 때의 기억이 바로 떠올랐습니다. 대청봉에 올라가서 좀 더 머물고 싶다는 마음에 해가 질 때까지 시간을 보냈었습니다. 결국 늦게 하산하는 바람에 어두운 산속을 헤매게 되는 지경에 이르렀습니다. 시간이 지날수록 길은 더욱 어두워져 가고, 안내하는 표지판도 보이지 않는 갈림길 앞에 섰을 때는 두려움에 갇힌 기분이었습니다. 그때 멀리서 '흔들리는 작은 불빛'이 보였습니다. 그 작은 불빛이 주위 어둠을 밝히며 가까워질 때마다 마음은 점점 환해지고 있었습니다. 저는 몸과 마음에 생기가 넘치며 발걸음까지 가벼워져 날아갈 것 같은 기분이었습니다.

　김거성 목사님의 삶을 지켜보았던 동료로서 말합니다. 그는 어둠 속에서 헤매는 사람에게 '흔들리는 작은 불빛' 같은 사람입니다.

　산에 올라갔던 사람들이 밤이 되어도 내려오지 않으니 산 안내인이 손전등을 가지고 직접 찾아 나섰던 바로 그 불빛과 같은 사람입니다.

김거성 목사는 우리 사회 안에서 뛰어난 역량과 자질을 두루 갖춘 인재입니다. 하지만 그가 서 있는 곳은 세상 사람들은 즐겨 하지 않지만 동시에 하나님의 눈길과 손길이 닿는 곳이었습니다.

아동양육시설 송죽원의 아이들과 교감하는 그는 따뜻함과 부드러운 모습을 가지고 있습니다.

군부 독재 치하에서의 부당한 권력 앞에서는 무자비한 무력 앞에서 흔들릴 수 있는 자신을 굳건히 지키며 대항하였습니다.

우리 현대사의 역사의 수레바퀴에 깔려 죽거나 깊은 상처 입은 유가협(전국민족민주유가족협의회)을 가족 삼아 지원하고, 세월이 가도 여전히 지금도 사람들에게 스며드는 지원을 진행하고 있습니다.

자신을 나타내지 않으니 하나님께서 드러내시는 것 같습니다. 목사님과 함께하는 사람들은 행복할 것입니다. 옳은 가치를 위한 중요한 결정을 앞두고 있다면, 우왕좌왕하지 말고 김거성 목사가 결정한 길로 따라가라, 그러면 의를 심어 평화를 이루는 길로 이어질 것입니다.

김거성 목사와 함께하는 이들은 이 땅에 평화를 이루는 사람들, 그와 함께 가는 모든 사람은 하나님의 자녀라 불리게 될 것입니다.

김거성 목사의 설교 말씀 중 마리아 찬가(Magnificat)는 제가 무슨 일을 결단하고 추진하면서, 가장 중요하게 여겼던 연대 정신을 더욱 연대하게 합니다.

김거성 목사의 마리아 찬가 설교는 우리가 바라는 평등·평화의 세상을 이루어가는 하나님을 만나게 합니다.

"이 땅에서도 아직도 차별과 불평등이 남아 있습니다. 이러한 상황 속에서 하나님께서는 우리를 이끌어 주시고 우리에게 큰 변화, 큰 변혁으로 우리를 인도해 주신다는 믿음"으로 한나와 마리아의 기도를 통해 총체적인 세상의 변화를 원하시는 하나님이 창조주이시고 하나님이 역사의 주님이심을 믿는 믿음을 선포하는 김거성 목사님과 연대합니다.

하나님에게는 불가능이 없다는 고백으로 우리 사회의 청렴과 변혁을 꿈꾸며 행동한 믿음의 사도 김거성 목사님의 고백적인 설교집 『그날이 오면』을 감동으로 만납니다. 2021년 겨울 우리에게 와락 안긴 선물이라 여깁니다.

고맙습니다.

한국기독교장로회 총회장
김은경 목사

# 내 영혼아 주님을 찬양하여라

어렸을 적 한때 교회에 다닌 적이 있습니다. 지금 생각하면 꽤 괜찮은 교회였습니다. 동네 아이들이 많이 다녔었고, 교회 바로 옆에 장로회신학대학이 있었습니다. 장신대의 아름다운 교정과 소나무 숲길은 아직도 아름다운 기억으로 남아 있습니다.

초등학교 2학년 때 어머니가 이제 교회에 가지 말라고 하셨습니다. 그 이유는 집 가까운 곳에 성당이 생겼으니 거기에 가라고 하셨습니다. 저는 그때까지만 해도 구교와 신교의 차이점도 몰랐을뿐더러, 어머니가 성당을 가면 연보(헌금)를 더 주신다는 이야기에 혹했고, 또 어머니는 곧바로 교회에 가서 주일학교 선생님께 우리는 천주교 신자이니 성당으로 가야 한다고 말씀드렸더니 그 선생님도 흔쾌히 보내주었습니다.

그 이후로 저는 성당에 다녔습니다. 천주교는 모태신앙이란 말보다 '태중교우'라는 말을 쓰는데 저는 태중교우였던 것입니다. 그 이후 교회에 가본 적도 없고, 목사님을 만날 기회도 없었습니다. 시간이 흘러 저는 천주교 사제가 되었습니다. 사제가 되면서 개신교 신자를 만나거나 목사님을 만날 기회는 더욱 없었습니다. 군종 신부가 되려고 목사님들과 함께 군사훈련을 받았지만 속 깊은 이야기를 나누거나 우정을 맺기에는 상황과 시간적 제약이 있었습니다.

저는 의정부교구 사제입니다. 십여 년 전 구리성당에 부임한 후 작지만 뜻이 있는 신자들의 공동체인 구민교회 목사님을 알게 되었습니다. 김거성 목사님입니다. 제가 처음으로 인격적으로 만난 목사님이기도 합니다. 지역에서 작은 교회 공동체를 함께 하시는 모습이 좋았습니다. 투명한 사회를 만들기 위해 헌신하시는 모습도 좋았습니다. 사회의 여러 아픔에 동참하고 참된 복음의 길을 찾아가시는 실천적인 모습이 좋아 구리성당 사순절 특강에 초청하기도 했습니다.

목사님의 증언록 『그날이 오면』을 읽어 봅니다. 사실 사제인 저도 강론(설교) 준비를 합니다. 그런데 강론보다 설교보다 더 중요한 것이 있다고 생각합니다. 그것은 복음적 삶이 바탕이 되는 것입니다. 예수님께서 가르쳐 주신 복음의 빛으로 우리가 살아가고 그것을 살아 낼 때 어떤 말이 필요하겠습니까? 그 복음의 빛을 더욱 환하게 밝혀주시는 목사님의 설교에 감사드립니다.

목사님 말씀대로 그날이 왔으면 좋겠습니다. 아마 그날은 이미 와 있는지도 모르겠습니다. 우리가 절망하거나 비관적이지만 않다면 오늘을 그날로 만들어갈 수 있으리라 생각됩니다. 그 죽음보다 강한 희망으로 다 같이 그날을 만들어 가면 좋겠습니다.

관산동성당 사제관에서
이현섭 안사노 신부

머리말

# 증언록을 펴내며

증언록을 내는 일이 마치 속살을 드러내 보이는 것처럼 부끄럽게 느껴진다. 이는 우선 자신의 부족함이 드러나기 때문이다. 그 넓은 세상을 짧은 설교에 담기에는 나 자신의 학식과 지혜의 깊이에도 분명 한계가 있다. 그런데 더 본질적인 부족함이 있다. 그것은 무엇보다도 "내가 설교한 그대로 따라 사는 것이 더 힘들어…"* 라고 하셨던 전학석 목사의 고민과 이어지는 부분이다. 더 '은혜로운' 설교를 하거나 듣기를 추구하는 사람들은 많다. 하지만 그 말씀의 실천에 대한 결단이나 책임의식을 찾기는 쉽지 않다. 설교자야말로 더욱 그 실천을 추구하는 것이 마땅하다. 늘 스스로 돌이켜본다. '나는 설교한 대로 따라 살고 있는가?' 하지만 찬송가 옛 가사처럼 "평생에 행한 일 돌아보니 부끄럼뿐이라 황송"하다.

그처럼 실천이 얕고 보잘것없음에도 불구하고 이 증언록을 펴내려는 것은 적어도 신앙인이라면, 나아가 누구나 사람이라면 무엇을 지향해야 하는지 그 방향을 가리키는 손가락으로 삼고자 하는 까닭이다. 이 사회와 이 시대를 향한 메아리 없는 아우성에 지

---

\* 김거성, "빈 마음, 실천하는 믿음," 전학석 목사님을 회고하는 사람들(편), 『전학석 목사님 지은 말씀 농사: 그곳에는 언제나 그림자처럼』 (현존사, 1998), 405-410.

나지 않을지라도, 증언자 스스로의 다짐을 담고자 하는 것이다.

여기에 담은 설교들은 대부분 지난 2020년 말부터 2021년 말까지 일 년 남짓 경기도 구리시 한국기독교장로회 구민교회에서 증언한 내용들이다. 가능한 교회력의 절기에 맞추어 제시된 구약성서와 사도서간문, 복음서 등 세 본문을 따라 말씀을 나누고자 하였다. 1부는 대림절, 성탄절, 주현절, 2부는 사순절과 부활절, 3부는 성령강림절, 4부는 창조절 설교들이다. 코로나19로 말미암아 대면예배가 어려운 형편에서 온라인으로 말씀을 증언해야 하는 상황이었음을 감안하고 읽어 주시기를 기대한다.

부족한 증언록에 사랑과 정성을 담아 추천의 글을 써 주신 한완상 부총리님, 김상근 목사님, 지선 스님, 김은경 총회장님, 이현섭 안사노 신부님께 마음 깊이 존경의 인사를 드린다. 아울러 한국기독교장로회, 한국투명성기구, 경기도교육청, 대통령비서실 등에서 더불어 활동하며 큰 깨달음과 가르침, 씩씩함으로 가르쳐 준 많은 벗님들께 감사드린다. 또한 이 증언록을 펴내기 위해 긴 시간을 함께한 동연의 김영호 장로님을 비롯한 편집진과 섬세한 손길로 글을 다듬어준 동생의 노고도 기억한다.

어려움의 길을 함께 아파하며 살아온 가족들 그리고 구민공동체의 식구들 모두에게 두 손 모아 고마움을 전하고 싶다.

오직 하나님께 영광을!

2021년 11월
김거성 손모음

# 차례

일러두기

본문에 인용한 성경은 "표준새번역"을 기본으로 하였습니다.

별도 역본 표기가 없는 경우 표준새번역 성경입니다.

# 1부 | 평화 심어 정의를

# 막니피캇(Magnificat)

(삼상 2:1-10; 히 11:1-3, 8-16; 눅 1:39-56)

그리하여 마리아가 노래하였다. "내 마음이 주님을 찬양하며 내 영혼이 내 구주 하나님을 높임은 주께서 이 여종의 비천함을 돌보셨기 때문입니다. 이제부터는 모든 세대가 나를 행복하다 할 것입니다. 힘센분이 내게 큰 일을 하셨기 때문입니다. 주의 이름은 거룩하고, 그의 자비하심은, 그를 두려워하는 사람들에게 대대로 있을 것입니다. 주께서는 그 팔로 권능을 행하시고, 마음이 교만한 사람들을 흩으셨으니, 제왕들을 왕좌에서 끌어 내리시고 비천한 사람들을 높이셨습니다. 주린 사람들을 좋은 것으로 배부르게 하시고, 부한 사람들을 빈손으로 떠나보내셨습니다. 주께서 자비를 기억하셔서, 당신의 종 이스라엘을 도우셨습니다. 우리 조상에게 말씀하신 대로 그 자비는 아브라함과 그 자손에게 영원토록 있을 것입니다." 마리아는 엘리사벳과 함께 석 달쯤 있다가 자기 집으로 돌아갔다(눅 1:46-56).

여러분, 안녕하십니까? 오늘은 대림절 셋째 주일입니다. 대림 절기는 예수님의 성탄을 준비하는 네 주간으로 되어 있는데, 오늘 이 그 셋째 주일입니다.

오늘 함께 읽은 구약성서 사무엘상 그리고 신약성서 누가복음서 1장, 양쪽의 본문에 보면 여성들 3명의 정말 당황스러운, 또 안타까운 그런 상황이 표현되어 있습니다.

## 한나의 기도

사무엘 1장을 보면 한나는 엘가나의 부인입니다. 그런데 엘가나에게는 두 부인이 있었다고 나옵니다. 브닌나와 한나, 이렇게 두 명의 부인이 있는데 브닌나에게는 아들, 딸들이 있습니다. 그리고 한나는 자녀가 하나도 없는 상태이고, 나이가 들어서 이제 더 이상 앞으로 아기를 낳을 수 있을 것이라는 희망조차 갖기 어려운 상황이었습니다.

그래서 한나는 항상 울기만 하고, 음식을 먹고 싶은 생각도 전혀 없는 그러한 처절한 심정에 처해 있었습니다. 더군다나 이 본문을 보면 브닌나가 한나를 괴롭히고 있습니다. 사무엘상 1장 6절을 보면 한나의 안타까운 상황과 그로 인한 절망이 얼마나 심각했을지 짐작할 수 있습니다.

그러나 한나는 외롭고 괴롭고 견디기 어려운 상황 속에서도 절망하지 않고 오직 하나님께 호소합니다. '하나님께는 불가능한 일이 없다'라는 믿음으로 성전에 가서 기도를 하죠. 그때 이 한나의 기도를 옆에서 보고 있었던 엘리 제사장은 한나가 중얼거리면서 입술만 움직이고 소리를 내지 않는 것을 보고 '그녀가 술 취한 줄로 생각하고, 그를 꾸짖었다'고 기록되어 있습니다. 엘리 제사장이 이렇게 말합니다. "언제까지 술에 취해 있을 것이오? 포도주 좀 끊으시오."

엘리는 한나의 상황을 정확하게 파악하지 못하고 있습니다. 그래서 한나가 이렇게 이야기합니다. "제사장님. 저는 술에 취한 것이 아닙니다… 다만 슬픈 마음을 가눌 길이 없어서 저의 마음을 주님 앞에 쏟아놓았을 뿐입니다… 너무나도 원통하고 괴로워서, 이처럼 기도를 드리고 있습니다"(15-16절).

너무나도 원통하고 괴롭다는 그녀의 말에서 우리는 한나의 상황을 짐작하게 됩니다. 오늘날에도 미혼모 또는 아기를 낳지 못한 여인, 이러한 여성들의 어려움이 크지만, 그 당시에 이스라엘의 상황에서는 더욱 심했던 것입니다. 그래서 한나는 하나님 앞에서 서원을 합니다. "하나님, 하나님께서 저에게 아들을 주시면 이 아들의 머리에 칼을 대지 않겠습니다. 그래서 그 아이의 한평생을 주님께 바치겠습니다"라고 기록되어 있습니다(11절). 브닌나 등으로부터 얼마나 심하게 괴로움을 겪었으면 한나가 이러한 기도를 했을까요? 괴로운 마음으로 흐느끼며 울면서 기도했다고 10절에 기록되어 있습니다.

이 한나의 상황처럼, 돌아가신 제 어머님도 결혼해서 한 2~3년을 아기를 못 낳아서 한나의 기도를 본받아 "아들을 주시면 그 아이를 주님께 바치겠습니다" 약속을 하고서 저를 가졌다는 이야기를 들었습니다.

한나의 상황이 얼마나 절박했을까 생각해 보는데, 그녀는 그럼에도 불구하고 포기하지 않고 '하나님께는 불가능한 일이 없다'는 것을 믿었습니다. 그래서 하나님께 이렇게 처절하게 기도하고, 흐느끼며 기도를 드렸던 것입니다.

## 엘리사벳의 기도

오늘 본문에 나오는 두 번째 인물이 있습니다. 누가복음서 1장 35-37절을 보면 엘리사벳이라는 사람이 등장합니다. 엘리사벳과 그 남편 사가랴는 이미 나이가 많았다고 합니다. 여성으로서 더 이상 아기를 가질 수 없는 그런 상황을 뜻합니다. 이제 엘리사벳은 하나님 앞에 기도하고 그래서 사가랴를 통해서 응답을 받아 수태, 즉 아기를 가지게 됩니다.

본문에 "엘리사벳이 벌써 아기를 가진 지 6개월이다"(36절)라고 기록되어 있는데 엘리사벳에게 일어난 일 역시 하나님께는 불가능한 일이 없다는 것을 상징하는 사건이라고 하겠습니다. 그래서 엘리사벳은 하나님 앞에서 아기를 가지게 된 것을 기뻐하면서 마리아의 방문을 맞아들이게 되었던 것입니다.

누가복음서 1장 36절에는 천사가 마리아에게 전한 메시지가 이렇게 기록되어 있습니다: "보아라. 그대의 친척 엘리사벳도 늙어서 임신하였다. 임신하지 못하는 여자라 불리던 그가 임신한 지 벌써 여섯 달이 되었다. 하나님께는 불가능한 일이 없다." 하나님 께는 불가능한 일이 없다는 말씀이 본문에서 천사와 엘리사벳을 통해서 마리아에게 하나님께서 전달해주시는 메시지라고 할 수 있습니다.

## 마리아의 기도

마리아는 이러한 어처구니없는 상황을 받아들이기로 했습니다. 그래서 이렇게 답합니다. "보십시오, 나는 주님의 여종입니다. 당신의 말씀대로 나에게 이루어지기를 바랍니다"(38절). 그리고 천사는 마리아에게서 떠나갔습니다.

엘리사벳을 방문하고 나서 드렸던 마리아의 기도가 바로 '막니피캇Magnificat', 즉 '마리아의 찬가'입니다. 그래서 세 번째는 당연히 마리아라는 여인입니다. 마리아라는 여성은 미혼모로 아기를 낳아야 하는 그런 상황입니다. 미혼모로서 아기를 낳았다는 것은 아기를 낳지 못하고 늙었다는 것과 유사하게 사회적인 차별과 멸시의 상황으로 이어질 것입니다. 그런데 그럼에도 불구하고 마리아는 이런 상황을 받아들이고 맞서기로 한 것입니다.

오늘 우리 이 땅에서도 여러 가지 형태로 아직도 차별과 불평등이 남아 있습니다. 이러한 상황 속에서 하나님께서 우리를 이끌어주시고 우리로 하여금 이러한 큰 변화, 큰 변혁으로 우리를 인도해 내신다는 믿음, 이것이 오늘 우리에게 함께 있어야 합니다.

이 본문의 마리아의 상황은 한나와 엘리사벳의 상황과 더불어 첫째로 무엇보다도 하나님께는 불가능한 일이 없다는 것을 말씀합니다.

임신하지 못하는 여자라 불리던 엘리사벳이 임신한 지 벌써 여섯 달이 되고, 또 오랫동안 나이가 들어서 더 이상 아기를 낳을 수 없을 것으로 생각했던 한나가 아기를 낳았는데, 그가 바로 사무엘입니다.

그리고 미혼모로 남자를 알지 못하는 여성, 마리아가 아들을 낳았고 그 아들이 바로 예수 그리스도가 되는 것입니다. 엘리사벳이 낳은 아이의 이름은 무엇인가요? 바로 세례자 요한입니다. 하나님께는 불가능한 일이 없다는 믿음은 바로 하나님께서 이 땅의 창조주이시고, 이 땅의 역사를 주관하시는 주님이라는 신앙으로부터 시작됩니다.

더 나아가서 하나님께 불가능한 일이 없는 것은 이 세상에 잘못되어 있는 온갖 차별과 불균형, 불평등을 다시 제자리로 돌려놓으시는 역사로 이어진다는 믿음입니다. 이것이 오늘 엘리사벳, 한나 그리고 마리아의 이야기이며, 또 마리아의 찬가와 한나의 기도를 통해서 우리에게 알려주는 교훈입니다.

두 번째로 본다면, 하나님의 불가능한 일이 없는 역사의 주체로서의 여성들의 역할과 참여입니다. 이것은 한나의 기도를 통해서도 나타나고 있는데, 여기에 한나의 기도의 내용과 마리아의 기도의 내용이 상통하고 있습니다. 한나의 기도에는 이렇게 나오죠. "용사들의 활을 꺾고 약한 사람들을 강하게 만든다. 또 한때 넉넉하게 살던 자들을, 먹고 살려고 품을 파는 사람들로 그리고 반대로 굶주리던 자들은 다시 굶주리지 않게 만든다. 또 자식을 못 낳던 여인은 일곱이나 낳았지만, 아들을 많이 둔 교만한 여인들은 홀로 남는다." 이런 사회의 총체적인 혁명이 마리아와 한나의 기도를 통해서 나타난 것입니다. 그래서 이 근거로 이 세상을 떠받치고 있는 기초는 바로 모두 주님의 것이라는 공통점을 찾아볼 수 있습니다. '그분이 땅덩어리를 기초 위에 올려놓으셨다. 창조주님이시다'라는 것입니다.

마리아의 찬가에서도 마찬가지입니다. "제왕들을 왕좌에서 끌어내리시고, 비천한 사람을 높이셨습니다. 주린 사람들을 좋은 것으로 배부르게 하시고, 부한 사람들을 빈손으로 떠나보내셨습니다." 이는 세상에 혁명이 일어나는 것입니다. 그래서 이 마리아의 찬가는 한나의 기도의 모사판이라고 하기도 합니다만, 어쨌거나 한나의 기도에서든 마리아의 기도에서든 총체적인 세상의 변화가 나타났다는 고백이 있습니다. 이것은 바로 이들의 삶에서 근본적으로 하나님이 창조주이시고 하나님이 역사의 주님이시라는 믿음속에서 가능한 일들입니다.

## 마무리

오늘 우리에게 주어졌던 히브리서 11장은 잘 아는 바와 같이 '믿음'이라는 단어가 18번이나 나옵니다. 그래서 11장을 '믿음장'이라고 부르기도 합니다.

하나님께 불가능한 일이 없다는 것을 받아들이고 하나님께 신뢰하는 것, 이것이 우리 그리스도인들의 근본적인 자세가 되어야 합니다. "우리들이 여러 가지로 처해 있는 다양한 어려움이 있지만, 그 가운데서도 이 어려움에도 불구하고 이것을 하나님께서 우리로 하여금 이겨낼 수 있도록 힘을 주시는구나. 왜? 하나님께서 창조주이시고 역사를 주관하시는 하나님이시기 때문에…" 이것을 엘리사벳과 한나 그리고 마리아를 통해서 우리에게 보여주신 하나님께 감사드리며 우리도 바로 그러한 역사의 주인공으로, 역사를 거슬러 하나님의 뜻을 실천하는 하나님의 자녀들이 되어야 하겠습니다.

은혜로우신 주님! 오늘 우리들이 한나와 엘리사벳 그리고 마리아의 노래를 듣습니다. 그들을 통해서 이 역사라는 물에 그냥 흘러가는 배가 아니라 이것에 맞서서 하나님의 뜻을 실현하기 위해 힘써야 함을 깨닫습니다. 이 땅을 더욱 평등하고 평화로운 세계로 만들기 위해 변화시켜내는 귀한 책무를 우리에게 주심을 기억합니다. 우리들이 살아가는 현장 속에서 여러 가지로 억울하고 정말 비참하고 힘들고 괴로운 상황이 있지만 이러한 상황 속에서 체념하거나 굴복하지 않고 하나님의 주인이심, 창조주이신 하나님께서 역사를 다스리심을 믿고 신뢰하며 역사를 이겨낼 수 있는 당신의 자녀들로 삼아주시옵소서. 우리 구주 예수 그리스도 이름으로 간절히 기도드리옵나이다. 아멘.

# 맡은 바 선한 것을 지키라

(출 1:15-2:10; 눅 2:22-35; 딤후 1:8-14)

그러므로 그대는, 우리 주님을 증언하는 일이나, 주님을 위하여 갇힌 몸이 된 나를 부끄러워하지 말고, 하나님의 능력을 힘입어, 복음을 위하여 고난에 참여하십시오. 하나님께서 우리를 구원하여 주시고, 거룩한 부르심으로 불러 주셨습니다. 그것은 우리의 행실을 따라 하신 것이 아니요, 오직 하나님의 계획과 은혜를 따라 하신 것입니다. 이 은혜는 영원 전에 그리스도 예수 안에서 우리에게 주신 것인데, 이제는 우리 구주 그리스도 예수의 나타나심으로 밝히 드러났습니다. 그리스도께서는 죽음을 폐하시고, 복음으로 생명과 썩지 않음을 밝히 보이셨습니다. 나는 이 복음을 전하는, 선포자와 사도와 교사로 임명을 받았습니다. 그러므로 나는 이런 고난을 당하면서도 부끄러워하지 않습니다. 나는 내가 믿는 분을 잘 알고 있고, 또 내가 맡은 것을 그분이 그 날까지 지켜 주실 수 있음을 확신합니다.

그대는 그리스도 예수 안에 있는 믿음과 사랑으로 나에게서 들은 건전한 말씀을 본보기로 삼고, 우리 안에 살아 계시는 성령을 힘입어, 그 맡은 바 선한 것을 지키십시오(딤후 1:8-14).

교우 여러분, 안녕하십니까? 오늘은 송년주일입니다.

## 히브리

구약성서 본문 출애굽기 1장부터 2장에 나오는 이야기는 이집트 바로 왕이 잔인한 폭군으로서 히브리 노예들에게 어떻게 대했는지에 대하여 설명하고 있습니다. '히브리'는 보통 이스라엘과 동의어로 알고 있습니다만, 히브리와 이스라엘은 처음부터 동일한 집단을 지칭하는 이름은 아니었습니다.

사무엘상 14장 21절을 보면 이렇게 기록되어 있습니다. "블레셋 사람들 편을 들어 싸움터에까지 나왔던 **히브리** 사람들도 이제는 돌이켜서 사울과 요나단이 지휘하는 **이스라엘** 편이 되었다." 여기서 히브리 사람들은 원래 용병으로 블레셋 사람들의 편에 서서 싸우고 있었는데, 돌이켜 이스라엘 편이 되었다는 것입니다.

사실 구약성서 내에서뿐만 아니라 고대 중동 지역의 여러 문서에도 히브리의 존재가 기록되어 있습니다. 이들은 '하비루', '하피루', '아삐루', '히브리' 등으로 불렸으며 고정된 혈통과 언어, 문화를 갖춘 민족 집단이 아니라는 사실이 드러납니다. 하비루는 특정 사회 계층을 경멸적으로 지칭하던 용어일 뿐이었습니다. 즉, 노예나 용병 등으로 사회·경제적 약자들이 바로 하비루의 정체성이었습니다. 이집트에서 이 하비루는 피라미드를 쌓거나 운하, 댐, 수로 등을 건설하는 강제 노역에 동원되기도 했습니다. 나중에 히브리는 이스라엘과 동의어로 됩니다만, 이들은 원래 오늘날 말하는 개념의 인권이 전혀 보장되지 않은, 사람이 아닌 그저 기계처럼 강제로 부리는 수단에 불과했던 것입니다.*

## 바로 vs 산파

오늘 본문에서 바로 왕은 히브리인들을 강제 노동으로 억압하고, 비돔성과 라암셋성을 건설하는 데 끌고 나가며, 흙을 이겨 벽돌을 만드는 일이나 밭일과 온갖 고된 일을 시킵니다. 출애굽기는 이런 배경에서 읽어야 제대로 이해할 수 있습니다. 하층민 노예들의 해방, 이것이 출애굽 사건의 본질이고, 그들을 해방공동체로 이끌어내시는 주인공으로서의 하나님과 그 백성들의 이야기가 출애굽기입니다.

바로 왕에게 히브리인들은 인격체가 아니었습니다. 통치와 억압, 수탈의 대상에 불과했습니다. 그런데 문제가 발생합니다. 출애굽기 1장 12절을 보면 "그러나 그들은 억압을 받을수록 그 수가 더욱 불어나고, 자손이 번성하였다"고 합니다. 그래서 이들의 세력이 커지는 것을 막기 위해 이집트 사람들은 그들을 더욱 혹독하게 부렸다는 것입니다.

그럼에도 불구하고 히브리인의 숫자는 늘어만 갔습니다. 바로 왕은 이것이 사회불안, 아니 자신들의 기득권 유지에 불안 요소로 작용할 것을 걱정합니다. 그들이 저항할 수 없도록 일정한 숫자에 묶어두어야 할 텐데, 자꾸 불어가는 히브리인들의 숫자에 바로 왕

---

* https://en.wikipedia.org/wiki/Habiru.

은 특단의 조치를 내립니다. 즉, 십브라와 브아라고 하는 히브리 산파들에게 "히브리 여인이 아들을 낳거든 죽이고, 딸만 살려 두어라"는 명령을 내리는 것이지요.

이 히브리 산파들이 히브리인이었는지 이집트인이었는지에 대해서는 논쟁이 있습니다만, 십브라란 이름은 영어로 'fairness', 'beautiful', 즉 '공정'과 '아름다움'이라는 뜻이라고 합니다. 아마 이들이 이집트산파협회 회장, 부회장이었을지도 모릅니다. 어쨌거나 이들은 바로 왕의 정말 잔혹하고 잔인하며 비인도적인 지시를 불이행합니다. 이에 바로 왕이 산파들에게 왜 남자아이들까지 살려두었는지 문책하려 하자 이들은 기지를 발휘하여 "히브리 여인들은 기운이 좋아서 산파가 당도하기 전에 아기를 낳아 버립니다"라고 답합니다.

이로써 바로 왕의 첫째 방략은 수포로 돌아가 버리고, 대안을 내옵니다. 즉, "갓 태어난 히브리 남자아이는 모두 강물에 던지라!" 그 이후 전개된 이야기는 교우 여러분이 잘 아시는 바와 같이 바로의 딸, 공주가 목욕하러 왔을 때 강가 갈대숲에 갈대로 만들어 역청을 바른 상자 속에서 사내아이를 발견해서 궁에 데리고 옵니다. 그것이 모세 이야기의 시작입니다.

여기서 이 산파들의 역할을 생각해 보고자 합니다. 산파들의 가장 중요한 과제가 무엇입니까? 바로 산모도 태아도 안전하게 출산을 돕는 것입니다. 이 직분을 가장 충실하게 수행하는 책임, 이를 위해서는 바로 왕의 지시, 비인도적인 명령을 거부한 것입니다. 이를 오경, 출애굽기는 "산파들은 하나님을 두려워하였기에 명령을 거부하고 남자아이들을 살려 두었다"고 기록하고 있습니다. 하나님을 두려워하는 것이 우리 신앙인의 삶의 기본이 되어야 합니다. 겉으로 경건한 것처럼 꾸미는 것이 아니라, 삶의 가장 깊은 곳에서 무엇보다도 먼저 하나님의 뜻을 가장 소중하게 받드는 자세, 이것을 '경건'이라고 합니다.

마태복음서에 기록된 헤롯 왕의 이야기에서도 유사한 내용을 찾을 수 있습니다. 헤롯 왕에게 메시아의 출현은 기득권 유지에 커다란 장애물이 나타난 것을 의미했을 뿐입니다. 그래서 헤롯 왕도 동방박사들에게 부탁합니다. "그 아이를 찾거든 나에게 알려 주시오. 나도 경배하러 갈 테니…." 하지만 헤롯 왕의 첫째 방략도 수포로 돌아가 버립니다. 악인은 늘 둘째 방략을 꾸미고 있지요? 헤롯 왕은 '베들레헴과 가까운 온 지역에 사는, 두 살짜리로부터 그 아래의 사내아이를 모조리 죽이는 것'입니다(마 2:7-18).

### 예수를 만난 시므온

오늘 누가복음서 본문은 아기 예수의 정결 예식에 대한 기록입니다. 이 본문에는 시므온이라는 인물이 등장합니다. 누가복음서 2장 29-32절의 시므온의 기도는 가톨릭교회, 성공회나 루터교회 의식에서 자주 쓰이는 "Nunc dimittis", "이제 보내소서"라는 제목의 기도문으로 사용되고 있습니다.

주여, 이제는 주의 뜻대로 당신의 종을 평안히 놓아 주시는도다. 내 눈이 주의 구원을 보았사오니, 이는 만민 앞에 예비하신 것이요, 이방을 비추는 빛이요, 주의 백성 이스라엘의 영광이니이다.

시므온이 아기 예수를 만난 것도 하나님 앞에서 경건하게 그의 직분에 정진했기에 가능했습니다. "그는 의롭고 경건한 사람이었다"고 25절에 기록되어 있습니다. 시므온의 기도는 유언처럼 보입니다. 그 내용을 한마디로 줄인다면 "이제 죽어도 여한이 없겠습니다"라는 뜻입니다. 자신의 직분을 충성되게 수행하는 가운데 시므온은 아기 예수의 정결례를 집례하는 영광을 누린 것입니다. 이것이 바로 경건한 사람이 받는 축복입니다.

## 시민사회수석 활동의 반성과 성과

이미 말씀드린 바 있습니다만, 제가 대통령 비서실 시민사회수석으로 활동하고 나서 한 매체와의 인터뷰에서 시민사회수석을 지내면서 가장 보람 있었던 일과 아쉬웠던 일에 대해서 질문을 받았습니다. 가장 아쉬운 일은 민주시민교육과 관련해서입니다.

저는 우리나라가 민주시민교육을 통해서 지속, 가능하게 민주주의를 발전시켜나갈 수 있는 역량을 더 키워나가는 일이 꼭 필요하다고 생각해 왔습니다. 하지만 민주시민교육이라는 제도와 프로그램 등을 정착시키지 못한 상태에서 겨우 의제 설정만 해놓고 청와대를 떠나게 되었습니다.

민주시민교육은 국민을 이른바 '계도'하는 것이 아니라 어떤 논쟁적인 주제에 대해서 서로의 의견을 표현하고 경청하면서 일종의 사회적 합의를 모아가는 과정이라 할 것입니다. 그런 과정들을 통해서 국민의 민주주의의 역량을 더 강화하자는 것이 그 취지이지요.

꼭 학교 교육뿐만 아니라 사회에서도 마찬가지로, 또 국가의 여러 영역에서 이런 것들이 제대로 추진되기를 기대합니다. 학교 민주시민교육에 대해서는 일정하게 요구와 강조를 해왔던 목소리들이 있었지만, 사회의 민주시민교육에 대해서는 아직 충분히 의제화시켜 내지 못했다고 생각합니다. 민주시민교육이 힘을 받을 수 있도록 학생 평가와 입시 등에서뿐만 아니라 임용시험, 입사 시험, 나아가 승진이나 관리자의 자격 등을 평가하는 과정에서 민주시민교육 내용의 이해와 실천이 충분히 반영되는 것이 절실한 과제들 가운데 하나라고 생각합니다.

그러나 저 혼자 그 일을 하는 것도 아니고, 저만 그 과제를 실현시켜 낼 수 있는 것도 아닙니다. 이제 민주시민교육지원법안이 국회 행정안전위원회에 상정되었고 시민사회에서도 이를 위한 조직적인 노력이 결집되고 있기 때문에 저는 이번 국회 임기 내에 법이 제정되기를 기대합니다. 물론 법 제정이 된다고 하더라도 최선을 다해 후속 과제들을 제대로 궤도에 올려 수행해갈 때라야 지속, 가능한 민주주의의 실현이라는 열매를 얻을 수 있을 것입니다.

아울러 가장 보람 있었던 일로 저는 우리 사회의 민주화, 노동자의 권리를 위해 헌신 희생하신 분들에게 국민훈장을 드릴 수 있었던 점을 꼽았습니다. 물론 훈포장 등 국가적 상훈은 국무회의 의

결사항입니다. 그렇지만 논의의 시작이 있어야 안건으로 올라오는 것이지요. "우리의 민주주의가 이만큼 오기까지 많은 헌신과 희생이 있었습니다." 이에 지난 6월 10일, 대한민국 민주주의 발전에 기여한 공로자들께 훈포장을 수여했던 것입니다. 당시 대통령 연설문의 일부를 읽어보겠습니다.

전태일 열사를 가슴에 담고 노동자의 권익을 위해 평생을 다하신 고 이소선 여사님, 반독재 민주화운동으로 일생을 바친 고 박형규 목사님, 인권변호사의 상징이었던 고 조영래 변호사님, 시대의 양심 고 지학순 주교님, 5 · 18민주화운동의 산증인 고 조비오 신부님, 전국민족민주유가족협의회 회장으로 오랫동안 활동하신 고 박정기 박종철 열사의 아버님, 언론 민주화를 위해 투쟁한 고 성유보 기자님, 시대와 함께 고뇌한 지식인 고 김진균 교수님, 유신독재에 항거한 고 김찬국 상지대 총장님, 농민의 친구 고 권종대 전국농민회총연맹 의장님, 민주 · 인권 변호의 태동을 알린 고 황인철 변호사님 그리고 아직도 민주주의의 현장에서 우리와 함께 계신 이한열 열사의 어머니 배은심 여사님.

그리고 고 제임스 시노트 신부님, 최근 작고하신 조지 오글 목사님에게는 국민포장이 수여되었습니다. '실로 이름 그 자체로 대한민국 민주주의이며, 엄혹했던 독재 시대 국민의 울타리가 되어주셨던 분들'입니다. 또 지난해 11월 13일에는 노동자들이 사람답게 살아야 한다며 스스로를 불사른 전태일 열사에게 50주기를 맞이하여 국민훈장 무궁화장을 추서했습니다.

저는 이분들이 하나님 앞에 경건하게 살았던, 하나님을 두려워 했던 분들이라고 생각합니다. 저는 이분들에게 해야 할 최소한의 책임을 했던 것입니다. 물론 그분들을 기억하고 훈장을 드리는 것만으로 끝나서는 안 될 것입니다. '민주화운동유공자예우에관한 법률'도 제정되어야 하겠고, '중대재해기업처벌법' 제정 등으로 노동 존중 사회를 실현시켜 나가야 할 것입니다. 돈이나 권력이 아닌 사람과 생명이 먼저인 나라를 만들어나가는 데 더욱 매진하겠다는 다짐의 계기가 되기를 기대합니다.

## 하나님을 두려워하는 자의 직분 수행

오늘 출애굽기의 산파들이 '하나님을 두려워하는 자들'이었습니다. 누가복음서의 시므온 또한 '의롭고 경건한 사람'이었습니다. 디모데후서 1장 13-14절에서 사도 바울은 "그대는 그리스도 예수 안에 있는 믿음과 사랑으로 나에게서 들은 건전한 말씀을 본보기로 삼고, 우리 안에 살고 계시는 성령으로 말미암아 그 맡은 바 선한 것을 지키십시오"라고 디모데에게 권면합니다.

여기에 나오는 '그 맡은 바 선한 것'에서 '선한 것'을 영어번역에서는 'treasure, good things, good treasure, the good, the precious truth' 등으로 번역하고 있습니다. 공동번역은 '보화', 개역 성경은 '아름다운 것'이라고 번역했습니다. '맡은 바'라는 말은 영어로는 '예치'(deposit)란 뜻입니다. 우리가 맡은 직분은 우리에게 하나님께서 맡겨주신 아름답고 선한 귀한 것이라는 뜻이 됩니다. 사도 바울은 자신의 직분을 '복음을 전하는 선포자와 사도와 교사'라고 고백합니다. 즉, 하나님이 이런 직분에 자신을 임명해 주셨다고 합니다.

교우 여러분, 하나님께서 나에게 맡겨주신 직분이 무엇인지 다시 한번 생각해 보아야 하겠습니다. 나 자신의 자의나 욕심, 편의에 따라 그 직분을 수행해서는 안 됩니다. 바로 왕 대신 하나님을 택한 산파들처럼, 동방박사들처럼, 시므온처럼, 바울처럼 그 직분을 맡겨주신 하나님을 두려워하며, 경건한 마음으로 잘 지켜 수행하는 그리스도인이 되시기를 간절히 바랍니다.

# 환난이 영광이다

(사 49:1-7; 엡 3:1-13; 요 1:29-34)

❧

그러므로 이방인 여러분을 위해서, 그리스도 예수의 일로 갇힌 몸이 된 나 바울이 말합니다. (중략) 하나님께서 모든 성도 가운데서, 가장 작은 자보다 더 작은 나에게 이 은혜를 주셔서, 그리스도의 헤아릴 수 없는 부를 이방 사람들에게 전하게 하시고, 만물을 창조하신 하나님 안에 영원 전부터 감추어져 있는 비밀의 경륜이 무엇인지를 모두에게 밝히게 하셨습니다. 하나님께서는 이제 교회를 시켜 하늘에 있는 통치자들과 권세자들에게 하나님의 갖가지 지혜를 알게 하려고 하시는 것입니다. 이 일은, 하나님께서 우리 주 그리스도 예수 안에서 성취하신 영원한 뜻을 따른 것입니다. 우리는 그리스도를 믿음으로써, 그분 안에서, 확신을 가지고 담대하게 하나님께 나아갑니다. 그러므로 여러분은 여러분을 위하여 당하는 나의 환난을 보고, 낙심하는 일이 없기를 바랍니다. 내가 당하는 환난은 여러분에게는 영광이 됩니다 (엡 3:1-13).

새해를 맞이하여 교우 여러분과 예배를 드리며 "환난이 영광이다"라는 제목으로 말씀을 전하고자 합니다. 새해가 되면 희망찬 메시지를 전하는 것이 일반적입니다만, 우리에게 막 시작된 2021년은 결코 희망으로 가득 차 있지 않습니다. 비단 코로나19 대확산으로 말미암은 걱정과 또 여기서 비롯되는 경제와 사회 활동에서의 여러 가지 어려움 때문만은 아닐 것입니다. 사회가 정말 정의의 방향으로 전진하고 있는 것인지 의구심을 가지게 됩니다.

지난 연말 성탄절인 12월 25일 자 한겨레신문에 고려대 명예교수인 임혁백 선생의 "사법 쿠데타에 의한 브라질 민주주의의 전복"이라는 글이 실렸습니다. 임혁백 교수의 글은 이렇게 시작합니다.

> 지금 브라질의 민주주의는 위기에 처해 있다. 브라질 민주주의 위기의 특징은 검찰과 사법부의 법 기술자들이 법적 수단과 장치를 동원하여, 보이지도 않고 의식할 수 없는 가운데 점진적으로 야금야금 민주적 제도와 규범을 침식하여 민주주의를 전복시키는 사법쿠데타라는 것이다.[*]

그 글을 읽기 전, 저는 넷플릭스를 통해 브라질 민주주의의 위기를 다룬 〈위기의 민주주의〉라는 다큐멘터리 영화를 보면서 어쩌면 이것은 우리나라가 처한 위기 상황의 예표가 아닌가 하는 생각을 가졌습니다. 또한 성탄절 즈음에 우리나라에서 벌어지고 있

---

[*] http://www.hani.co.kr/arti/opinion/column/975792.html#csidx423be2217d05bb9b7182590ccd0a03b.

는 일들 또한 브라질의 상황이 남의 일이 아니라는 생각을 갖게 합니다.

'과연 우리나라의 민주주의는 브라질처럼 후퇴해 버리고 말 것인가?' 이와 관련한 답변을 우리는 성서를 통해 찾아보고자 합니다.

### 옥중서간

오늘 읽은 성서 본문들도 결코 밝은 내용으로 구성되어 있지 않음을 알 수 있습니다.

신약성서 가운데 에베소서, 빌립보서, 골로새서 그리고 빌레몬서 이렇게 네 권의 책을 따로 묶어 부르는 이름이 있는데 혹시 들어 보셨는지요? 이 네 권은 사도 바울이 감옥에 갇혀 쓴 편지들로 알려져 있기 때문에 '옥중서신'(the Prison Letters), 또는 '옥중서간'(the Prison Epistles)이라고 부릅니다. 오늘 말씀의 제목은 사도 서간문 본문 에베소서 3장 13절에 "내가 당하는 환난은 여러분에게는 영광이 됩니다"라는 구절에서 따온 것입니다.

### 요한복음서

요한복음서 1장 서두는 이렇게 시작합니다.

한처음, 천지가 창조되기 전부터 말씀이 계셨다. 말씀은 하느님과 함께 계셨고 하느님과 똑같은 분이셨다. 말씀은 한처음 천지가 창조되기 전부터 하느님과 함께 계셨다. 모든 것은 말씀을 통하여 생겨났고 이 말씀 없이 생겨난 것은 하나도 없다. 생겨난 모든 것이 그에게서 생명을 얻었으며 그 생명은 사람들의 빛이었다. … 모세에게서는 율법을 받았지만 예수 그리스도에게서는 은총과 진리를 받았다(공동번역개정판 1,1-17에서 발췌 인용).

오늘의 본문 요한복음서 1장 34절은 이를 한마디로 요약한 것으로 세례자 요한의 입을 통하여 '예수께서 하나님의 아들'이라고 증언하는 내용으로 되어 있습니다.

신약학자들은 요한복음서를 크게 두 가지 부분으로 나누어 부릅니다. 오늘 복음서 본문을 포함한 요한복음서의 처음 1장은 서론부, 마지막 21장은 결론부라 할 수 있습니다. 그리고 2-11장은 '표징의 책'(the Book of Signs), 12-20장은 '영광의 책'(the Book of Glory)이라고 부릅니다.

앞부분, 즉 표징의 책에서 '표징'(sign)이란 예수님이 어떤 분이신가를 드러내 주는 기적(miracle)을 말합니다. 그 내용을 살펴보면 첫째 표징으로 가나의 혼인 잔치에서 포도주의 기적(2:1-11)이고, 둘째 표징은 거의 죽게 된 왕의 신하의 아들, 요즘으로 치면 수석비서관 아들을 고쳐 주신 표징, 기적(4:46-54)입니다. 셋째는 안식일에 베데스다(베드자다) 못에서 중풍 병자를 고치심(5:1-18), 넷째는 디베랴 바다 건너편에서 오천 명을 먹이심(6:1-15), 다섯째는 물 위를 걸으심(6:16-21), 여섯째는 나면서부터 눈먼 사람을 고치심(9:1-12) 그리고 일곱째는 죽은 나사로를 살리심(11:38-44), 이렇게 일곱 가지 표징, 기적들입니다.

그리고 이 표징의 책에 이어지는 요한복음서의 뒷부분, 즉 12-20장을 '영광의 책'이라고 부릅니다. 그 내용을 살펴보면, 첫째로 마리아가 나드 향유를 예수님의 발에 부어서 장례를 예고함(12:1-11), 둘째로 예루살렘 입성과 갈등(12:12-50), 셋째로 십자가 수난 전날 저녁에 제자들을 특별하게 가르치시고 배신의 예고와 고별기도(13-17장), 넷째로 예수님의 수난과 죽음(18-19장) 그리고 빈 무덤 이야기와 복음을 쓴 목적(20장)입니다.

여기서 질문이 생깁니다. 어째서 '영광'의 책이라고 하면서 내용은 모두 '수난'인가 하는 것입니다. 요한복음서 후반부, 12장에서 21장까지는 예수님의 수난과 죽음, 부활에 대한 내용이지만, 요한복음서는 이것이 세상에서 하나님의 영광을 드러내는 일이라고 설명합니다. 즉, 고난을 영광이라고 해석하는 것입니다.

## 김병곤

김병곤은 1953년 경상남도 김해에서 출생하여 부산고를 졸업하고, 1971년 서울대학교 상대에 입학했습니다. 그는 1973년 유신 반대 시위, 1974년 민청학련 사건, 이어 1985년 민민투 사건, 1987년 구로구청 사건 등으로 구속되었던 민주화 운동가였습니다. 1990년 12월 6월 위궤양 및 위암 3기로 오랜 투병 생활 끝에 운명했으며, 그의 부인 박문숙 동지와 함께 마석 모란공원에 누워 있습니다.

오늘 그를 다시 호명하는 까닭이 있습니다. 그가 스물두 살 때인 1974년, 이른바 민청학련 사건으로 군법회의에서 그에게 사형을 구형하자 그는 이렇게 말합니다.

삶의 길을 빼앗긴 민중들에게 자신의 목숨을 내놓을 수 있어 영광입니다.

그래서 그의 고향 김해에 있는 추모조형물에는 '영광입니다'라는 글귀가 새겨져 있다고 합니다. 그를 회고하는 문집 이름도 제목이 『영광입니다』입니다.

어떻게 사형을 구형한 것에 "영광입니다"라는 답변이 나올 수 있습니까? 이는 처절한 수난, 십자가 위에서의 죽음을 영광으로 해석한 요한복음서의 정신과 상통하는 것이라고 하겠습니다.

## 제2이사야

오늘 구약성서 본문은 제2이사야의 한 부분입니다. 당시 유다가 멸망하고 바벨론에 포로로 잡혀 와서 살고 있는 상황입니다. 여기서도 기막힌 역설이 등장합니다. 제2이사야는 이렇게 대언합니다.

이스라엘의 속량자, 거룩하신 주께서 남들에게 멸시를 받는 사람, 여러 민족들에게 미움을 받는 사람, 통치자들에게 종살이하는 사람에게 말씀하신

다: 왕들이 너를 보고 일어나서 예를 갖출 것이며, 대신들이 또한 부복할 것이니, 이는 너를 택한 이스라엘의 거룩한 하나님, 신실한 나 주 하나님 때문이다(사 49:7).

어떻게 포로로 잡혀 와서 멸시 천대를 당하며 종살이하는 사람들에게 왕들이 일어나 예를 갖추고, 대신들이 부복할 것이라고 선포하는 것입니까? 본문은 그 까닭이 바로 '이스라엘의 거룩한 하나님, 신실한 주 하나님 때문'이라고 설명합니다.

## 에베소서

오늘 에베소서 본문에서도 사도 바울은 예수님의 수난, 고난, 환난을 영광으로 설명하는 요한복음서의 관점을 그대로 연결시켜 "내가 당하는 환난은 여러분에게는 영광이 됩니다"라고 선포합니다.

사도 바울은 에베소에 사는 성도들에게 자신이 그들을 위하여 당하는 환난을 보고서 낙심하는 일이 없기를 분부하고 있습니다. 오히려 자신이 당하는 환난이 성도들에게 영광이라는 것입니다.

## 그리스도인의 낙관주의

교우 한 사람 한 사람이 개인적으로 겪고 있는 건강의 위기, 또한 경제의 위기, 여러 가지 형태의 삶의 위기들이 있습니다. 또한 우리가 지금 겪고 있는 민주주의의 위기 상황도 있습니다. 이러한 위기들은 우리로 하여금 자신을 위해서, 가족들을 위해서, 사회를 위해서, 세계를 위해서 또 다른 헌신과 희생의 각오를 다지도록 요구합니다.

그렇지만 오늘 성서 본문들, 제2이사야가 선포한 것처럼, 또 요한복음서가 우리에게 가르쳐 준 것처럼 하나님, 신실하신 주 하나님이 계시기 때문에 우리는 결코 멸망의 구렁텅이 앞에서도 결코 좌절하거나 실망하지 않습니다. 그래서 그리스도인들은 근본적으로 낙관주의자들입니다. 사형 구형 앞에서도 당당하게 "영광입니다"라고 대꾸해 주는 것처럼 말입니다.

어떤 어려움이 닥치더라도 하나님께서 우리와 함께하시기 때문에 최후의 승리는 우리 것이라는 확신을 가지고 사는 것이 참 신앙인, 바른 그리스도인의 자세입니다. "최후 승리를 얻기까지 주의 십자가 사랑하리. 빛난 면류관 받기까지, 험한 십자가 붙들겠네"라는 찬송가 150장의 가사처럼 예수님의 십자가를 견결하게 붙들고 함께 행진해 나가는 것입니다.

최후 승리를 얻을 때, 지금 우리가 겪는, 또 앞으로 우리가 당할 어려움이나 환난은 우리 가정에, 사회에, 나라에, 세계에 영광이 될 것입니다.

# 그릇은 준비해야

(왕하 4:1-7; 요일 5:1-12; 요 2:1-11)

❧

예언자 수련생들의 아내 가운데서 남편을 잃은 어느 한 여인이, 엘리사에게 부르짖으며 호소하였다. "선생님의 종인 저의 남편이 죽었습니다. 선생님께서도 아시다시피 그는 주를 경외하는 사람이었습니다. 그런데 빚을 준 사람이 와서, 저의 두 아들을 자기의 노예로 삼으려고 데려가려 합니다." 엘리사가 그 여인에게 말하였다. "내가 어떻게 하면 도움이 되겠는지 알려 주시오. 집 안에 무엇이 남아 있소?" 그 여인이 대답하였다. "집 안에는 기름 한 병 말고는 아무것도 없습니다." 엘리사가 말하였다. "나가서 이웃 사람들에게 빈 그릇들을 빌려 오시오. 되도록 많이 빌려 와서, 두 아들만 데리고 집으로 들어가, 문을 닫고, 그 그릇마다 모두 기름을 부어서, 채워지는 대로 옆으로 옮겨 놓으시오." 그 여인은 엘리사 곁을 떠나, 두 아들과 함께 집으로 들어가 문을 닫고, 그 아들들이 가져 온 그릇에 기름을 부었다. 그릇마다 가득 차자, 그 여인은 아들들에게 물었다. "그릇이 더 없느냐?" 아들들은 그릇이 이제 더 없다고 대답하였다. 그러자 기름은 더 이상 나오지 않았다. 여인은 하나님의 사람에게로 가서, 이 사실을 알렸다. 하나님의 사람이 그에게 말하였다. "가서 그 기름을 팔아 빚을 갚고, 그 나머지는 모자의 생활비로 쓰도록 하시오"(왕하 4:1-7).

## 불은 있어야지

'장난삼아' 끊어볼까 생각하고 담배를 피우지 않은 지 이제 30년 정도 되었습니다. 구수한 냄새라는 주변 사람들의 우스개도 있습니다만, 유난히 후각에 민감한 제게는 여전히 악취일 뿐입니다.

어떤 사람들은 담배가 기호품이라고 하는데, 독극물이라고 하는 전문가들도 있습니다. 가짓과에 속한 한해살이풀, 학명으로는 'nicotiana tabacum'이라고 하는 식물이 있습니다. 연초라고 하는데, 그 잎을 건조시켜 만든 상품이 담배지요?

연초마다 금연을 결심, 서약하고 다시 피우고 하시는 분들이 계십니다. 지금 2021년 연초인데, 아직 흡연가 신세를 벗어나지 못하신 분들 이번에 한 번 '연초'를 '장난삼아' 끊어보시면 어떨까요?

담배를 피우는 사람들에게 몇 가지 수칙이 있습니다. 그 가운데 하나는 담배는 떨어졌어도 불, 즉 라이터는 챙기고 있어야 한다는 것입니다. 바로 담배 피우는 사람이 아예 라이터도 없으면서 "담배 한 개비만, 불도 좀…"이라고 하는 것은 아니라는 말입니다. "너는 입만 가지고 다니냐?"는 핀잔을 들으면서도 줄곧 주변 사람들에게 기대기만 하는 분들도 있습니다.

## 컵이 있어야

혹시 서영춘이라는 코미디언, 기억하십니까? 백금녀, 배삼룡, 구봉서…. 이분들 기억난다는 교우들은 이른바 쉰세대입니다. 약간 비염 기운 있는 소리로 "이거다 저거다, 말씀 마시고, 산에 가야 곰을 잡고, 물에 가야 고기 잡고, 인천 바다에 사이다가 떴어도, 고 뿌 없으면 못 마십니다."* 제가 찾아보니까 "웃음 따라 요절복통 1탄"이란 LP판에 나왔던 만담, 재담 속에 나오는 말인 것 같습니다.

1905년 인천항 근처의 화정, 지금의 신흥동에 별표 사이다를 생산하는 인천탄산수제조소 공장이 설립되었다고 합니다. 나중에 스타사이다로 바뀌었는데, 전국 각지에 삼성, 오성, 동성, 월성, 오성, 광성, 해성, 명성, 칠성 온갖 종류의 별 모양 사이다 회사들이 생기고, 이들에게 선두를 빼앗겨 결국 70년대 중반에 문을 닫습니다.** 아마 이런 까닭에 "인천 앞바다에 사이다…"라는 말이 나오지 않았을까 추측해 봅니다.

요는 인천 앞바다에 사이다가 떴어도 컵이 있어야 마신다는 것이지요. 이 말도 역시 무임승차에 대한 경계라고 해석해 볼 수 있습니다. 이른바 'free-rider', 즉 다른 사람의 노력에 대가 없이 편승하는 '무임승차'를 말하는데요. 어떤 결과를 이루어내기 위해 자신은 기여하지 않고서 그 결과를 누리기만 하는 것입니다.

## 하나님께 호소하라

오늘 열왕기하 4장 본문에 나오는 예언자 엘리사와 그의 제자로 예언자 수련생이었던 남편을 잃은 과부의 이야기입니다.

---

* 서영춘, "웃음 따라 요절복통"(1탄) 중. https://youtu.be/w2Ss-hNlmK4?t=243.
** https://blog.naver.com/sej962/222064705570.

이 본문이 우리에게 가르쳐주는 첫째 교훈은 우리도 하나님께 간절하게 기도드려야 한다는 점입니다. 그 부인이 "율법에 고아와 과부를 괴롭히면 안 된다(출 22:22)고 되어 있지만, 말짱 헛말이로구나"라며 그저 세상을 원망하고 골방에 누워 아들들과 굶어 죽기만 기다렸다면 어떻게 되었을까요? 하지만 그 부인은 절망하거나 원통해하는 데 머무르지 않고 엘리사에게 호소했습니다. "선생님의 제자인 제 남편이 세상을 떠났습니다. 선생님께서도 아시다시피 그이는 야훼를 경외하는 분이었습니다. 그런데 그이에게 빚을 준 사람이 제 두 아들을 종으로 끌어가겠다고 합니다." 그런 간절한 호소에 엘리사가 "내가 어떻게 하면 도움이 되겠는지 알려 주시오"라고 응답했던 것입니다.

## 그릇을 준비하라

둘째 교훈은 우리도 하나님의 은혜를 받기 위해 최소한의 노력은 기울여야 한다는 것입니다. 엘리사가 집 안에 남아 있는 것이 무엇인지 말하라고 하니 그는 기름 한 병밖에 없다고 답합니다. 엘리사는 돌아가서 모든 이웃에게 그릇을 되도록 많이 빌려와 두 아들만 데리고 집에 들어가 문을 잠그고, 모든 그릇에 기름을 가득히 따라 부으라고 명하지요. 본문은 그릇마다 기름을 다 채우고 나니 기름이 나오기를 멈추었다고 기록하고 있습니다.

예언자는 왜 그릇까지 다 만들어주지 않았을까요? 아니 그에게 금붙이나 보석들을 가져다주면 훨씬 간편할 텐데, 왜 팔아서 빚을 갚고 생활비로 쓸 만큼의 기름을 주었을까요? 저는 이것을 '하나님의 은혜를 받기 위한 최소한의 노력'이라고 해석합니다. 무임승차가 안 되도록….

오늘 요한복음서 2장 본문에도 가나의 혼인 잔치 기적에 물 두세 동이가 들어가는 물항아리 여섯 개가 나옵니다. 이 물항아리가 물을 포도주로 만드신 예수님의 기적을 담아내었습니다. 요한일서 5장에 나오는 '믿음'이란 바로 이처럼 기적을 담아내는 물항아리요 기름을 가득 채울 그릇들이라 할 수 있습니다.

하지만 분명한 것은 이는 결코 우리들의 노력의 결과가 아니라는 점입니다. 오직 하나님의 은혜일 뿐입니다.

## 마무리: 우리의 호소, 우리의 그릇

'왜 내게는 이처럼 어려움만 가득할까?' 건강의 문제, 학업의 문제, 직장의 문제, 경제의 문제, 하나님 앞에 불평하고 불만을 늘어놓을 일들이 산더미 같이 쌓여 있습니다. 또 우리가 살아가는 세상 또한 부조리하고 불합리한 것들 투성이입니다. 왜 저런 탐욕과 불의로 가득한 세력이 맹위를 떨칠까? 그럼에도 우리는 예언자 엘리사에게 하소연했던 그 여성처럼 하나님 앞에 호소하기를 멈추어서는 안 됩니다. 하나님은 울부짖음을 들어주시는 분이기 때문입니다. 비록 우리가 지금은 서로 멀리 떨어져서 이처럼 예배를 드리지만, 그럼에도 불구하고 하나님께서는 우리의 기도를 들어 주시는 분입니다. 히브리 노예들이 하나님 앞에 부르짖었을 때 이를 들어 주셔서 출애굽의 역사를 이룩해 주셨던 것이 이를 증명합니다.

또한 하나님은 우리의 작은 능력을 들어 크게 쓰시는 분입니다. 그러므로 우리는 그저 울먹이며 하소연하는 것으로 그치는 것이 아니라, 우리가 가지고 있는 능력, 아주 조그만 소질조차도 들어 쓰시는 하나님 앞에 내어놓아야 합니다. 말재주가 별로 없어서 그의 형 아론을 대언자로 내세워야 했던 모세도 하나님의 메신저가 되었던 것을 잊지 말아야 합니다(출 6:28-7:5). 우리에게 더 이상 '무임승차'는 없습니다. 그 가정에 남은 기름 한 병을 하나님의 은혜를 더해 가득 담은, 아들들이 빌려 온 그릇들이 있었습니다. 가나의 혼인 잔치에서의 물항아리들 또한 예수님의 기적을 담은 그릇이었습니다.

> 우리가 하나님께 기도하게 하옵소서.
> 우리의 작은 능력을 하나님 앞에 바치게 하옵소서.
> 하나님의 들어주심, 하나님의 채워주심을 체험하게 하옵소서.

# 구원은 구체적이다

(사 61:1-9; 행 4:5-12; 눅 4:16-30)

예수께서는, 자기가 자라나신 나사렛에 가셔서, 늘 하시던 대로, 안식일에 회당에 들어가셨다. 성경을 읽으려고 일어서서 예언자 이사야의 두루마리를 건네 받아 그것을 펴시어, 이런 말씀이 있는 데를 찾으셨다. "주의 영이 내게 내리셨다. 주께서 내게 기름을 부으셔서, 가난한 사람들에게 기쁜 소식을 전하게 하셨다. 주께서 나를 보내셔서, 포로된 사람들에게 자유를, 눈먼 사람들에게 다시 보게 함을 선포하고, 억눌린 사람들을 풀어 주고, 주의 은혜의 해를 선포하게 하셨다." 예수께서 두루마리를 말아서, 시중 드는 사람에게 되돌려 주시고, 앉으셨다. 회당에 모인 모든 사람의 눈이 예수에게로 쏠렸다. 예수께서 그들에게 말씀하셨다. "이 성경 말씀은 너희가 듣는 가운데서 오늘 이루어졌다." (중략) 회당에 모인 사람들은 이 말씀을 듣고서, 모두 잔뜩 화가 났다. 그래서 그들은 들고 일어나서 예수를 동네 밖으로 쫓아냈다. 그들의 동네가 산 위에 있었으므로, 그들은 예수를 산 벼랑에까지 끌고 가서, 거기에서 밀쳐 떨어뜨리려고 하였다. 그러나 예수께서는 그들의 한가운데를 지나서 떠나가셨다(눅 4:16-30).

## 말머리

주일예배를 준비할 때에는 일반적으로 성서일과표의 그 주일 본문들에서 '공통된' 주제를 찾는 것으로부터 말씀을 준비하는 것이 좋습니다. 오늘 본문들에서는 공통적인 키워드가 '구원'이지요?

## 구원에 대한 두 가지 오해

구원에 대한 두 가지 잘못된 생각, 왜곡된 가르침을 많은 사람에게서 찾을 수 있습니다.

첫째 부류의 왜곡은 구원을 매우 피상적이고 타계적인, 즉 죽어서 천당에 가는 것이라고 가르치는 것입니다. 그러다 보니 이런 관점에서는 세상은 악하고, 『천로역정天路歷程』에 나오는 것처럼 장차 망할 도성이고, 우리 교인들은 이곳, 이른바 '속세'를 속히 벗어나 하나님 품에 안겨야겠다는 것을 희망이라고 생각합니다.

그런데 오늘 누가복음서의 본문에 예수님께서 읽으신 두루마리의 한 부분은 제3이사야(56-66장) 본문과 연결됩니다. 여기서 예수님께서 구원에 대해 설명하신 것을 보면 구원은 아주 구체적인 기쁜 소식입니다. "가난한 사람들에게 기쁜 소식을 전하고, 상한 마음을 싸매어 주고, 포로에게 자유를 선포하고, 갇힌 사람에게 석방을 선언하고, 주의 은혜의 해와 우리 하나님의 보복의 날을 선언하고, 모든 슬퍼하는 사람들을 위로하게 하셨다. 슬픔 대신에 기뺨의 기름을 발라 주시며, 괴로운 마음 대신에 찬송이 마음에 가득 차게 하셨다"는 것입니다.

이처럼 구원은 현실이라고 하는 구체적 문제 상황에 대한 하나님의 응답인데, 이를 마치 오늘 이 현실에서의 문제들에 대해서 도외시하고 그냥 도피해 버리는 것처럼 타계적인 것으로 가르치면 이것은 왜곡이요 잘못이라 하지 않을 수 없습니다.

둘째, 또 다른 부류의 왜곡 또는 잘못도 있습니다. 이는 구원을 문제의 해결을 넘어 자신의 욕심을 채우는 것으로만 한정하고, 이것을 구원의 전부인 것처럼 치환해 버리는 것입니다. 대만 타이페이에 가면 야시장 구경이 볼만한데, 그 입구에 용산사龍山寺라는 절이 있습니다.* 거기에도 똑같은 기대와 소원을 비는 사람들이 몰립니다. 그 후전後殿에 가면 학문, 관록과 합격, 건강, 출산, 안전, 상업, 건강, 인연 등 재물, 합격, 결혼, 자손, 죽어서 극락… 각기 비는 주제에 따라 공양을 드리는 곳도 제각각입니다.** 이와 유사한 '3박자 구원'이 있습니다. 요한3서 2절에 "사랑하는 자여 네 영혼이 잘됨 같이 네가 범사에 잘되고 강건하기를 내가 간구하노라"라고 하는 구절을 따와 영혼 구원, 건강 축복, 물질 축복 등이 신앙의 가장 궁극적인 목적이요 이것들이 본질인 것처럼 가르칩니다. 앞서 구원을 타계적이고 피상적인 것으로 가르치는 것과 반대로 이는 물질주의적인 욕심을 드러내며 지극히 속세적인 경향을 보입니다.

---

* https://www.lungshan.org.tw/tw/.

** https://www.lungshan.org.tw/tw/02_2_1_gods.php.

그렇지만 현실에서는 이 두 가지 오류가 서로 혼합되고 혼재되어 왜곡된 형태로 나타나기도 합니다.

## 예수를 통하여 해답을 찾다

오늘 사도행전 본문에서 사도들이 예수밖에는 다른 어떤 이에게서도 구원은 없다고 선포할 때, 유대교 지도자들은 아연실색했을 것입니다. 그들은 의식을 행하고 절기를 지키고 부정한 것을 금하고 등등 율법의 규정들을 준수하는 것이 구원의 길이라 생각했을 것입니다. 그러나 사도들은 예수밖에는 구원이 없다고 단언합니다. 본문에서 병자에게 행한 착한 일, 그들을 낫게 한 것이 바로 사도들이 행한 구체적인 구원의 선포였습니다.

나 자신의 건강이나 가족의 문제, 또 삶의 의미를 찾지 못하는 등의 여러 가지 형태의 문제들에 대해 예수를 통해 그 해답을 찾으시기 바랍니다. 그런데 구원은 이웃의 문제에 대해서는 이처럼 구체적이지만, 자신만의 문제를 해결하려는 속물적인 관심, 탐욕을 채우는 일은 결코 아닙니다. 신앙생활의 결과로 건강해져서 봉사할 수 있고, 또 이웃을 도울 수 있는 재물을 얻을 수는 있지만, 건강이나 물질에 대한 욕심 그 자체가 최종적인 목적은 아니라는 말씀입니다. '내가 더욱 건강해져서 이 사회를 위해 봉사할 수 있도록, 하나님의 영광을 드러낼 수 있도록 치유해 주십시오.' 이처럼 빌어야 합니다.

## 구원의 구체성

마태복음서 25장의 최후 심판의 비유를 기억하시지요? 여기서 양의 무리로 분류되는 사람들과 염소의 무리로 분류되는 사람들은 어떤 차이가 있는지요? "너희는 내가 주렸을 때에 내게 먹을 것을 주었고, 목말랐을 때에 마실 것을 주었고, 나그네 되었을 때에 영접하였고, 헐벗었을 때에 입을 것을 주었고, 병들었을 때에 돌보아 주었고, 감옥에 갇혔을 때에 찾아 주었다"(마 25:35-36). 이들은 양의 무리로 분류되는데, 그들의 삶은 구체적인 상황에 대하여 복음, 기쁜 소식을 들고 가서 응답하는 구원의 선포였던 것입니다. 반대로 염소의 무리로 분류되는 자들에게는 이렇게 말씀하십니다. "저주받은 자들아, 내게서 떠나서 악마와 그 부하들을 가두려고 준비한 영원한 불 속으로 들어가거라. 너희는 내가 주렸을 때에 내게 먹을 것을 주지 않았고, 목말랐을 때에 마실 것을 주지 않았고, 나그네 되었을 때에 영접하지 않았고, 헐벗었을 때에 입을 것을 주지 않았고, 병들었을 때나 감옥에 갇혔을 때에 찾아 주지 않았다"(마 25:41-43).

구원은 이처럼 자신만의 문제의 해결을 넘어서 이웃들의 문제를 해결하는 구체성을 가집니다. 오늘 파송의 말씀으로 택한 야고보서의 말씀도 이를 뒷받침합니다. "나의 형제자매 여러분, 사람이 믿음이 있다고 말하면서도 행함이 없으면 무슨 소용이 있겠습니까? 그런 믿음이 그를 구원할 수 있겠습니까? 어떤 형제나 자매가 헐벗고 그날 먹을 것조차 없는데, 여러분 가운데서 누가 그들에게 평안히 가서 몸을 따뜻하게 하고 배부르게 먹으라고 말만 하고, 몸에 필요한 것들을 주지 않으면 무슨 소용이 있겠습니까? 믿음에 행함이 따르지 않으면, 그 자체만으로는 죽은 것입니다. 영혼이 없는 몸이 죽은 것과 같이, 행함이 없는 믿음은 죽은 것입니다." 이 세상이라고 하는 문제 상황에 대하여 그리스도가 그 해답을 주는 것입니다.

## 마무리

사도들처럼 우리 교우들도 믿음을 들고 이 사회로, 이웃들에게 달려가야 합니다. 구체적인 구원의 기쁜 소식을 선포하고 해결해야 합니다. 물론 이런 과제가 왜 우리의 몫이냐 불평도 나올 수 있습니다만, 사도들이 전한 기쁜 소식이 늘 타계적이거나 자기 욕심만을 채우려는 것이 아니었음을 명심해야 합니다.

이렇게 구체적인 문제들을 해결하고 구원을 선포하는 삶을 결단하고 나서는 교우 여러분께 하나님께서 그 삶을 기쁨과 보람으로 가득 채워주시기를 간절히 기도드립니다.

하나님, 우리가 처한 여러 가지 어려운 문제들에 응답하여 주시옵소서. 하지만 우리들이 자신의 욕심을 구원인 것처럼 포장하지 않게 하옵소서. 우리 이웃들에게 막연한 구원을 전달하는 것이 아니라, 사도들처럼 예수님을 따라 구체적인 기쁨의 소식을 선포하는 사명을

다하게 하옵소서. 구체적인 구원을 선포하고 실현하신 예수 그리스
도의 이름으로 기도드리옵나이다. 아멘

# 고백, 그 이후

(막 8:27-38; 사 42:1-9; 계 1:4-8)

꙳

예수께서 제자들과 함께 빌립보의 가이사랴에 있는 여러 마을로 길을 나서셨는데, 도중에 제자들에게 물으시기를 "사람들이 나를 누구라고 하느냐?" 하셨다. 제자들이 예수께 대답하였다. "세례자 요한이라고 합니다. 엘리야라고 하는 사람들도 있고, 또 예언자 가운데 한 분이라고 하는 사람들도 있습니다." 예수께서 그들에게 물으셨다. "그러면, 너희는 나를 누구라고 하느냐?" 베드로가 대답하였다. "선생님은 그리스도이십니다." 예수께서 그들에게 엄중히 경고하시기를, 자기에 관하여 아무에게도 말하지 말라고 하셨다. (중략) 그리고 예수께서 제자들과 함께 무리를 불러 놓고 그들에게 말씀하셨다. "누구든지, 나를 따라오려거든, 자기를 부인하고, 자기 십자가를 지고 나를 따라오너라. 누구든지 제 목숨을 구하고자 하는 사람은 잃을 것이요, 누구든지 나와 복음을 위하여 제 목숨을 잃는 사람은 구할 것이다. 사람이 온 세상을 얻고도 제 목숨을 잃으면, 무엇이 유익하겠느냐? 사람이 제 목숨을 되찾는 대가로 무엇을 내놓겠느냐? 음란하고 죄가 많은 이 세대에서, 누구든지 나와 내 말을 부끄럽게 여기면, 인자도 자기 아버지의 영광에 싸여 거룩한 천사들을 거느리고 올 때에, 그를 부끄럽게 여길 것이다"(막 8:27-38).

오늘은 주현절 여섯째 주일, 또 신학교육주일로 지키는 날입니다.

서로 사랑하다가 그 사랑을 고백할 때가 있습니다. 아마 결혼에 이르는 과정 가운데에서 청혼하기 전에는 이 고백이 가장 결정적인 순간이 아닐까 생각합니다. 어떤 경우에는 고백과 청혼이 결합되기도 합니다만, 일반적으로는 만남-사랑-고백-청혼-결혼 이런 순서를 밟게 됩니다. 그래서 고백이라는 계기가 중요하고, 또 그 시간을 마음을 졸이며, 또 마음을 설레며 맞이하게 되는 것 아닐까요?

어떤 커플이 대화할 때, 사람들이 당신에 대해 잘 생겼다, 멋지다, 최고라고 하더라 하면서 정작 자신이 상대방에 대해서는 어떻게 생각하는가에 대한 부분이 빠진다면 안 될 것입니다. 마찬가지로 사람들이 예수님에 대해서 어떻게 말하느냐, 이것보다 중요한 부분은 내가 예수님에 대해서 어떻게 생각하느냐 하는 것입니다. 오늘 성서 본문은 "나에게 예수는 누구인가?" 이 질문을 던지고 있습니다.

## 베드로의 고백

오늘 마가복음서 본문은 바로 '고백'의 내용을 담고 있습니다. 여기서 고백을 하는 주인공과 고백을 받는 당사자는 베드로와 예수님입니다. 사실 예수님과 제자들의 대화에서 질문의 시작은 이렇게 되어 있었습니다. "사람들이 나를 누구라고 하느냐?" 제자들은 "사람들이 예수님에 대해서 엘리야다, 예언자 가운데 하나라고 합니다"라고 대답했습니다. 바로 이어 예수님은 이렇게 질문하십니다. "그러면 너희는 나를 누구라고 하느냐?"

교우 여러분! 여러분은 예수님을 누구로 생각하시는지요? 그저 역사 속의 위대한 인물들 가운데 한 사람인가요? 아니면 만병통치약을 가져다주는 분인가요? 이 대목에서 베드로는 정답을 말합니다. "선생님은 그리스도이십니다."

오늘은 신학교육주일로 먼저 이 본문에 대한 신약학, 신학적인 논의를 소개해 드리고자 합니다.

### 베드로의 고백에 대한 복음서 기자들의 보도에 대한 학자들의 해석(1) ─ 브레데

오늘 마가복음서 본문을 보면 여기서 예수님은 베드로의 고백에 대해서 이를 맞다 맞장구치거나 잘했다 칭찬하거나 하지 않았습니다. 그래서 브레데Georg Friedrich Eduard William Wrede라고 하는 신약학자는 여기서 '메시아 비밀'(Messiasgeheimnis)*이라는 문제를 제기했습니다. 예수님이 마가복음서 여러 곳에서 "왜 자기에 관하여 아무에게도 말하지 말라고 경고하셨을까?" 하는 물음입니다. 브레데는 마가가 공관복음서의 원原저자인데, 메시아 비밀은 예수님이 직접 그렇게 말씀하신 것은 아니고, 복음서 기자 마가가 예수님이 그의 생애 동안에는 일부러 자신이 메시아라는 사실을 드러내지 않게 하려고 말하지 말라는 명령을 내린 것처럼 기록한 것으

---

* https://en.wikipedia.org/wiki/Messianic_Secret.

로 해석했습니다. 그렇게 해야 "유대인들이 왜 메시아를 십자가에 못 박았을까?" 하는 질문에 대해 답이 나오게 된다는 것이지요. 즉, 그의 생전에는 예수님이 메시아라는 사실이 널리 알려질 수 없었지만, 부활 이후부터만 아니라 실은 그의 생전에서부터 예수님은 메시아였다고 전하고 있다고 설명했습니다. 그리고 예수님의 침묵 명령은 시한이 부활 때까지였기 때문에 그때까지는 예수님이 메시아라는 사실이 알려지지 않았던 것이라고 해석하였습니다. 나중에 브레데는 자신이 주장했던 마가 원原저자설을 스스로 포기했지만, 오히려 후대의 학자들은 대부분 이것을 받아들이고 있습니다. 하지만 '메시아 비밀'에 대한 브레데의 견해는 부정하며 이것이 원래부터 예수님 자신의 말씀이었다고 보고 있습니다.

물론 우리의 관심은 메시아 비밀이 후대의 창작이냐, 아니면 예수님 자신의 말씀이냐 하는 학문적 논쟁에 있는 것은 아닙니다. 오히려 다음 질문을 가지게 되는 것입니다. 마가복음서에 따르면 예수님께서 베드로의 이 위대한 고백을 하는 장면에서 칭찬은커녕 제자들에게 자신에 관하여 아무에게도 말하지 말라고 엄중히 경고하셨다고 기록되어 있는데, 그 까닭은 또 그 의미는 무엇일까 하는 물음 말입니다.

베드로의 고백에 대한 복음서 기자들의 보도에 대한 학자들의 해석(2) — 타이슨

타이슨Joseph B. Tyson이라고 하는 신약학자는 이와 관련하여 새

로운 착안점을 찾아냅니다. 그는 "마가복음서에서의 제자들의 무지"*라는 논문을 통해 브레데의 해석을 배척하면서, 마가복음서의 신학적 중요성을 강조하였습니다. 그는 마가복음서 기자가 사도 바울을 따라 '예루살렘 교회에서 기둥처럼 존중히 여김을 받았던 사도들'(갈 2:9)에 대해서 예수님이 메시아로 등극하실 때 자신들이 차지할 지위와 관련된 좁은 견해를 가지고 있다고 비판적으로 바라보았다는 점 그리고 그들은 예수님의 죽음이 얼마나 중요한 것인지에 대한 심오한 이해를 하지 못하고 있었다는 점, 이것을 강조합니다.

예수님을 그리스도라고 고백한 베드로, 또 다른 제자들의 이후에 실천을 살펴보면 복음서마다 큰 차이가 있음을 알게 됩니다. 오늘 본문에 바로 이어서 예수님의 수난 예고가 나옵니다. 마가복음서에 나오는 수난 예고는 세 번인데 8장, 9장, 10장에 걸쳐 기록되어 있습니다.

그런데 마가복음서 본문들에 따르면 번번이 수난 예고에 대한 제자들의 반응은 실망스러운 것이고, 또 예수님은 이들을 질책하시는 것으로 나옵니다. 8장의 첫 번째 수난 예고 말씀에서 베드로는 "예수님께 항의했다"(막 8:32)고 기록되어 있습니다. 그래서 예수님으로부터 "사탄아, 내 뒤로 물러가라. 너는 하나님의 일을 생각하지 않고, 사람의 일만 생각하는구나"(막 8:33)라는 꾸짖음을 들었던 것입니다. 여기서 '꾸짖다'는 단어는 그리스어로 '에페티메

---

* Joseph B. Tyson, "The Blindness of the Disciples in Mark", *Journal of Biblical Literature*, Vol. 80, No. 3 (Sep., 1961), 261-268; https://www.jstor.org/stable/3264783?seq=1.

쎈(ἐπετίμησεν)'인데, 놀랍게도 32절에도 베드로가 예수님께 항의했다고 할 때 '항의(ἐπιτιμᾶν)'와 같은 단어입니다. 개역성경은 이를 번역할 때 차마 "베드로가 예수님을 꾸짖었다"고 표현하기가 뭐하니 "베드로가 예수를 붙들고 간하매⋯"라고 순화시켜 번역했던 것입니다. 요즘 말로 번역한다면 "베드로가 예수를 붙들고 한바탕 난리를 피웠다." 이렇게 번역해야 할 것 같습니다. 적어도 마가복음서 기자에 따르면 베드로의 입장에서 예수님이 그리스도라는 고백은 자신의 부귀영화 출세의 지름길에서 예수님이 메시아로 등극할 때면 나도 한 자리 차지해야지 하는 욕심이 가득 담긴 언사에 불과했다고 해석하는 것입니다.

이어지는 두 번째 수난 예고(막 9:30-32)가 9장에 나오는데요, 여기서 제자들의 반응은 무엇인가요? 이어지는 9장 33절부터의 본문은 제자들이 누가 더 높은 자리를 차지할 것인가를 놓고 서로 다투었다고 기록하고 있습니다.

세 번째 수난 예고(막 10:32-34)에 대해서는 어땠을까요? 10장 35절부터 나오는 이야기는 야고보와 요한이 예수님께 이렇게 요구했다고 합니다. "선생님께서 영광을 받으실 때에 하나는 선생님의 오른쪽에, 하나는 선생님의 왼쪽에 앉게 하여 주십시오"(37절). 요즘으로 치면 "대권 도전에 성공하시면 저는 총리, 저 친구는 부총리 시켜 주십시오" 이런 부탁이라 하겠습니다.

공관복음서 중 다른 복음서들에는 어떻게 나올까요? 누가복음서는 그저 간단하게 베드로가 "하나님의 아들 그리스도이십니다"라고 고백한 것만 보도하고 있습니다. 그런데 마태복음서의 이 베드로의 고백에 대한 기사(마 15:32-39)는 전혀 다릅니다. 베드로가 "선생님은 살아 계신 하나님의 아들 그리스도십니다"라고 답하자 예수님께서는 이렇게 말씀하신 것으로 나옵니다. "시몬 바요나야, 너는 복이 있다. 너에게 이것을 알려 주신 분은 사람이 아니라, 하늘에 계신 나의 아버지시다. 나도 너에게 말한다. 너는 베드로다. 나는 이 반석 위에다가 내 교회를 세우겠다. 죽음의 세력이 그것을 이기지 못할 것이다. 내가 너에게 하늘나라의 열쇠를 주겠다. 네가 무엇이든지 땅에서 매면 하늘에서도 매일 것이요, 땅에서 풀면 하늘에서도 풀릴 것이다." 바로 여기에 마태복음서를 '교회의 복음서'라 부르는 까닭이 있다 할 것입니다.

### 제2이사야의 '고난의 종'

우리의 관심은 더 이상 깊이 신학적인 논쟁으로 들어갈 까닭은 없어 보입니다. 나중에 하나님의 나라에서 예수님이나 베드로, 아니 복음서 기자 마가나 마태를 만나서 물어보기 전에는 100% 확실한 답을 내놓을 수는 없기 때문이지요. 앞에 설명한 내용을 통해서 공관복음서에 대한 신약학의 관심을 신학교육주일에 조금 맛보는 것으로 만족하면 되겠습니다.

우리에게 주어진 본문, 이사야 42장은 잘 아시는 바와 같이 제2이사야의 일부입니다. 여기에 주님의 종에 대한 노래가 나오는데, 이사야 53장을 보면 이 야훼의 종은 새로운 사명을 수행하기 위해 '고난을 받는 종'입니다. 마치 요한복음서 기자가 십자가에 달리심을 '영광'이라고 표현했던 것처럼 말입니다. 그래서 제2이사야는 이렇게 노래합니다. "우리가 받아야 할 고통을 대신 받고, 우리가 겪어야 할 슬픔을 대신 겪었다. 그러나 우리는 그가 징벌을 받아서 하나님에게 맞으며 고난을 받는다고 생각하였다." 예수 그리스도의 십자가형에 대한 신학적 해석의 바탕을 깔아 주고 있다고 생각되지 않나요?

## 고백의 진실성

오늘 제 말씀의 제목은 "고백, 그 이후"입니다. 어떤 사랑 고백의 진실성은 그 이후 고백한 사람의 실천에서 드러난다고 하겠습니다. 고백 이후에 그 사람의 실천에서 그 고백이 과연 진실한 것이었는지, 아니면 그저 입에 발린 말이었는지를 확인할 수 있다는 말입니다.

적어도 마가복음서에 따르면 제자들은 예수님의 고난의 길에 대해서는 무지한 상태였습니다. 타이슨은 마가복음서의 뒤끝이 작렬하여 16장에서 베드로를 비롯한 제자들은 부활하신 예수를 직접 뵙지 못하고, "그들보다 먼저 갈릴리로 가실 것이니, 그들은 거기에서 그를 볼 것이라 전하시오"라는 말씀의 '대상'으로 전락하고 끝난다고 해석했습니다.

예수님 권위를 빌어 위세가 등등한 호위무사가 되고 예수님 덕분에 한자리 차지하고, 예수님 이름으로 호의호식하려는 기대, 이런 것들은 진정한 신앙이 아닙니다. 마가복음서에 나오는 베드로,

야고보, 요한 등 제자들처럼 한몫 챙겨보려는 탐욕도 신앙이 아닙니다. 십자가는 예수님이 지셨으니, 자신은 영광만 차지하겠다는 식의 욕심으로 가득한 사람들은 진정한 그리스도인이 되기 어렵습니다.

이번 주 수요일은 '성회 수요일'(Ash Wednesday)입니다. 전통적으로 이날에는 그리스도인들이 함께 모여 "사람은 흙에서 났으니 흙으로 돌아갈 것을 생각하라"(창 3:19)는 말씀과 함께 재를 찍어 이마나 손등에 재를 바르거나 재를 머리에 얹어 회개하는 날로 하루를 보내기 때문에 붙여진 이름입니다.* 저도 외국에서 이날을 보내는데, 이마에 검게 재를 찍어 바른 사람들을 길에서 만나면서야 '아, 이게 성회 수요일의 전통이구나' 하는 생각을 할 수 있었습니다. 이 성회 수요일로부터 부활주일 전까지 40일을 '사순절'(Lent)로 지키는 것입니다. 그래서 오늘은 사순절기를 앞둔 주현절 마지막 주일이 되는 것입니다.

고백의 진실성은 고백 이후 그 고백한 사람의 실천에서 드러납니다. 진정한 신앙고백이란 무엇입니까? 머리로 그렇다고 수긍하거나 그저 관습적으로 입으로 시인하고, 내가 좋은 것만 취하고 끝나는 것은 진정한 고백도 참다운 사랑도 아닙니다. Dana Winner라는 가수의 노래 가운데, 제가 좋아하는 〈Ich liebe dich〉**라는 노래가 있는데요. 그 가사 가운데 이런 구절이 있습니다. "Ich

---

* https://m.blog.naver.com/PostView.nhn?blogId=solagc&logNo=220947963300&proxy
  Referer=https:%2F%2Fwww.google.co.kr%2F.
** https://youtu.be/rdNR6vxCfi4.

kann dir alles geben. Du bist das Glück, mein Leben"(나는 모든 걸 줄 수 있어. 당신은 행운, 나의 삶) 이런 뜻이지요. 내가 사랑하는 사람에게 고백한 그 사랑이 진정한, 진실한 것이라면 그 고백 다음에 나는 그에게 모든 것을 내어줄 수 있다는 실천이 따라와야 하지 않을까요?

저마다의 십자가, 각기 다른 십자가가 있습니다. 어떤 사람은 자신의 과거 때문에, 또 어떤 사람은 배우자 때문에, 어떤 사람은 부모 때문에, 또 자녀 때문에, 이 사회 제도나 이념 때문에, 경제 구조 때문에, 이 세계의 주도적 질서의 불합리성 때문에… 또 어떠 어떠한 이유가 있겠습니다만 어쨌거나 우리 삶에 우리가 감당해야 하는 십자가가 주어져 있을 때 이를 회피하지 않고 내 십자가를 짊어지고 이를 헤쳐 앞으로 앞으로만 최후 승리를 향해 전진해 나가는 것입니다.

진정한 크리스천은 예수를 그리스도라고 고백하며 이어서 "저마다의 십자가를 지고 나를 따르라"고 하신 예수님의 말씀을 좇는 사람입니다. 교회는 바로 그런 사람들의 공동체입니다.

# 2부 | 세상의 빛

# 잃어버린 것을 찾아서

(렘 31:10-14; 벧전 2:18-25; 눅 15:1-10)

❦

세리들과 죄인들이 모두 예수의 말씀을 들으려고 그에게 가까이 몰려들고 있었다. (중략) "너희 가운데서 어떤 사람이 양 백 마리를 가지고 있는데, 그 가운데서 한 마리를 잃으면, 아흔아홉 마리를 들에 두고, 그 잃은 양을 찾을 때까지 찾아 다니지 않겠느냐? 찾으면, 기뻐하면서 어깨에 메고 집으로 돌아와서, 친구들과 이웃 사람을 불러모으고 '나와 함께 기뻐해 주십시오. 잃었던 내 양을 찾았습니다' 하고 말할 것이다. 내가 너희에게 말한다. 이와 같이 하늘에서는, 회개할 필요가 없는 의인 아흔아홉보다, 회개하는 죄인 한 사람을 두고 기뻐할 것이다."

"어떤 여자에게 드라크마 열 닢이 있는데, 그가 그 가운데서 하나를 잃으면, 등불을 켜고, 온 집안을 쓸며, 그것을 찾아낼 때까지 샅샅이 뒤지지 않겠느냐? 그래서 찾으면, 벗과 이웃 사람을 불러모으고 '나와 함께 기뻐해 주십시오. 잃었던 드라크마를 찾았습니다' 하고 말할 것이다. 내가 너희에게 말한다. 이와 같이, 회개하는 죄인 한 사람을 두고, 하나님의 천사들이 기뻐할 것이다"(눅 15:1-10).

오늘은 사순절기 둘째 주일이며, 총회가 정한 3.1절 기념주일로 지킵니다.

사순절기에 교회의 성례전에 사용되는 색깔(liturgical color)은 어떤 색인지 아시는지요? 맞습니다. 보라색입니다. 우리 교단, 한국기독교장로회의 상징색이기도 합니다. 사순절기뿐 아니라 대림절기에도 참회와 준비를 의미하는 보라색을 씁니다. 우리가 언제 어디서 예배를 드리더라도 이 사순절기를 하나님 앞에서 나 자신과 우리 사회의 잘못과 부족함을 회개하고 반성하는 절기로 삼아야 하겠습니다.

## 피부 건선과 누가복음서의 잃어버린 것들

오늘 말씀은 조금 지저분할 수도 있는 '건선'이라고 하는 질병 이야기로부터 시작하고자 합니다. 제가 지난해 시민사회수석 일을 마치고 난 후 피부 건선에 걸려 고생을 심하게 했습니다. 건선은 특별한 원인을 찾기 어려워 그저 면역력이 저하되어 생긴다고 합니다만, 어쨌거나 이 질병은 가려움으로 말미암아 사람이 정상적인 생활을 하기 어렵게 만듭니다.

처음에는 왼쪽 장단지에 조그맣게 동전 모양으로 시작된 그 증상이 양쪽 다리와 무릎 위로 올라와 사타구니 근처까지, 또 아래로 내려가 발톱 위까지 벌겋게 변했습니다. 나중에는 상체로 손목 위부터 목 아래까지 옷으로 가린 피부 거의 모든 곳에 가려움증을 겪게 되었습니다. 낮에 활동할 때에는 잠시 잊어버릴 수 있지만,

저녁이 되면 매우 심각한 가려움에 시달렸습니다. 특히 밤에 자리에 들 때는 잠을 잘 수 없을 정도로 힘들어하고 자다가도 깨어나 피부를 긁다가 잠을 설치기 일쑤였습니다. 그래서 이곳저곳 피부과에 가서 건선 약은 물론 우울증약이나 수면제까지 처방을 받아야 했습니다. 바르는 약, 먹는 약, 주사, 자외선 치료 등등 다 써보았지만 이렇다 할 만한 특효약은 없었던 것 같고, 몇 달이 지나고 나서야 스르르 사라지더니 지금은 피부가 정상으로 돌아왔습니다.

그런데 이 과정에서 저는 매우 특별한 경험을 했습니다. 제 몸에서 건선이 사라지면서 가려움증이 지나간 곳은 피부가 검게 변하다가 밝은 색으로 피부가 새로 올라오고, 옛 피부는 마치 비늘처럼 떨어져 나가기 시작했습니다. 제가 앉았던 자리는 비듬이 떨어져 집안이 온통 지저분하게 되었습니다. 하루는 샤워를 하기 위해 옷을 벗고 보니, 제 복부 왼쪽에 원래부터 있었던 새끼손톱 4분의 1 정도 되는 조그만 혹에서도 피부가 벗겨져 나가고 있었습니다. 사실 저는 이전부터 '언젠가는 이 혹을 떼어 버려야지' 하는 마음을 먹고 차일피일 미루어 왔었습니다. 그런데 그 혹에 비늘이 생기며 새 피부가 돋는 것을 본 순간, '아, 이 혹도 건선 때문에 고생을 했던 내 몸의 일부로구나' 하는 뜻밖의 생각을 하게 되었습니다. 그래서 저는 죽을 때까지 제 배에 있는 혹을 떼어내지 않고 제 몸의 일부로 받아들이고, 껴안고 가기로 마음을 먹었습니다.

이주노동자를 비롯한 여러 형태의 우리 사회의 소수자들에 대해서 우리 공동체의 일부로 받아들이고 그들과 더불어 살아가야 함을, 제 몸의 건선 덕분에 깨닫게 되었던 것입니다.

## 잃었던 양 한 마리

오늘 함께 읽은 누가복음서 본문은 교우 여러분께서 잘 아시는 '잃었던 양의 비유'입니다. 그런데 이 15장에는 이 비유뿐만 아니라 '잃었던 드라크마의 비유' 그리고 '탕자의 비유'가 나옵니다. 우리가 흔히 탕자의 비유라고 부르지만, 이 비유의 제목도 실은 '잃었던 아들의 비유'라고 해야 맞습니다. 잃었던 양, 잃었던 동전, 잃었던 아들…. 그래서 누가복음서 15장은 잃었던 것들에 대한 비유들로 가득 차 있습니다.

'잃었던 양 한 마리'는 지금 여러 가지 형태로 우리 주위에 있습니다. 비단 앞서 말씀드린 이주노동자들이나 다문화가정뿐만 아니라 신념이나 취향, 피부색, 출신 지역, 또는 성별, 직업, 지위 등으로 말미암아 인간으로서 마땅히 누려야 할 존엄성을 유린당하고, 차별당하는 사람들이 바로 잃어버린 양, 한 마리요 또 잃어버린 동전, 잃어버린 아들이라 하겠습니다.

사회적 약자들에 대한 차별과 멸시를 선동하고 조장하는 것은 이름을 어떻게 달았던 간에 결코 교회도 아니요 또 기독교라 할 수도 없을 것입니다. 오히려 아흔아홉 마리 양들을 두고 잃은 양, 한 마리를 찾아 나서는 목자와 같이 잃어버린 것들을 찾아 나서는 하나님의 간절한 사랑을, 예수 그리스도의 말씀을 통해 우리에게 가르쳐주신 그 절절한 사랑을 실천해 나가는 것이 진정한 교회요

참다운 신앙인이 보여주어야 할 모습입니다.

## 예레미야와 3.1혁명

예언자 예레미야는 이렇게 선포합니다. "이스라엘을 흩으신 분께서 그들을 다시 모으시고, 목자가 자기 양 떼를 지키듯이 그들을 지켜 주신다"(표준새번역). 주전 586년 예루살렘이 바빌론에 의해 함락당하는 위기에서 예언자 예레미야는 나라를 위해 울며 기도했습니다. 그래서 예레미야는 '눈물의 예언자'라고 불리기도 합니다.

이 말씀은 오늘 누가복음서 본문과도 상통합니다. '그저 아흔아홉 마리 양이 있으면 된 거지, 그까짓 한 마리 찾아 뭐하냐…', '동전 열 닢 중 한 닢 잃어버린 것이 뭐 대수냐', '집 나간 작은아들이야 죽었던 살았던 제 탓이지…' 이런 생각은 결코 하나님의 마음이 아닙니다. 예수 그리스도를 통해 보여주신 하나님의 마음, 주님의 사랑은 "상한 갈대를 꺾지 않으며, 꺼져 가는 등불을 끄지 않으며, 진리로 공의를 베푸는"(사 42:3) 사랑입니다.

우리는 오늘 3.1절기념주일을 지키고 있습니다. 1919년 3월 1일, 터져 나온 "대한독립만세"의 외침 앞에 일제 헌병들은 총칼로 무차별 살상으로 대응하지 않았습니까? 특별하게 당시 많은 교회와 성도들이 앞장서서 그러한 일제의 폭압에도 굴하지 아니하고 '잃어버린'(!) 나라의 회복을 외쳤습니다. 그렇지만 그 외침은 단순히 옛날 조선 시대로의 회귀를 바라는 것은 아니었습니다. 이미 19세기 말, 동학농민운동으로 임금이나 양반이 아니라 남녀 빈부 귀천 따지지 않고 '인내천人乃天', '사람이 곧 한울, 하늘'이라는 선포가 있었습니다. 그 가르침을 기독교, 즉 '서학'에 대비하여 '동학'이라고 이름하였습니다만, 아이러니하게도 실은 그 가르침이 기독교의 본질이었습니다. 이런 바탕이 바로 성도들이 3.1운동에 앞장서 나서게 하였던 것입니다.

잘 아시는 바와 같이 지난해 우리가 그 100주년을 함께 기억하고 기념하며 또 계승하기로 다짐했던 3.1만세운동은 곧이어 '대한민국임시정부'의 수립으로 이어졌습니다. 우리 헌법의 연원이 되는 '대한민국임시헌장'이 1919년 4월 11일 공포된 것입니다. 그 제1조가 "대한민국은 민주공화제로 한다"이며 제3조가 "대한민국의 인민은 남녀의 귀천 및 빈부의 계급이 없고, 일체 평등하다"입니다. 이는 현행 대한민국헌법 제1조와 제11조에 그대로 이어지고 있습니다. 이 임시정부 헌법을 통해 우리는 3.1운동이 단순히 잃었던 나라의 회복을 넘어서 하나님의 창조질서를 되찾아야 한다는 위대한 흐름의 전기를 마련했음을 깨닫게 됩니다.

일각에서는 "민주공화국 대한민국의 역사는 독립운동과 불가분의 관계에 있고, 특히 3.1운동은 대한민국이 출범하는 결정적인 계기가 됐기 때문에 3.1운동은 이제부터는 '3.1혁명'으로 바꿔 불러야 한다"고 주장하기도 합니다.* 3.1혁명을 비롯한 조선의 독립운동은 세계 평화를 지향한 운동이었고, 또한 이 세상의 모든 인간이 동포라는 '사해동포주의'에 입각한 운동이었으며, 모든 인종과 민족의 평등을 지향한 운동이었습니다.

---

* 이준식, 독립기념관 (전)관장, http://www.ginnews.kr/sub_read.html?uid=41771.

3.1운동, 아니 3.1혁명 과정에서 많은 신앙 선조들이 일제 헌병의 총칼에 희생당하며, 또 고문당하며 지켜내고자 했던 것이 무엇이었습니까? 자신의 무사안위를 포기하고 눈물과 피로 옷을 적시고 싸웠습니다. 교회에 신자들을 모이게 하고, 문을 닫아걸고 불을 지르며 무차별 난사하여 29명이 학살당했던 제암리교회 참사, 기억하시지요? 그뿐만 아니라 자신의 목숨을 내걸고 거리로 나서 외치며 쓰러져 갔던, 지난해 기장 회보에 실렸던 우리 교회들 속의 많은 신앙 선열들의 이야기들을 우리는 잊을 수 없습니다. 또 잊어서도 안 될 것입니다. 예수 그리스도를 통해 보여주신 하나님의 사랑은 "상한 갈대를 꺾지 않으며, 꺼져 가는 등불을 끄지 않으며, 진리로 공의를 베푸는"(사 42:3) 사랑입니다.

## 그리스도인의 다짐

  오늘 사도 서간문 본문인 베드로전서는 이렇게 기록합니다. "(그리스도께서는) 죄를 지으신 일이 없고, 그의 입에서는 아무런 거짓도 찾아볼 수 없었습니다"(벧전 2:22). 우리 신앙 선열들이 3.1운동, 아니 3.1혁명 과정에서, 또 군부독재 시절 민주화운동에 나섰던 선배들이 억울하게 선을 행하다가 고난을 당하면서 이를 참고 이겨낸 것은 예수 그리스도의 모범을 따른 것이라 하겠습니다.

  잃었던 양 한 마리, 잃었던 동전 한 닢, 잃었던 아들을 찾아 나서는 하나님의 사랑, 또한 이를 이어받아 자신의 몸을 십자가에 내어 놓으신 예수 그리스도의 모범을 배우는 오늘, 사순절기 둘째 주일이 되기를 희망합니다. 울며 나라를 위해 기도했던 예레미야를 기억합니다. 그리고 잃었던 나라를 되찾기 위해, 나아가 사람이 사람으로 대접받는 진정한 인권이 실현되는 사회를 이룩하기 위해 일제의 폭압에 맞서 만세를 외쳤던 선열들을 기억하기를 바랍니다. 이 나라, 우리 사회에 민주주의가 더욱 발전하게 되기를 소망하며 함께 행진해 나가야 하겠습니다.

아울러 그전까지는 이 세계, 우리 사회에서 몸에 난 혹덩어리처럼 쓸모없다 여겼었지만, 이제 그 잘못을 회개하며 그조차 내 몸의 일부로 받아들이고, 그 '잃어버린 자들', 소수자들을 껴안고, 그들과 더불어 살아갈 사람다운 세상을 만들어나가기로 다짐하는 성도들, 또 교회들이 되기를 간절히 소원합니다.

# 우리를 기다리시는 하나님

(호 14:1-9; 요일 1:8-2:6; 눅 15:11-32)

❧

예수께서 말씀하셨다. "어떤 사람에게 아들이 둘 있는데, 작은 아들이 아버지에게 말하기를 '아버지, 재산 가운데서 내게 돌아올 몫을 내게 주십시오' 하였다. 그래서 아버지는 살림을 두 아들에게 나누어 주었다. 며칠 뒤에 작은 아들은 제 것을 다 챙겨서 먼 지방으로 가서, 거기에서 방탕하게 살면서, 그 재산을 낭비하였다. (중략) 그는 일어나서, 아버지에게로 갔다. 그가 아직도 먼 거리에 있는데, 그의 아버지가 그를 보고 측은히 여겨서, 달려가 그의 목을 껴안고, 입을 맞추었다. (중략) 아버지가 그에게 말하기를 '얘야, 너는 늘 나와 함께 있지 않느냐? 또 내가 가진 모든 것은 다 네 것이 아니냐? 너의 이 아우는 죽었다가 살아났고, 내가 잃었다가 되찾았으니, 즐거워하고 기뻐하는 것이 마땅하지 않겠느냐?' 하였다"(눅 15:11-32).

## 호세아, 사랑의 예언자

북쪽 이스라엘과 남쪽 유다로 갈라져 있던 분단왕국시대인 주전 8세기는 문서 예언자들의 황금기라고 불립니다. 아모스와 호세아는 주전 722년 북왕국이 앗시리아에 의해 망하기까지 북왕국 이스라엘에서 그리고 이사야(제2이사야와 제3이사야는 따로)와 미가는 남왕국에서 활동했습니다.

오늘 구약성서 본문은 '사랑의 예언자'라고 알려져 있는 호세아서의 결론부라 할 수 있는 14장입니다. 14장 1절은 히브리성서의 단어 순서대로 하면 이렇게 됩니다: "돌아오라 이스라엘아 야훼 너희 하나님께. 너희의 사악함으로 거꾸러졌지만…" 그런데 여기에 나오는 단어들 가운데 가장 중요한 단어는 무엇일까요? ① 돌아오라, ② 이스라엘, ③ 야훼, ④ 너희 하나님, ⑤ 사악함, ⑥ 거꾸러짐. 아마 하나님이나 야훼, 이스라엘을 꼽으신 교우들도 많으실 텐데요. 저는 '돌아오라', 즉 '슈브שׁוּב'라는 단어가 가장 중요한 단어라고 생각합니다.

호세아 예언자는 자기 부인인 고멜과의 관계에서 이 슈브, 즉 '돌아오라'는 메시지 그대로 살았다고 할 수 있습니다. 그리고 이를 하나님과 이스라엘의 관계와 관련하여 예언 활동을 통해 선포했습니다. 물론 여기서 예언預言이란 앞날에 일어날 일을 미리 말하는 예언豫言이 아니고, 하나님의 말씀을 맡아 전하는 것입니다.

호세아의 부인인 고멜은 흔히 '음녀'라 표현합니다만, 요즘 말로 치면 바람난 유부녀라 하겠습니다. 호세아와 고멜은 자식을 셋

낳았는데, 이름을 이스르엘, 로루하마, 로암미라고 지어줍니다(호 1:3-9). 이스르엘은 아합왕, 이세벨 여왕이 죽은 불길한 도시입니다. 더욱이 히브리어로 '로ಡ'는 '아니다' 또는 '없다'라는 뜻이어서 로루하마는 '긍휼이 없다'. 로암미는 '내 백성이 아니다'라는 뜻입니다.

그런데 고멜은 호세아를 배반하고 외간 남자와 바람을 피웠습니다. 당시 율법에 따르면 호세아는 고멜을 돌로 쳐 죽일 수도 있었습니다. 그런데도 호세아는 이런 하나님의 말씀을 받습니다. "너는 다시 가서 다른 남자의 사랑을 받고 음녀가 된 그 여인을 사랑하여라"(호 3:1). 그리고 "은 열다섯 세겔과 보리 한 호멜 반을 가지고 가서 그 여인을 사서 데리고 왔다"(호 3:2). 그뿐만 아니라 고멜에게 이렇게 말합니다. "당신은 많은 날을 나와 함께 살면서 창녀가 되지도 말고 다른 남자와 관계를 맺지도 말고 나를 기다리시오. 나도 당신을 기다리겠소"(호 3:3). 이것이 바로 호세아를 통해 보여주시는 하나님의 사랑입니다. 이것을 히브리어로는 '헤세드ಡಡ'라 하는데, 이는 인애, 긍휼, 은혜, 자비, 충성 등 여러 가지로 번역될 수 있습니다. 부부가 결혼할 때 맺은 약속에 충실한 것처럼 하나님과의 계약에서 벗어나지 않고 이에 충실한 것을 의미한다고 하겠습니다.

고멜이 호세아를 배반한 것처럼 이스라엘은 하나님을 배반했다는 것이 호세아의 메시지입니다. 이스라엘은 두 가지로 하나님을 배반합니다.

첫째는 다산과 풍요를 갈구하며 우상을 숭배한 것입니다. 그래서 그들은 바알이나 아세라 신당에 찾아가 이른바 '성창聖娼'과 교접을 하고 이를 통해 이른바 물질적 축복을 받고자 했습니다. 자신들의 욕심을 채우는 것이 최고의 관심이었고, 정의나 배려, 공감을 찾아보기 힘든 사회가 된 것입니다.

둘째는 강대국이나 군사력을 의존하여 그와 빌붙어 자신들의 살길을 찾으려 했습니다. 그래서 호세아 7장을 보면 에브라임, 즉 이스라엘은 "어리석고 줏대 없는 비둘기이다. 이집트를 보고 도와달라고 호소하더니 어느새 앗시리아에게 달려간다"(호 7:11)고 비판하는 것입니다.

실은 두 가지 모두 동전의 양면과 같은 현상입니다. 하나님을 버리고 막가는 것입니다. 그래서 호세아는 4장 1-2절에서 이렇게 하나님의 말씀을 대언합니다.

> 이 땅에는 진실도 없고, 사랑도 없고, 하나님을 아는 지식도 없다. 있는 것이라고는 저주와 사기와 살인과 도둑질과 간음뿐이다. 살육과 학살이 그칠 사이가 없다.

최근 여러 고위 관료들이 자신에게 주어진 책무를 도외시하고 자신의 지위나 권한을 함부로 써서 사사로운 이익을 추구했던 것들을 확인하게 됩니다. 이를 부패라고 합니다만, 부부 사이의 관계에서 남편이나 아내로서 지키기로 약속한 정절을 버리고 부정한 관계를 맺는 것도 그와 유사합니다. 그래서 이전부터 그런 일들을 모두 넓은 의미로 부패라고 불렀던 것입니다.

여기서 '나는 고멜과는 다르다'며 그녀를 손가락질할지 모르겠습니다만, 실은 하나님 앞에서 우리는 누구도 완벽한 존재가 아님을 고백하지 않을 수 없습니다.

## 우리를 기다리시는 하나님

오늘 본문은 누가복음서 15장에 나오는 잃어버린 것들의 연속적 비유 말씀들 가운데서 잃었던 양, 잃었던 드라크마에 이어 나오는 잃었던 아들의 비유입니다. 흔히 이를 '탕자의 비유'라 부르지만, 주인공은 '탕자'라 불리는 아들이 결코 아닙니다. 오히려 집 나간 아들, 그것도 제 재산을 다 챙겨 나가서는 허랑방탕하게 살다가 그 재산을 다 말아먹고 이제 거지 신세가 된 아들을 넉넉한 품으로 안아 주는 '아버지'가 바로 그 주인공입니다.

오늘 사도 서간문인 요한일서 1장 8절은 이렇게 말합니다.

**우리가 죄가 없다고 말하면, 우리는 자기를 속이는 것이요, 진리가 우리 속에 없는 것입니다.**

그러므로 우리의 과제는 먼저 하나님 앞에 우리의 죄를, 결함과 부족을 자백하는 일입니다. 그러면 하나님께서는 우리 죄를 용서하시고, 모든 불의에서 우리를 깨끗하게 해 주실 것입니다. 그리고 우리를 기쁘게 받아주실 것입니다.

우리가 하나님으로부터 멀리 떠나 있을 때도 하나님은 우리를 기다리십니다. 우리가 하나님을 배반하고 죄에 빠져 방탕한 생활을 하고 있을 때도 하나님은 우리가 돌아오기를 간절하게 기다리고 계십니다. 나의 지금의 모습이 하나님 앞에 죄 되고 또 부족하고 결함투성이일지라도 하나님은 우리가 다시 돌아오기를 애타게 기다리고 계십니다.

탐욕에 젖어 있는 우리를 반성합니다. 우리 삶의 궁극적인 가치가 보다 많이 소유하는 것이어서는 안 됩니다. 함께 나누는 삶이 그 자리를 차지하도록 해야 합니다. 아울러 눈에 보이는 권력, 또는 무력 앞에서 이리저리 휩쓸려 다녀서도 안 됩니다. 더불어 그 어떤 외세도 우리 운명을 좌우하도록 놓아두어도 안 됩니다. 온전히 하나님만을 의지해야 합니다.

하나님께서는 우리에게 이렇게 요구하십니다. "정의를 뿌리고 사랑의 열매를 거두어라. 지금은 너희가 주를 찾을 때이다. 묵은 땅을 갈아엎어라. 나 주가 너희에게 가서 정의를 비처럼 내려 주겠다"(호 10:12). 더 이상 로루하마가 아니라 루하마, 즉 긍휼히 여김을 받는 자가 되고, 로암미가 아니라 암미, 즉 나의 백성이라 말씀하실 것입니다(호 2:23). '살아계신 하나님의 자녀'(호 1:10)가 될 것이라는 말씀입니다.

방금 함께 감상한 노래, 〈나의 사랑, 나의 어여쁜 자야〉*라는 복음성가는 아가서 2장 10절에 나오는 구절입니다만, 오늘 고멜을 향한 호세아의 마음, 이스라엘을 향한 하나님의 마음 그리고 누가복음서 본문에 나오는 그 잃었던 아들을 향한 아버지의 마음을 잘 표현한 것으로 생각합니다. 아울러 우리가 하나님께 돌아오기

---

* https://youtu.be/YP4KZHVAekA.

를 간절하게 기다리시는 하나님의 마음이 바로 거기 담겨 있습니다.

　우리를 기다리고 계시는 하나님께 돌아오는 결단과 실천이 사순절 셋째 주일을 보내는 우리 모두에게서 일어나기를 간절히 바랍니다.

# 용기를 내어라, 내가 세상을 이겼다

(사 63:1-6; 롬 8:18-27; 요 16:25-33 )

꩜

"지금까지는 이런 것들을 내가 너희에게 비유로 말하였으나, 다시는 내가 비유로 말하지 않고 드러내서 아버지를 일러줄 때가 올 것이다. 그 날이 오면, 너희가 내 이름으로 아버지께 구할 것이다. 내가 너희를 위하여 아버지께 구하겠다는 말이 아니다. 아버지께서는 친히 너희를 사랑하신다. 너희가 나를 사랑하였고, 또 내가 하나님께로부터 왔음을 믿었기 때문이다. 나는 아버지에게서 떠나서 세상에 왔다. 나는 세상을 두고 아버지께로 간다." (중략) "이것으로 우리는 선생님이 하나님께로부터 오신 것을 믿습니다." 예수께서 대답하셨다. "이제는 너희가 믿느냐? 보아라, 너희가 나를 혼자 버려 두고 제각기 자기 집으로 흩어져 갈 때가 올 것이다. 그 때가 벌써 왔다. 그런데 아버지께서 나와 함께 계시니, 나는 혼자 있는 것이 아니다. 내가 이렇게 말한 것은, 너희로 하여금 내 안에서 평화를 얻게 하려는 것이다. 너희는 세상에서 시련을 당할 것이다. 그러나 용기를 내어라. 내가 세상을 이겼다"(요 16:25-33).

교우 여러분, 안녕하십니까? 오늘은 사순절기 넷째 주일, 우리 교단에서는 청년주일로 지키는 날입니다.

## 청년의 기개

오늘은 제 개인사를 조금 설명하는 것으로 말씀을 시작할까 합니다. 고등학교 때 제가 루터교회라는 교단의 작은 교회에서 학생회 회장을 했고, 학교에서는 기독학생회 총무를 맡았습니다. 신학과에 진학한 것도 그렇고, 대학에 가서도 당연히 기독학생회 활동을 해야지 하는 생각을 가졌습니다. 좋은 신앙인이 되고 목사가 되어 선교 활동을 할 것이라고 기대한 까닭이었습니다.

그런데 시간이 지나면서 제가 처음에 생각했던 내용과는 전혀 다르게 신학생이 되어 믿음이 더 뜨거워지는 것도 없었고, 기독학생회를 통해 학내외 전도 활동에 나서는 일도 없었습니다. 오히려 사회문제에 눈을 뜨게 되었고, 당시 박정희 정권의 독재에 맞서겠다는 다짐을 더욱 다졌습니다.

2학년 때인 1977년, 학교 루스채플이라는 예배실에서 기독학생회 부활절 예배를 드렸는데, 제가 설교를 맡게 되었습니다. 제 설교 제목이 아마 "작은 예수"였던 것 같습니다. 그런데 설교를 마치고 나서 갑자기 고민이 생겼습니다. 설교 내용을 형사들이 알면 분명히 대통령긴급조치 제9호 위반으로 감옥을 가게 될 것 같았습니다. 당시에는 요즘처럼 녹음이 일상화되기 이전이라서 몰래 도청을 해서 설교를 녹음하지는 않았던 것 같습니다. 다만, 문제가 되면 제 설교 원고가 증거가 될 수 있겠다 싶어 당시 기독학생회 지도교수이셨던 노정선 교목을 찾아가 사정을 설명하고 제 설교문을 맡겼습니다. 이후 일은 저는 생각나지 않습니다만, 그 설교문을 방에서 태웠다는 것이 노정선 교수님의 기억입니다.

이때가 제가 만으로 열여덟 살이 될 무렵의 일입니다. '나는 세월이 지나도 결코 기성세대처럼 살지 않겠다'고 마음속으로 다짐했고, 제 생각에는 '상당히 그렇게 살았던 편 아닐까?' 스스로 평가합니다. 결국 그해 10월 구속되어 감옥을 가게 되었고, 감옥 속에서 이른바 소내 투쟁을 하다가 또 기소되어 원래 선고된 형을 다 살고 추가로 감옥살이를 해야 했습니다. 이후의 삶은 그때 다짐했던 바를 실천하려는 시도였습니다. 완전하지는 못했지만, 적어도 그런 시늉을 하면서 살아왔다고 할 수는 있겠습니다.

최근에 미얀마에서 민주주의를 요구하는 청년, 학생들 그리고 시민들이 군부독재의 비인간적 폭력과 총탄 앞에 희생되고 있습니다. 그들의 승리를 위해 함께 기도합시다. 저는 그들이 당장 하루아침에 승리할 수 있다고 기대하지는 않습니다만, 분명한 것은 지금처럼 국민을 탄압한 군부독재는 머지않아 무너질 수밖에 없다는 사실이며, 또 마치 전두환 정권처럼 그들이 지금의 폭압, 잔학한 폭력에 책임을 지게 될 것이라 확신합니다.

함께 예배드리는 교우 여러분, 특히 막 고등학교를 졸업하고 청년 생활을 시작하는 청년 여러분! 아직 일생을 다 산 것은 아닐지라도 적어도 지금까지의 제 삶을 되돌아보면, 제게는 청년의 기개, 청년 때의 생각과 다짐이 얼마나 중요했는지 알 수 있습니다. 우리 모두 청년의 기개를 품고 살아가야 하겠습니다.

## 청년의 책임

캄보디아에 몇 차례 갈 기회가 있었습니다. 그중에 두어 번은 고등학생들, 대학생들과 함께할 기회가 있었는데, 그 나라 학생들은 고등학교만 졸업해도 사회에서 책임적 역할을 하는 사람들이 됩니다. 우리나라도 해방 직후부터 1960년대 초까지는 중학교 졸업한 다음 사범학교만 나와도 초등학교 교사를 할 수 있지 않았습니까? 이처럼 캄보디아에서도 고등학교만 졸업하고 나면 그 사회에서 인정받고 또 그처럼 활동하는 것을 보게 되었습니다. 그에 비하면 당시 함께 갔던 우리 학생들은 제가 보기에는 서너 살 아래인 것처럼 느껴졌습니다.

청년은 가정에서, 또 이 사회에서 더 이상 양육하는 대상이어서는 안 됩니다. 집을 나와 독립해야 한다는 의미가 아니라 최선을 다해 자기 삶의 주인공으로, 책임적인 존재로 살아가야 한다는 뜻입니다. 우리 가정에서도 또 우리 교회에서도, 우리 사회에서도 청년의 책임을 기대하고 있습니다. 청년 여러분은 어린이나 청소년이 아닙니다. 버스나 지하철 탈 때 청소년 요금이 아니라 성인 요금을 내야 하는 것처럼 이제 생각도 청년다운 책임 있는 생각을 하고, 행동도 책임 있는 행동을 해야 한다는 말씀입니다. 마찬가지로 기성세대도 또한 청년들을 책임적 존재로 받아들이고 그들이 자신의 삶을 잘 열어갈 수 있도록 지지하고 성원하는 자세가 요구됩니다.

## 성서 본문의 의미

이사야서 63장은 제3이사야의 한 부분입니다. 바빌론 포로 생활에서 돌아왔다고는 하지만, 바빌론조차 무너뜨린 대제국 페르샤의 지배 하에 놓여 있는 조그만 땅에서 그들이 어떤 기개와 어떤 희망을 가질 수 있었을까요?

63장 3절에서 예언자는 이렇게 하나님의 말씀을 선포합니다.

> 나는 혼자서 포도주 틀을 밟듯이 민족들을 짓밟았다, 민족들 가운데서 나를 도와 함께 일한 자가 아무도 없었다. 내가 분 내어 민족들을 짓밟았고, 내가 격하여 그들을 짓밟았다. 그들의 피가 내 옷에 튀어 내 옷이 온통 피로 물들었다.

대제국 페르샤를 앞에 두고, 이 하나님의 예언자가 선포하는 그 기개가 어느 정도인지 알 수 있는지요?

과연 이러한 기개의 깊이와 크기는 어디서 나오는 것일까요? 오늘 요한복음서 본문 끝부분인 16장 33절을 보면 예수님께서 주신 말씀을 확인할 수 있습니다.

> 너희는 세상에서 환난을 당할 것이다. 그러나 용기를 내어라, 내가 세상을 이겼다.

우리 신앙인들은 세상에서 환난을 당하더라도 거기에서 굴복하거나 넘어지지 않습니다. 마치 오뚝이처럼 다시 일어납니다. "용기를 내어라, 내가 세상을 이겼다."

오늘 사도 서간문 본문, 로마서 8장 24-25절에 사도 바울은 이렇게 적었습니다.

> 우리는 이 소망으로 구원을 얻었습니다. (그런데) 눈에 보이는 소망은 소망이 아닙니다. 보이는 것을 누가 바라겠습니까? 그러나 우리가 보이지 않는 것을 바라면, 참으면서 기다려야 합니다.

우리는 시간만 지나면 당연히 이루어질 일을 기다리는 것이 아닙니다. 남들이 기대하지 못하는, 다른 사람들이 그건 꿈일 뿐이라고 비웃는 일들이 이루어질 것을 믿고 또 확신하며 기다리는 것입니다. 왜냐하면 그것은 하나님께서 우리를 이를 위해 부르셨기 때문이라는 것이 오늘 사도 바울의 증언입니다.

## 마무리

청년은 연령만으로 구분하기 어렵습니다. 우리나라 현행 법제를 살펴봅니다. 그 가운데 민법에 따르면 만 19세 미만은 미성년자, 만 19세 이상은 성년으로 구분됩니다. 19세 성년은 부모 등 법정 대리인의 동의 없이 결혼, 신용카드 개설, 근로계약 체결 등의 모든 법률행위를 단독으로 할 수 있습니다. 또 청년고용촉진특별법에 따르면, 청년은 원칙적으로 15세 이상 29세 이하인 사람을 말합니다. 지난해 8월 5일부터 시행된 청년기본법에 따르면, 청년은 만 19세부터 34세 이하인 사람으로 규정됩니다.

그런데 UN에서는 2015년 인류의 체질과 평균수명 등을 고려해 새로운 연령 기준을 제안했다고 합니다. 이에 따른 청년은 몇 세부터 몇 세까지를 말할까요? 18-65세는 '청년', 66-79세는 '중년', 80-99세 '노년', 100세 이후는 '장수노인'으로 규정하자고 했습니다. 오늘 청년주일은 이런 의미에서 막 고등학교를 졸업한 청년부터 66세 미만의 우리 모든 교우가 함께 대상이 될 수 있다고 하겠습니다.

그렇지만 연령보다 더 중요한 것이 있을 것입니다. 바로 청년의 기개와 청년의 책임 아닙니까? 그러한 대단한 기개와 책임의 실천이 없다면 아무리 연령이 그 기준에 합당하다 할지라도 결코 청년이라 할 수 없을 것입니다.

하나님의 부름을 받아 하나님의 일을 받들기 위한 책임을 받고 나선 기개 있는 청년들로 가득한 교회, 또 그런 교우들이 되어야 하겠습니다.

# 죽은 행실에서 떠나 하나님을 섬기게

(레 16:1-10, 20-22; 히 9:11-15; 요 11:47-57)

그러나 그리스도께서는 이미 이루어진 좋은 일을 주관하시는 대제사장으로 오셔서, 손으로 만들지 않은, 다시 말하면 이 피조물에 속하지 않은, 더 크고 더 완전한 장막을 거쳐서, 오직 한 번 지성소에 들어가셔서, 염소나 송아지의 피로써가 아니라 자기의 피로써, 우리에게 영원한 구원을 이룩하여 주셨습니다. 염소나 황소의 피와 암송아지의 재를 더러워진 사람들에게 뿌려도, 그 육체가 깨끗해져서 그들이 거룩하게 되거든, 하물며 영원한 성령을 힘입어 자기 몸을 흠 없는 제물로 삼아 하나님께 바치신 그리스도의 피야말로, 더욱더 우리들의 양심을 깨끗하게 하여, 우리를 죽은 행실에서 떠나, 살아 계신 하나님을 섬기게 하지 않겠습니까? 그러므로 그리스도께서는 새 언약의 중보자이십니다. 그는 첫 번째 언약 아래에서 저지른 범죄로부터 사람들을 속량하시려고 죽으심으로써, 부르심을 받은 사람들이, 약속된 영원한 유업을 차지하게 하셨습니다(히 9:11-15).

치알 신

지난 3월 3일 미얀마 민주화 시위 도중 숨진 한 소녀의 무덤을
장례식 이튿날인 5일, 군부가 도굴한 것으로 알려졌습니다. 군부
는 시위 현장에서 경찰의 총격으로 숨진 사실을 은폐하기 위해 시
신을 가져간 것으로 전해집니다.*

그 19세 소녀의 이름은 치알 신, '다 잘 될 거야'(Everything will
be OK)라는 문구가 새겨진 티셔츠를 입고 시위에 참여했다가 쿠
데타 세력에게 살해당하고 말았습니다. 특히 그녀는 태권도를 배
우며 댄서로 활동하기도 했으며 시위에 앞장섰다고 합니다.

그녀는 페이스북에 지난해 아버지와 함께 11월 8일 생애 첫 투
표를 하고 난 뒤 투표를 해서 보라색으로 물든 손가락에 키스하는
장면을 찍은 사진을 올렸습니다. "나의 첫 투표, 내 마음속 깊은 곳
으로부터 내 나라를 위한 내 의무를 다했다"라는 메시지와 함께.

치알 신의 남자 친구 치아우 진 헤인은 SNS에 그녀가 마지막으
로 보내온 메시지를 공유했습니다. "이번이 마지막일 수 있어. 너
를 많이 사랑해. 잊지 말아줘."

치알 신은 시위에 참가하기 전 페이스북에 자신이 B+라는 혈액
형과 비상 연락처를 올렸습니다. 그뿐만 아니라 시위 도중 죽으면
시신을 기증해 달라는 문구와 함께 혈액형, 연락처 등을 적은 목걸

---

* https://news.joins.com/article/24006034; https://news.kbs.co.kr/news/view.do?ncd=
5131585; http://news.kmib.co.kr/article/view.asp?arcid=0015595414&code=6113111
1; http://www.koreadaily.com/news/read.asp?art_id=9143008; https://news.v.daum.
net/v/20210320194406841.

이를 착용하고 있었습니다.

## 류동운

　1980년 5월, 전두환 군부는 각 대학에 휴교령을 내렸습니다. 기숙사마저 폐쇄되면서 한신대 79학번 신학생이던 류동운은 부모님이 계시는 광주로 내려갔습니다. 그리고 80년 5월 18일 전남대 학생들과 함께 시위를 벌이다가 계엄군에 의해 상무대로 연행됩니다. 아버지가 이전에 시무했던 충북 증평교회의 교인이었던 정웅(당시 31사단장) 장군의 도움으로 사흘만인 5월 21일 가까스로 풀려납니다.

　그의 아버지는 성결교회 류연창 목사(당시 53세, 광주신광교회, 1928~2019)였습니다. 류 목사님도 반독재 민주인사였습니다. 광주기독교연합회 회장으로 유신철폐운동에 앞장섰던 부친은 1976년 설교하면서 박정희 유신체제를 비판했다가 긴급조치 9호 위반으로 구속되었던 일도 있었습니다. 부친의 영향으로 일찌감치 역사의식을 갖게 된 류동운은 고교 시절부터 운동권 학생이었습니다. 광주진흥고 1학년이던 류동운은 가택 수색 과정에서 독재정권에 저항하는 시(詩) 등의 글이 담긴 노트가 발견되면서 아버지와 함께 경찰에 연행되었던 전력이 있었습니다.

　그는 상무대에서 풀려나자마자 남동생(류동인)과 함께 전남도청 등의 투쟁 현장에 들렀다가 귀가합니다. 군인들의 구타와 가혹행위로 몸이 크게 상한 그는 닷새 동안 겨우 몸을 추스르고 5월

25일 다시 거리에 나섰다가 친구 형의 죽음을 목격하고 시민군에 참여합니다. 아들이 시민군이 되어 전남도청에 있다는 소식을 접한 아버지 류 목사는 5월 26일 아들을 데리고 집으로 옵니다.

하지만 류동운은 생을 정리하려고 귀가한 것이었습니다. 어머니와 형제를 만나고 몸을 씻고 친구들과 마지막 인사를 나누었습니다. 역사의 십자가 앞에 선 청년 신학도는 "나는 이 병든 역사를 위해 갑니다"라는 글을 일기에 남겼습니다. 그리고 동생(동인)에게 "한 줌의 재가 된다면 어느 이름 모를 강가에 조용히 뿌려다오!"라는 유언을 글로 남기고 집을 나섰습니다.

아버지는 마지막을 예감하고 아들을 붙잡았습니다. "아버지, 저를 붙잡지 마세요. 다른 사람들이 무자비한 계엄군에게 희생당하고 있는데, 왜 자기 아들만 보호하려고 하십니까? 아버지는 왜, 평소 소신을 버리십니까? 아버지는 설교하시면서 '역사가 병들었을 때, 누군가 역사를 위해 십자가를 져야만 이 역사가 큰 생명으로 부활한다!' 하셨잖습니까? 아버지, 저를 붙잡지 말아 주세요!"

아버지는 아들을 끝내 붙잡지 못했습니다. 류연창 목사는 5월 25일 주일 대예배에서 "역사의 십자가를 져야 한다!"고 설교했습니다. 교회 청년회원의 형이 시민군 활동을 하다가 계엄군에 의해 학살당했습니다. 류 목사는 로마 군인보다 더 잔인하게 양민을 학살하는 전두환 군부의 살육을 막기 위해선 역사의 십자가를 져야 한다고 절규했습니다. 그런데 그 십자가가 바로 자기 아들에게 주어졌고, 아버지는 이 아들의 마지막 길을 가로막지 못했습니다.

한 어머니가 진압을 앞둔 시점에 전남도청을 찾아갔습니다. "우리 아들이 여기 있는 것을 알고 왔어요. 보고 싶어서 왔으니 한 번만 만나게 해주세요!"라고 호소합니다. 생사를 가르는 엄중한 상황이었습니다. 정문을 통제하던 시민군은 아마 '어머니의 호소대로 아들을 내어주면 다른 시민군들은…' 이런 생각을 했을 것입니다. 그 시민군이 허락해 주지 않자, 그 어머니는 "그래요. 내 아들만 여기 있는 것도 아닌데…"라고 눈물을 흘리며 떨어지지 않는 발길을 뗐다고 합니다. 그 시민군이 어머니의 뒷모습에다 대고 "아들의 이름이 어찌 됩니까?"라고 묻자 그 어머니는 아들의 이름 석 자를 남기고 사라졌습니다. "류동운이라고 합니다!"*

류동운은 결국 5월 27일 밤, 계엄군이 도청을 무자비하게 진압하던 때, 진압군에 의해 복부 관통상을 입고 살해당했습니다.

### 전태일 그리고…

우리가 잘 아는 50여 년 전의 전태일을 기억합니다. 그리고 뿐만 아니라 약자들의 권리를 확보해내기 위해 자신의 삶을 내어놓고 싸웠던 많은 분을 기억합니다. 이름 없이 스러져 간 분들이 있었습니다. 50년 그 이전에도, 40년 전에도, 지금 이 시간에도…. 평화시장에서, 광주 계엄군 앞에서 그리고 미얀마 군경들 앞에서….

---

* http://www.ohmynews.com/nws_web/view/at_pg.aspx?CNTN_CD=A0001736256.
  https://newsis.com/view/?id=NISX20170309_0014753553&cID=10201&pID=10200.

## 예수의 희생

오늘은 사순절 넷째 주일입니다. 오늘 함께 읽었던 성서 본문들은 우리에게 예수님께서 십자가에 달려 죽으심을 기억하게 해 주며, 또 그의 죽으심의 의미를 설명하고 있습니다.

레위기 16장은 속죄일에 대한 규정입니다. 수송아지 한 마리를 속죄 제물로, 숫양 한 마리를 번제물로 바치게 됩니다. 이 규정은 인간의 삶이 언제나 하나님 앞에 잘못되어 있고 또 부족하다는 전제로부터 출발합니다.

만약 인간의 실천이 하나님 앞에 당당하고 또 하나도 부족함이 없다면 이런 '속죄', 즉 지은 죄에 대하여 그 대가를 치르고 속량받는 일은 언급할 필요조차 없을 것입니다. 하지만 인간의 삶은 언제나 하나님 앞에서 죄된 삶입니다. 이는 아담이라고 하는 첫 사람이 하나님 앞에 범죄한 까닭에 나도 그 책임이 있다는 막연한 귀책사유를 말하는 것이 아닙니다. 오히려 나의 현존, 내가 지금 더불어 살아가야 할 이웃들 앞에서 내 책임을 다하지 못하고 있음을 포함하는 적극적인 죄책 고백이 되어야 합니다. 앞에 언급한 사람들은 모두 그러한 동시대 이웃들에 대한 책임감을 짊어지고 살고자 했습니다. 아니 그렇게 살고자 노력하다가 희생당하거나 또 죽음의 길을 걸어갔던 것입니다.

오늘날 스스로 그리스도인이라고 생각하는 많은 사람이 이런 구체적인 죄책의 고백 없이 교리적으로 또는 막연한 개념으로만 나는 죄인이라고 고백하고 있는 것 같아 안타깝기 그지없습니다.

레위기 16장을 보면 '숫염소'가 나옵니다. 영어 성경들은 이를 'scapegoat'라고 번역했습니다. 즉, '속죄양'이라는 것입니다. 그 양이 죄가 있어서가 아니라 나의 죄, 우리의 죄, 이 공동체의 죄를 짊어지고 하나는 번제물로, 다른 하나는 빈 들로 내보내지는 것입니다. 레위기 16장 21-22절은 이렇게 표현합니다.

> 살아 있는 그 숫염소의 머리 위에 두 손을 얹고, 이스라엘 자손이 저지른 온갖 악행과 온갖 반역 행위와 온갖 죄를 다 자백하고 나서, 그 모든 죄를 그 숫염소의 머리에 씌운다. (중략) 그 숫염소는 이스라엘 자손의 온갖 죄를 짊어지고 황무지로 나간다.

이 개념을 빌어 예수 그리스도의 십자가에 달리심의 의미를 해석한 것이 바로 히브리서요 또 사도 바울입니다. 오늘 히브리서 9장 12절을 보면 (그리스도께서는) 단 한 번에 지성소에 들어가셨습니다. 지성소에 번제물로 바쳐진 염소나 송아지처럼 그리스도께서는 단 한 번, once for all, 지성소에 들어가셨다는 것입니다. 히브리서는 그리스도께서 자기의 피로써 우리에게 영원한 구원을 이루셨다고 선언합니다. 그래서 오늘날 그리스도 교회에서는 다른 번제물 등 속죄 제물을 필요로 하지 않습니다. 그저 예수 그리스도의 십자가, 단 한 번으로 우리의 모든 제물을 대신했다는 것입니다. 오늘의 본문 요한복음서 11장 50절을 보면 그해의 대제사장인 가야바가 이렇게 말합니다.

*당신들은 (중략) 한 사람이 백성을 위하여 죽어서 민족 전체가 망하지 않는 것이, 당신들에게 유익하다는 것을 생각하지 못하고 있소.*

예수 그리스도께서 십자가에 달리신 것은 과연 우리에게 어떤 의미로 받아들여지고 있습니까? 애매하거나 아니면 논리정연한 교리의 문제가 아닙니다. 우리의 삶이 하나님 앞에서 어떤 죄됨, 어떤 부족함이 있는지 고백하는 것이 선행되어야 예수 그리스도의 구속의 의미를 깨달을 수 있는 것입니다. 자신의 죄됨, 부족함 없이 하나님 앞에 당당한 사람들은 결코 예수 그리스도의 십자가의 의미를 깨달을 수 없습니다. 또 오늘 이 시간에도 계속되고 있는 예수 그리스도의 십자가를 발견하기 힘듭니다. 예수 그리스도께서는, 또 우리의 진정한 이웃들은 이웃들에 대한 책임감을 짊어지고 살고자 노력하다가 희생당하거나 또 죽음의 길을 걸어갔던 것입니다.

### 예수의 희생

우리는 예수님을 이천 년 전의 과거 역사에 가두어 놓고 화석화해서는 안 됩니다. 또 교회는 예수님을 박제화해서 교회 안에 모셔 놓아서도 안 됩니다. 예수님은 오늘 이 시간에도 이 땅의 민중들과 함께 고난당하고 또다시 십자가에 달리고 계시기 때문입니다.

치알 신, 류동운, 전태일 등이 자신들의 생명을 역사의 제단에 내놓고 이웃사랑의 진정을 우리에게 가르쳐주고 있습니다. 민주주의의 실현으로, 노동자 등 약자들의 권리 확보로 결코 그들의 희생이 헛되지 않았음을 역사는 증명합니다. 또 증명할 것입니다. 나아가 우리 교우들 모두는 이들을 통해 예수 그리스도의 십자가 희생의 현재적 의미를 깨달아야 합니다.

히브리서 기자는 예수 그리스도의 희생이 우리에게 주는 의미를 이렇게 표현합니다.

자기 몸을 흠 없는 제물로 삼아 하나님께 바치신 그리스도의 피야말로, 더욱 더 우리들의 양심을 깨끗하게 해서, 우리로 하여금 죽은 행실에서 떠나서 살아 계신 하나님을 섬기게 하지 않겠습니까?(히 9:14)

우리들의 양심을 깨끗하게 하여 이제 살아계신 하나님을 섬기는 존재로 거듭나게 만드는 예수 그리스도의 십자가의 의미를 다시 한번 깊이 생각하는 사순절기가 되길 바랍니다. 나아가 오늘 현실에서의 우리의 체험을 통해 예수 그리스도의 희생의 의미를 깊이 깨닫고, 더불어 새로운 존재로 거듭나는 사순절기가 되기를 바랍니다.

# 빈 무덤

(요 20:1-10)

주간의 첫날 이른 새벽에 막달라사람 마리아가 무덤에 가서 보니, 무덤 문을 막은 돌이 이미 옮겨져 있었다. 그러므로 그 여자는 뛰어서, 시몬베드로와 예수께서 사랑하시던 그 다른 제자에게로 가서 "누가 주님을 무덤에서 가져 갔습니다. 어디에 두었는지 모르겠습니다" 하고 말하였다. 베드로와 그 다른 제자가 나와서, 무덤으로 갔다. 둘이 함께 뛰었는데, 그 다른 제자가 베드로보다 빨리 뛰어서, 먼저 무덤에 이르렀다. 그는 몸을 굽혀서 고운 베가 놓여 있는 것을 보았으나, 안으로 들어가지는 않았다. 시몬베드로가 그를 뒤따라와서, 무덤 안으로 들어가 보니, 고운 베가 놓여 있었고, 예수의 머리를 쌌던 수건은 그 고운 베와 함께 놓여 있지 않고, 한 곳에 따로 개켜 있었다. 그제서야 먼저 무덤에 다다른 그 다른 제자도 들어가서, 보고 믿었다. 아직도 그들은, 예수께서 죽은 사람들 가운데서 반드시 살아나야 한다는 성경 말씀을 깨닫지 못하고 있었다. 그 제자들은, 자기들이 있던 곳으로 다시 돌아갔다(요 20:1-10).

## 절망의 부활절

2014년 4월 20일, 오늘 부활절은 '가짜' 부활절입니다. 지난 금요일은 성 금요일이었습니다. 테네브라이(ténĕbræ, 어두움), 어둠의 예배를 드리는데, 아직도 그 죽음-어둠의 연속일 뿐입니다.

눈물의 부활절이 어디 있습니까? 절망의 부활절이 어디 있습니까? 우리들의 마음도 타들어 가는데 세월호 참사로 사랑하는 딸아들을 잃고 더 이상 흘릴 눈물도 없이 메말라 버렸을 부모님들과 가족들, 실종자들을 생각하면 어떻게 그들에게 '부활'을, '희망'을, '기쁨'을 설명하고 전할 수 있을까요. 불가능합니다. 그래서 오늘은 부활절이 아닙니다.

## 민중의 아버지

김흥겸, 그는 연세대학교 신학과의 제 후배였습니다. 빈민선교, 빈민운동에 나서서 열심을 다했습니다. 제 결혼식에 와서 다른 후배들과 "사노라면"이라는 노래를 불러주기도 했습니다. 그의 다른 이름, 김해철. 낙골 빈민들, 난곡 철거민들에게 그는 정말 벗이요 식구였습니다.

1961년생인 그가 1997년 1월 암에 걸려서 생명이 꺼져갈 때였습니다. 오충일 목사님을 비롯한 몇 사람이 미리 장례식을 치르자고 했습니다. 그래서 세브란스병원에서 본인이 참석한 가운데에 미리 장례식을 치렀습니다.

지난해 1월 그가 묻혀 있는 충남 서천에 후배들 몇 사람과 함께 찾아갔습니다. 승합차를 타고 고속도로를 달리던 중이었습니다. 예배를 준비한 후배 황건원 목사가 제게 축도 순서를 맡아달라고 부탁했습니다. 저는 축도 대신 노래를 부르겠다고 대답했습니다만, 결국 노래도 부르고 축도도 하게 되었습니다.

당시 마음속으로 준비하고 있었던 노래는 윤동주의 〈서시〉에 제가 곡을 붙인 노래였습니다. 그런데 황 목사가 노래 연습을 잘해서 묘소에 가서 불러야 한다며 복사해 온 악보를 꺼내 놓았습니다. 지금은 돌아가셨지만, 김찬국 교수님이 열심히 보급하셨던, 바로 한태근 선생님이 작곡한 윤동주의 〈서시〉 노래였습니다. 한참 배운 다음 저도 제 곡으로 〈서시〉 노래를 불렀습니다. 그러자 그 승합차 속에 함께 타고 있던 빈민운동을 하는 다른 분이 자신이 작곡한 〈서시〉를 제 노래에 이어 부르는 것이었습니다. 자신도 이 노래를 홍겸이 묘소에 가서 부르려 했다는 이야기와 함께….

우연치고는 이런 기막힌 우연이 또 있을까? 한 승합차 속에 탄 세 명이 똑같은 노래를 준비했던 것입니다.

이 김홍겸이 연세대 신학과 예배 시간에 기도를 했습니다. 신학생 때에 우리 교회에 다니다가 지금은 성공회 신부가 되어 다음 주일 우리 교회에 와서 설교를 해 줄 주낙현 신부님이 영어로 번역하여 보급하기도 했던, 〈민중의 아버지〉라는 시가 바로 그 기도였습니다.

우리들에게 응답하소서

혀짤린 하나님

우리 기도 들으소서

귀먹은 하나님

얼굴을 돌리시는

화상 당한 하나님

그래도 내게는 하나뿐인

민중의 아버지

하나님 당신은 죽어버렸나

어두운 골목에서 울고 있을까

쓰레기 더미에 묻혀 버렸나

가엾은 하나님

얼굴을 돌리시는

화상당한 하나님

그래도 내게는 하나뿐인

민중의 아버지


_ 김홍겸 〈민중의 아버지〉


## 모세-미리암의 노래

오늘 출애굽기는 모세와 미리암의 노래를 전하고 있습니다. 미리암의 노래, 모세의 노래는 정말 기쁨을 어떻게 주체할 수 없는 형편에서 부를 노래입니다. 그러나 바로 이 노래를 부르기 직전, 그들은 처절한 절망과 슬픔의 상황 속에 있었습니다. 뒤에서 이집트의 군대가 병거를 타고 쫓아옵니다. 앞에는 홍해가 그들을 가로막고 있습니다. 이렇게 처절한 절망, 어느 한구석도 희망을 이야기할 수 없고 기쁨을 생각할 수도 없는 그러한 형편 속에 그들이 처해 있습니다.

이 상황의 직후에 일어난 사건이 있습니다. 곧 하나님의 개입입니다. 하나님이 개입하셔서 이집트의 군대는 물속으로 처박히고, 그 승리를 맛본 모세와 그의 누이 미리암은 이제 노래를 통해서 하나님의 영광을 찬양하고 있습니다.

## 죽음으로부터의 부활

고린도전서 15장은 잘 아시는 바와 같이 부활장이라고 불리는 본문입니다. 이 본문은 죽음으로부터 일어서는, 죽음을 이기는 길이 어디에 있는지를 설명하고 있습니다.

사망아, 너의 승리가 어디 있느냐? 사망아, 네가 쏘는 것이 어디 있느냐?

예수님의 부활은 단지 이전에 한 번 일어난 사건으로 그치는 것이 아니라, 바로 우리 모두의 것이 되어야 한다는 점을 강조하고 있습니다.

## 죽음의 확인에서 부활의 체험 사이

오늘 읽은 요한복음서 20장 1-10절 말씀에는 죽음의 경험이, 죽음의 확인이 있습니다. 예수님과 함께 부둥켜안고 가르침을 듣고 배우며, 또 즐거움과 슬픔을 더불어 나누었던 그 제자들. 이들이 발견한 것은 무덤, 돌이 옮겨진 무덤 그리고 그 자리에 당연히 있을 것으로 생각했던 예수님의 시체조차 찾을 수 없고, 세마포만 덩그러니 남아 있는 빈 무덤뿐이었습니다. 그들은 이 장면에서 과연 어떤 느낌을 받았을까요? 무엇과도 비교할 수 없는 절망과 무력함이 아니었을까요?

이 빈 무덤의 상황은 바로 우리들의 조건, 오늘의 상황, 우리의 지금의 심정을 대변하고 있습니다. 그저 죽은 시신이라도 찾아보고자 하는 우리들에게 이 빈 무덤은 너무도 허망하고 너무도 절망스러운, 너무도 슬픈 소식입니다.

그러한 우리, 지금 이 빈 무덤의 상황에 처해 있는 우리들입니다. 우리 주 예수 그리스도로 말미암아 우리에게 승리를 주시는 하나님께서 그러한 빈 무덤 앞에 서 있는 우리들에게 힘주시기를 바랍니다. 그리하여 우리 모두가 진정한 부활절을 체험할 수 있기를 간절히 바랍니다.

# 어처구니없는 말

(출 14:15-31; 계 1:10-18; 눅 23:50-24:12)

❧

요셉이라는 사람이 있었는데, 그는 의회의원이며, 착하고 의로운 사람이었다. (중략) 그러나 이레의 첫날 이른 새벽에, 그 여자들은 준비한 향료를 가지고 무덤으로 갔다. 그들은 무덤 어귀를 막은 돌이 무덤에서 굴려져 있는 것을 보았다. 그들이 안으로 들어가 보니, 주 예수의 시신이 없었다. (중략) 그들은 무덤에서 돌아와서, 열한 제자와 그 밖의 모든 사람에게 이 모든 일을 알렸다. 이 여자들은, 막달라 마리아와 요안나와 야고보의 어머니인 마리아이다. 이 여자들과 함께 있던 다른 여자들도, 이 일을 사도들에게 말하였다. 그러나 사도들에게는 이 말이 어처구니없는 말로 들렸으므로, 그들은 여자들의 말을 믿지 않았다. 그러나 베드로는 일어나서 무덤으로 달려가, 몸을 굽혀서 들여다 보았다. 거기에는 모시 옷만 놓여 있었다. 그는 일어난 일을 이상히 여기면서 집으로 돌아갔다(눅 23:50-24:12).

오늘 부활주일을 맞이하여 예수 그리스도의 부활의 기쁨이 교우 여러분과 특별히 온 세상 슬픔과 탄식, 비통함에 젖어 있는 많은 이들에게 함께 하기를 두 손 모아 빕니다.

벌써 꽤 시간이 흘렀습니다만, 우리 교회에서 실제로 있었던 일입니다. 아마 그 자리에 한상현 장로님도 함께 계셨던 것 같습니다만, 세례 입교 교육에 참여한 한 교우가 고민을 털어놓았습니다. 자신은 도저히 예수님의 부활만은 믿지 못하겠다고…. 그분이 세례를 받았을까요, 못 받았을까요? 지금은 우리 교회에 집사님이 되어 계십니다.

1990년대 말 어떤 기독교계 신문에 "신자들 가운데 부활 믿지 않는 사람들 몇십 퍼센트"라는 제목의 머리기사가 실렸습니다. 제가 그 제목을 처음 보고 든 느낌은 '아, 예수님 부활을 믿지 않아도 신자라고 할 수 있구나' 하는 생각이었습니다.

독일에 「슈피겔Der Spiegel」이란 시사주간지가 있습니다. 지난 2019년 부활절 무렵 이런 기사가 실렸습니다.

독일의 가톨릭 신자들 가운데 하나님을 믿는 사람들이 2005년 85%에서 2019년 75%로 줄었고, 개신교 신자들은 79%에서 67%로 줄었다. 가톨릭, 개신교 어느 쪽에도 속하지 않는 사람들(Konfessionslose) 중에서는 28%에서 20%로 줄었다.*

신을 믿는다고 답한 사람들에게 두 번째 질문을 던졌습니다.

---

* http://ecumenian.com/news/articleView.html?idxno=18830

'예수의 부활을 믿는가?' 예수님의 부활을 믿는 사람들은 그들 중 54%로 나타났습니다. 특히 예수의 부활을 믿는 가톨릭 교우가 61%, 개신교 교우가 58%, 양쪽 어디에도 속하지 않는 사람들은 22%라는 것입니다. 결국 가톨릭 교우 중에서 신은 믿지만, 예수의 부활을 믿지 않는 사람이 39%, 개신교 교우들은 42%, 비기독교인은 78%라는 뜻입니다. 비기독교인을 제외하고 어쨌든 큰 범주로 그리스도교인 중에 신의 존재를 믿는 것과 예수의 부활을 믿는 것을 전혀 별개로 사고하는 그리스도인이 존재한다는 것을 드러낸 조사라 하겠습니다.

## 부활을 믿지 못하는 제자들

오늘 함께 읽은 누가복음서 본문에는 예수님의 부활에 대하여 베드로를 비롯한 제자들이 어떻게 반응했는지에 대해서 기록이 나옵니다. 누가복음서 24장은 안식일이 지난 첫날 이른 새벽에 여자들이 준비한 향료를 가지고 무덤으로 갔다가 거기서 눈부신 옷을 입은 두 남자를 만나 두려워하는 장면으로 시작합니다.

어찌하여 너희들은 살아 계신 분을 죽은 사람들 가운데서 찾고 있느냐? 그분은 여기(즉, 무덤에) 계시지 않고, 살아나셨다. 갈릴리에 계실 때에 너희에게 하신 말씀을 기억해 보아라. "인자는 반드시 죄인의 손에 넘어가서, 십자가에 처형되고, 사흘째 되는 날에는 살아나야 한다"고 하셨다.

그 여자들은 무덤에서 돌아와서 열한 제자와 그 밖의 모든 사람에게 이 모든 일을 알렸습니다. 그런데 본문 11절을 보면 이렇게 기록되어 있습니다.

그러나 사도들에게는 이 말이 어처구니없는 말로 들렸으므로, 그들은 여자들의 말을 믿지 않았다.

## 어처구니

우리 교우들 가운데 국문학 전공자들이 많으신데, 한번 질문해 볼까요? "어처구니없다." 여기서 '어처구니'가 무엇인가요? 흔히 맷돌을 가는 데 사용되는 손잡이라는 말도 있고, 왕궁의 처마에 장식된 토기로 된 잡상雜像을 말하기도 합니다. 그런데 맷돌의 손잡이는 맷손이라는 이름이 있고, 또 궁궐의 처마에 달린 잡상이란 설명의 출처도 알고 보면 부정확한 것이라고 합니다. 또 '어처구니'란 한자어로 '어디에 몸을 둘지 모른다'는 뜻이라고 하는 설명도 있습니다만, 모두 정확하지 않은 것 같습니다. 국립국어원 표준국어대사전에 보면 '어처구니'는 "엄청나게 큰 사람이나 사물"로 설명하고 있고, '어처구니없다'는 "일이 너무 뜻밖이어서 기가 막히는 듯하다"라고 설명하고 있습니다.

제 주변에 산스크리트어 연구하는 분에게도 어처구니라는 말이 있는지 물어보았지만 비슷한 말을 찾지는 못했습니다. 우리말에 '귀신 씻나락 까먹는 소리'와 '개 풀 뜯어 먹는 소리'가 있는데,

대신 산스크리트어 표현으로는 '조개에서 우유 나오더라', '토끼 머리에 뿔 나왔더라'는 말 정도의 표현이 있는 것 같습니다.

어처구니의 정확한 어원은 모르겠습니만, 어쨌거나 분명한 것은 예수님의 제자들, 사도들조차 예수님이 부활하셨다는 소식은 어처구니없는 말로 들렸다는 사실입니다. 우리는 복음서 여러 곳에서 예수님이 십자가에 달려 돌아가시고 또 사흘 만에 부활하실 것을 미리 말씀해 주신 것으로 알고 있는데, 왜 정작 직접 제자들, 사도들은 이를 어처구니없는 말로 치부했을까요?

요한복음서 3장 22절을 보면 이런 기록이 나옵니다. "그 뒤에 예수께서 제자들과 함께 유대 지방으로 가서서, 거기서 그들에게 세례를 주셨다." 예수님으로부터 직접 세례를 받은 제자들조차도 믿지 못한 예수님의 부활이니, 오늘날 교회 다니는 많은 사람이 예수님의 부활 믿지 않는다고 탓할 일은 아닌 것 같습니다.

## 부활은 추追체험이다

오늘 복음서 본문을 보면 예수님의 직접 제자들은 여자들의 말을 믿지 않았습니다. 12절을 보면 심지어 나중에 사도들의 상징이 된 베드로조차도 "일어나 무덤으로 달려가 몸을 굽혀서 들여다보고, 삼베만 놓여 있는 장면을 보고 일어난 일을 이상히 여기면서 집으로 돌아갔다"라고 기록되어 있습니다. 그다음 이야기가 바로 제자들 가운데 두 사람이 부활하신 예수를 만나는 이야기입니다. 그들은 엠마오로 가는 길에서 예수님과 함께 길을 걷게 됩니다. 그들은 동행하는 이 사람이 누구인지 모르지요. 그러면서 이렇게 고백합니다. "우리는 그분이야말로 이스라엘을 구원하실 분이라는 것을 알고서, 그분에게 소망을 걸고 있었던 것입니다." 그런데 "예수님이 다시 살아나셨다고 몇몇 여자가 말해서 우리를 놀라게 하였습니다"라고 전합니다.

예수님은 그 두 사람에게 말씀으로 설명을 하셨습니다. 그리고 누가복음서 24장 30절을 보면 예수님은 그들과 함께 음식을 잡수시려고 앉으셨습니다. 그때 예수께서 빵을 들어서 축복하시고, 떼어서 그들에게 주셨습니다. 그제야 그들의 눈이 열려서 예수를 알아보았습니다. 그러나 한순간에 예수께서는 그들에게서 사라지셨다고 성서는 기록합니다.

24장 22절을 보면 이 글로바와 다른 한 제자는 곧바로 일어나서 예루살렘으로 돌아옵니다. 여기서 깜짝 놀랄 어처구니없는 말을 듣게 됩니다. "주님께서 확실히 살아나시고, 시몬에게 나타나셨다." 그들도 길에서 겪은 일과 빵을 떼실 때 비로소 그를 알아보게 된 일을 이야기합니다.

부활은 말로 설명할 수 있는 일이 아닙니다. 예수님의 제자들 경우를 보면 알 수 있는 것처럼 부활은 설명을 통해서 논리적으로 납득할 수 있는 문제도 아닙니다. 그래서 부활을 믿지 못하는 사람들을 꾸짖거나 정죄하거나 아니면 윽박질러서 믿게 할 일도 아닌 것입니다. 부활은 체험입니다.

## 부활을 체험해야

부활은 추체험追體驗을 통해 자기 자신이 예수님과의 깊은 관계성을 가질 때에라야 믿을 수 있게 됩니다. 누가복음서 24장 32절을 보면 엠마오로 가는 길에서 만난 제자들은 서로 이렇게 고백합니다. "길에서 그분이 우리에게 말씀하시고, 성경을 풀이하여 주실 때에 우리의 마음이 우리 속에서 뜨거워지지 않았습니까?"

우리의 마음이 뜨거워져야 합니다. 성령을 통해 우리는 예수 그리스도의 부활을 믿게 되는 것입니다. 요한복음서 14장 15-31절에 예수님의 말씀을 보면 "세상은 그를 보지도 못하고 알지도 못하므로 그를 맞아들일 수가 없다. 그러나 너희는 그를 안다. 그것은 그가 너희와 함께 계시고, 또 너희 안에 계실 것이기 때문이다"라고 합니다.

사도 바울은 갈라디아서 2장 20절에서 이렇게 표현합니다.

나는 그리스도와 함께 십자가에 못 박혔습니다. 이제 살고 있는 것은 내가 아닙니다. 그리스도께서 내 안에서 살고 계십니다.

예수 그리스도의 생각이 내 말과 뜻과 행동, 나의 삶을 통해서 계속 이어지는 것이고, 부활하신 예수님이 내 안에 사는 것입니다. 그래서 부활을 '믿는다'라기 보다는 부활을 '산다'고 해야 할 것입니다.

예수님의 부활을 체험하는 길은 여러 가지입니다. 어떤 사람은 역사의 현장에서 은혜를 받고 예수님이 이기셨음을 절감합니다. 원래 부활이란 그리스어는 '에게이로ἐγείρω'라고 되어 있는데 이는 '죽은 자를 일으키다', '일어서다', '봉기하다' 등의 뜻이 있습니다. 예수님이 이기셨음을 깨달았기에 다시 사신 주님과 같이 우리도 다시 일어날 것을, 최후 승리할 것을 믿으며 굳세게 버티고 또 싸울 수 있는 것입니다.

어떤 사람은 공동체의 생활을 통해 예수님이 살아계심을 체험합니다. 자신의 욕심이 아니라 진정으로 이웃을 위해 자신을 비우는 삶을 목도하고 '아, 여기에 주님이 살아 계시는구나' 느끼는 것입니다.

물론 말씀을 듣고 성서를 읽고 배우며 예수님의 부활을 느낄 수도 있겠습니다. 조용한 묵상과 기도, 찬송을 통해 또는 시나 소설 등 문학작품, 그림, 영화 등 예술을 통해 여기 도달할 수도 있을 것입니다.

조금 전에 제가 '추체험'이란 단어를 썼습니다. 독일어로는 Nacherleben, 뒤따라 체험한다는 뜻입니다. 2천 년 전 한 사람이 의학적으로 다시 숨이 돌아왔는가 하는 문제가 아닙니다. 진정한 그리스도인은 부활의 추체험을 통해 지금 나에게 그가 어떤 분으로 다가왔는가, 또 나는 그분에게 어떤 존재인가 하는 물음에 응답하는 것입니다.

## 부활을 체험하도록

부활을 체험한 사람은 이 소식을 그저 홀로 알고 있을 수가 없습니다. 예수님의 부활의 증인이 되고, 그의 부활을 선포하는 데 앞장섭니다. 자신만 체험하고 그치는 것이 아니라 다른 사람들도 부활을 추체험하고 변화된 사람으로 성령의 능력 가운데서 살아가도록 이끕니다. 그것을 '신앙의 의식화'라 말할 수도 있을 것입니다. 무엇을 머릿속에 담는 것이 아니라 어떻게 살아가야 할지를 깨닫게 하는 것입니다.

우리는 성서 속에서 부활을 체험한 사람들의 모습을 찾아볼 수 있습니다. 부활을 체험한 제자들의 활약상이 사도행전에 그려져 있습니다. 누가복음서가 전편으로 부활 체험까지의 기록이라면, 사도행전은 부활 체험 이후 사도들의 활약과 목숨을 건 선교 활동, 참교육 운동을 담고 있는 책이라 하겠습니다. 또 잘 아는 바와 같이 예수님의 직접 제자는 아니었지만, 사도 바울도 또한 부활하신 예수를 체험한, 추체험한 사람들이 걸어갈 순명, 순교의 길을 앞서 걸었던 것입니다.

## 마무리

오늘 부활주일을 맞이하여 그동안 혹시라도 마음속에 가졌던 물음, '예수님이 의학적으로 진짜로 살아나셨는가?'라는 의구심을 떨쳐내시기를 기대합니다. 2천 년 전 한 사람이 의학적으로 죽었다 살아나셨다는 것은 믿는다고 말하지만, 실제로 그의 삶은 변화되지 않고 여전히 세상적인 가치에 의해 지배당하는 삶을 산다면, 그런 것을 어떻게 참된 그리스도인의 부활신앙이라 할 수 있겠습니까?

예수님의 부활이 진리의 승리의 예표豫表, 선취先取임을 깨닫기 바랍니다. 나아가 우리와 더불어 이웃들도 예수님의 부활을 추체험하고 변화되어 예수님의 부활의 증거자가 되도록 그렇게 변화된 삶을 살고 선포하며 행진합시다.

# 선한 목자 예수

(겔 34:11-16; 히 13:7-10, 20-21; 요 10:1-18)

"내가 진정으로 진정으로 너희에게 말한다. (중략) 나는 문이다. 누구든지 이 문으로 들어오면 구원을 받고, 들어오고 나가면서 꼴을 얻을 것이다. 도둑은 다만 훔치고 죽이고 파괴하려고 오는 것뿐이다. 나는 양들이 생명을 얻고 더 얻어서 풍성함을 얻게 하려고 왔다. 나는 선한 목자다. 선한 목자는 양을 위하여 자기 목숨을 버린다. (중략) 나는 선한 목자다. 나는 내 양을 알고, 내 양은 나를 안다. 그것은 마치, 아버지께서 나를 아시고, 내가 아버지를 아는 것과 같다. 나는 양들을 위하여 내 목숨을 버린다. 나에게는 이 우리에 속하지 않은 다른 양들이 있다. 나는 그 양들도 이끌어 와야 한다. 그들도 내 음성을 들을 것이며, 한 목자 아래에서 한 무리 양 떼가 될 것이다. 아버지께서 나를 사랑하신다. 그것은 내가 목숨을 다시 얻으려고 내 목숨을 버리기 때문이다. 아무도 내게서 내 목숨을 빼앗아 가지 못한다. 내가 스스로 원해서 내 목숨을 버린다. 나는 목숨을 버릴 권세도 있고, 다시 얻을 권세도 있다. 이것은 내가 아버지께로부터 받은 명령이다"(요 10:1-18).

부활절 셋째 주일을 맞이하여 교우 여러분과 가정, 하시는 일들 그리고 지구 위 곳곳에 기쁨과 평화가 가득하길 빕니다. 특별히 4.16 가족들과 장애우와 그 가족들, 미얀마 희생자 가족들, 또 그 민중들에게 하나님의 따뜻한 돌봄이 함께 하시기를 두 손 모아 기도드립니다.

오늘 세 곳의 성서 본문들은 하나님이 또 예수님이 선한 목자이심을 한 입으로 증언하고 있습니다.

## 살진 것들을 멸하시는 분

구약성서 에스겔 예언자를 통해서 하나님께서는 이렇게 말씀하십니다.

> 나 주 하나님의 말이다. 헤매는 것은 찾아오고, 길 잃은 것은 도로 데려오며, 다리가 부러지고 상한 것은 싸매어 주며, 약한 것은 튼튼하게 만들겠다. 그러나 살진 것들과 힘센 것들은, 내가 멸하겠다. 내가 이렇게 그것들을 공평하게 먹이겠다(겔 34:15b-16).

교우 여러분, 이 본문을 읽으면서 무언가 이상하다고 생각되는 부분이 없습니까? 오늘 에스겔 본문의 앞부분은 선한 목자가 마땅히 해야 할 책임을 설명합니다: "좋은 풀을 찾아서 먹이고 또 흩어진 곳에서 양 떼를 구하여 데리고 나오는 것이 목자입니다. 다리가 부러지고 상한 것을 싸매 주며, 약한 것은 튼튼하게 만든다…" 그

런데 선한 목자가 "살진 것들과 힘센 것들을 멸하겠다"(16절)라니
요. 이 대목에서 머리가 갸우뚱해집니다. 물론 여기서 목자들이란
양 떼를 치는 책임을 맡은 사람들입니다. 하지만 목자가, 그것도
선한 목자가 살지고 힘센 양들을 멸한다니, 그 말은 이해하기가 쉽
지 않습니다.

이 본문은 그 바로 앞, 즉 에스겔 36장 1-10절의 내용을 통해
읽어야 어떤 뜻인지 깨달을 수 있습니다. "목자들이란 양 떼를 먹
이는 사람들이 아니냐? 그런데 너희는 살진 양을 잡아 기름진 것
을 먹고, 양털로 옷을 해 입기는 하면서도, 양 떼를 먹이지는 않았
다. 너희는 약한 양들을 튼튼하게 키워 주지 않았으며, 병든 것을
고쳐 주지 않았으며, 다리가 부러지고 상한 것을 싸매어 주지 않았
으며, 흩어진 것을 모으지 않았으며, 잃어버린 것을 찾지 않았다.
오히려 너희는 양 떼를 강압과 폭력으로 다스렸다"(겔 34:2-4). 그
래서 8절을 보면 하나님은 "이 땅에 진정한 목자가 없고, 오히려
양 떼를 잡아서 자기들의 배만 채우고, 내 양 떼는 굶겼다"고 말씀
하시는 것입니다.

### 책무성(accountability)

제가 어쩌다가 올해 국제투명성기구(Transparency International)
의 이사로 선임되어 지난 2004년부터 6년 동안 봉사한 데 이어 세
번째 이 직무를 맡고 있습니다. TI는 그 임무를 이렇게 정하고 있
습니다. "Our mission is to stop corruption and promote

transparency, accountability and integrity at all levels and across all sectors of society."* 즉, 부패를 막아내고 사회의 모든 계층과 모든 부문에서 그리고 모든 분야를 통틀어 transparency, accountability 그리고 integrity를 증진시키는 것입니다. transparency, 투명성透明性이죠. 그리고 integrity, 일반적으로 청렴淸廉이라고 하는데 정확히는 무흠無欠, 한자권에서는 '청렴결백淸廉潔白'이라 할 때의 '염결廉潔'이라고 번역하기도 합니다. 그리고 accountability라는 단어가 나오는데, 이 단어 또한 우리말로 번역하기가 어렵습니다. 책임은 responsibility라는 단어가 따로 있는데, 대만 학자들은 이를 '과업책임課業責任'이라 할 때의 '과책課責'이라고 번역합니다. 저는 accountability를 '책무성責務性'이라 번역할 것을 제안하기도 했습니다.

## 목자들의 책무성(accountability of the shepherds)

목자의 책무는 무엇인가요? 마땅히 양 떼의 안전과 복지, 즉 위험으로부터 안전하게 하며 또 적당한 영양공급과 운동, 휴식 등을 통한 성장을 도모하는 것이라 하겠습니다. 마치 유치원이 그것이 공립이든 사립이든 학교로서 아동들의 건강한 성장 그리고 지적 발달, 나아가 더불어 사는 자세, 즉 민주시민으로 살아갈 수 있도록 자질을 육성하는 과제를 담당하는 것과 같습니다. 나아가 모든 권력은 주권자인 국민으로부터 나오고, 또 그 국민을 섬기는 것이

---

* https://www.transparency.org/en/about

어야 한다는 마땅한 진리를 여기서 찾을 수 있습니다.

하지만 이 본문에서의 탐욕에 젖은 목자처럼 이 땅의 많은 권력이 권력자들 스스로를 위한 것이 되어버리는 일들이 즐비합니다. 정부도 군대도 검찰도 법원도 스스로를 위한 조직이 되어서는 안됩니다. 독재정권은 국민의 주권을 빼앗아 자신들의 권력으로 채웁니다. 최근 미얀마에서 벌어지고 있는 사태도 마찬가지입니다. 군대가 국가와 국민을 지키는 것이 아니라 소수 정치군인을 위한 '사병私兵'이 되어 국민을 향해 총칼을 함부로 휘두릅니다. 1960년 4·19혁명도 마찬가지입니다. 이처럼 책무성을 저버린 조직은 정당성을 상실한 것이라는 선언이 바로 오늘 본문에서 에스겔에게 이스라엘의 목자들을 쳐서 하나님의 말씀을 대신 선포하도록 하는 내용입니다.

그 정당성을 저버린 권력에 빌붙어 몇몇 재벌이나 공직자들, 군인이나 경찰 등 공권력이 국민을 희생시키는 모습, 여기에 하나님께서 진노하신다는 말씀입니다. 오늘 본문 16절을 보면 이들은 책무성 없는 목자들 곁에서 함께 기득권을 누린 '살진 것들'과 '힘센 것들'입니다. 다른 양들이야 굶고 다치고 공격을 받고 병들어 아파 죽든 말든 힘센 자신들만 살지게 먹고 누린 이들을 하나님이 징치懲治하시겠다는 것입니다. 선한 목자는 이런 잘못을 다 감싸주는 것이 아니라 오히려 이를 드러내고 정의를 세우는 것입니다.

성서에는 이처럼 혁명적인 내용이 담겨 있습니다. 그래서 정당성을 상실한 권력들은 이것을 무서워하고 그래서 이런 내용을 알게 될까 전전긍긍하며, 교회와 신앙의 본질은 다 숨기고 그저 껍데

기만 알고 의식만 행하게 만드는 속성이 있습니다. 일부 잘못된 이른바 교계의 지도자들도 거기에 부화뇌동합니다.

## 예수: 선한 목자

오늘 요한복음서 10장 본문에서 예수님은 진정한 목자와 양들의 관계를 설명해 주십니다. 양들을 보호하고 양들에 앞서 나가며 심지어 양들을 위하여 자기 목숨을 버리는 것이 바로 선한 목자입니다. 그러나 도둑과 강도는 양들을 훔치고 죽이고 파괴하려고 올 뿐입니다(요 10:10-11). 에스겔 본문에 이어 목자의 책무성을 강조하고 있습니다.

우리가 예수님을 '선한 목자'라고 부를 때, 이는 우리도 예수님의 제자들로 예수님과 마찬가지로 선한 목자의 accountability, 즉 책무성을 기꺼이 담당하고 또 실현하는 존재가 되겠다는 스스로의 다짐을 담아 불러야 합니다. 예수님은 양들을 위해 기꺼이 자기 목숨을 버리는 선한 목자, 책무성을 실현하는 목자이십니다. 그리고 우리 신앙인들이 저마다의 십자가를 지고 자신을 따르도록 부르십니다.

## 신앙인의 책무성

교우 여러분, 히브리서 기자가 오늘 본문인 13장에서 강조한 요점이 무엇입니까? 여기에도 두 가지 인간형이 대비되어 나타나고 있습니다. 첫째 유형입니다. 이들은 여러 가지 이상한 교훈으로 사람들을 유혹하는 자들입니다. 이들은 또 음식 규정을 지키는 것이 구원에 필수적이라고 강조합니다. 돼지고기나 새우 등 비늘이 없는 생선은 먹지 않고, 절기 잘 지키는 것이 신앙의 본질인 것처럼 열을 냅니다. 하지만 이들은 한결같이 나그네를 대접하는 일은 소홀히 하고, 갇혀 있는 사람들, 학대받는 사람들에 대해서도 모른 체합니다.

우리 교회는 4월 20일 장애인의 날을 기억하며 오늘을 장애인 주일로 지킵니다. 외부 신체 기능이나 내부기관의 장애 그리고 발달장애나 정신장애 등에 이르는 많은 장애우도 하나님의 형상을 지닌 인격체로서 존중받으며 더불어 살아가야 합니다. 이것 또한 이웃에 대한 책무성을 실현하는 길입니다.

그래서 히브리서 기자는 이렇게 강조합니다. "예수께서 자기 피로 백성을 거룩하게 하시려고 성문 밖에서 고난을 받으셨습니다"(히 13:12). 신앙인은 더 이상 염소나 양을 잡아 제물로 바치면서 제사를 드릴 필요가 없습니다. 그래서 우리는 하나님께 '제물'이 아닌 '찬미'의 제사를 드리는 것입니다. 자꾸 모여서 제사 지내는 것만 강조했던 과거 유대교의 모습과 비교해 볼 때, 예수 그리스도의 가르침, 즉 기독교는 전혀 다른 실천을 요구하고 있습니다. 그것이 또 구약, 신약을 통틀어 성서의 정신이기도 합니다. 십일조, 일천번제, 이런 여러 가지 이름의 헌금은 교회에 내지만, 어려운 이웃에 거의 공감하지 못하는 안타까움도 오늘날 우리 주위에서 흔하게 찾아볼 수 있습니다.

이와 대비되어 진정한 신앙인들은 하나님께서 기뻐하시는 제사를 드립니다. 오늘 히브리서 본문은 이렇게 말합니다. "선을 행함과 가진 것을 나눠주기를 소홀히 하지 마십시오. 하나님께서는 이런 제사를 기뻐하십니다"(히 13:16).

신자는 바로 책무성의 이름이 된 선한 목자이신 예수 그리스도를 본받아 모든 차원에서 이웃에 대한 책무성을 실천하는 존재입니다.

# 그리스도와 그리스도인의 동질성

(아 2:8-17; 롬 8:1-11; 요 15:1-11)

❦

"나는 참 포도나무요, 내 아버지는 농부이시다. 내게 붙어 있으면서 열매를 맺지 못하는 가지는, 아버지께서 다 쩍어 버리시고, 열매를 맺는 가지는 열매를 더 많이 맺게 하려고 손질하신다. (중략) 나는 포도나무요, 너희는 가지다. 사람이 내 안에 머물러 있고, 내가 그 사람 안에 머물러 있으면, 그는 많은 열매를 맺는다. 너희는 나를 떠나서는 아무것도 할 수 없다. 사람이 내 안에 머물러 있지 않으면, 그는 쓸모 없는 가지처럼, 버림을 받아서 말라 버린다. (중략) 너희가 열매를 많이 맺어서 나의 제자가 되면, 이것으로 나의 아버지께서 영광을 받으실 것이다. 아버지께서 나를 사랑하신 것과 같이, 나도 너희를 사랑하였다. 너희는 내 사랑 안에 머물러 있어라. 너희가 나의 계명을 지키면, 나의 사랑 안에 머물러 있을 것이다. 그것은 마치 내가 나의 아버지의 계명을 지켜서 그 사랑 안에 머물러 있는 것과 같다. 내가 너희에게 이러한 말을 한 것은, 나의 기쁨이 너희 안에 있게 하고, 또 너희의 기쁨이 넘치게 하려는 것이다"(요 15:1-11).

## 명실상부·식품

명실상부<sub>名實相符</sub>란 말이 있습니다. 이름과 실상이 서로 부합한다는 뜻입니다.

오늘 함께 나누는 말씀으로 먼저 몇 가지 상품들이 명실상부한지, 그 이름과 내용이 부합하는가 살펴보고자 합니다.

새우깡이라는 과자가 있지요? 원재료 중 생새우 함량이 8.5%라고 합니다. 새우는 미국산 90%, 국내산 10%이고, 90g짜리 제품의 열량은 490kcal, 탄수화물 55g, 지방 24g, 포화지방 7g 등이며 나트륨은 610mg입니다.[*]

쇠고기면이라는 제품이 있습니다. 이 라면에 쓰이는 쇠고기는 국내산 횡성한우 100%라고 하는데 스프 중 쇠고기 함량은 1.08%입니다. 쇠고기면 큰 컵의 나트륨 함량은 1,460mg입니다. 그나마 다른 유탕면류(국물형)에 비해 약간 낮은 편에 속합니다.[**]

바나나우유. 잘 아시지요? 생일을 맞은 지인에게 이 우유 하나를 선물로 보내는 친구가 있어서 기발하다고 생각했습니다. 우선 우유의 함량부터 볼까요? 어떤 제품은 원유의 함량이 40%이고, 우리 교회 근처에서 생산하는 가장 유명한 제품은 원유함량이 85.715%입니다. 바나나 함량은 얼마나 될까요? 사실은 상품 이름이 '바나나우유'가 아니고 '바나나맛우유'입니다. 2009년에 법이 개정되어 실제 과일이 들어가지 않으면 무슨 무슨 맛, 이런 이름도

---

[*] https://blog.naver.com/kyakya_4001/221979033708.

[**] https://blog.naver.com/mii-ho/221686478829.

사용할 수 없게 되었습니다. 그래서 지금은 1%의 바나나 과즙을 넣고 있다고 합니다. 경쟁사에서 '실제 바나나 과즙이 들어가고 양도 더 많은데 값은 같은' '바나나는 원래 하얗다'라는 제품을 출시했지만, 바나나맛우유를 따라잡지는 못했다고 합니다.*

## 명실상부: 신학 전공

대학원에 가면 학과의 분야별로 세부 전공을 나눕니다. 신학의 경우, 전통적으로 분과는 크게 3가지 영역으로 나누어지며 각 분야는 다시 세분됩니다. 신학의 세 영역은 성서신학 분야, 역사신학 및 이론신학 분야, 실천신학 분야입니다. 성서신학 분야는 성서의 직접 연구를 주목적으로 하며 성서원전연구, 주석학, 신약학, 구약학, 성서언어, 성서고고학 등이 이 분야에 속합니다. 역사신학 및 이론신학 분야로는 교회사, 교리사, 그리스도교 사상사, 조직신학, 문화신학, 종교신학, 그리스도교 윤리학 등이, 실천신학 분야로는 설교학, 예배학, 목회상담학, 전례학, 선교학, 기독교교육학 등이 있습니다.**

그런데 신학 공부하는 사람들에게는 이런 우스개가 있습니다. "성서신학 하는 사람들이 가장 비성서적이고, 조직신학 전공자들이 가장 비조직적이고, 교회사 전공자들이 가장 비역사적이며, 기독교윤리 전공자들이 가장 비윤리적이다." 참고로 저는 석사과정

---

* https://namu.wiki/w/빙그레%20바나나맛우유.
** http://www.kcm.kr/dic_view.php?nid=37707.

에서 신약학 그리고 박사과정에서 기독교윤리학을 전공했습니다.

## 교회는 그리스도의 신부

로마서 8장 1절에는 '그리스도 예수 안에 있는 사람들'(τοῖς ἐν Χριστῷ Ἰησοῦ)이란 표현이 나옵니다. '그리스도인'이라는 이름은 원래 '그리스도를 따르는 사람들'이란 의미로 사용되었습니다(행 11:26). 그렇지만 처음부터 이런 이름이 자랑스러운 표현이었던 것은 아닙니다. 오히려 조롱과 빈정거림을 담은 이름이었습니다.*

사도 바울은 그리스도인, 즉 그리스도의 사람은 그리스도의 영, 하나님의 영, 성령 안에 있는 사람이라고 말합니다. 그는 로마서 8장 9절에서는 "(그러나) 하나님의 영이 여러분 안에 살아 계시면, 여러분은 육신 안에 있지 않고 성령 안에 있습니다. 누구든지 그리스도의 영이 없으면, 그리스도의 사람이 아닙니다"라고 말합니다.

지난주일 우리 교회 창립 32주년 예배를 드리면서 우리는 찬송가 600장을 함께 불렀습니다. "교회의 참된 터는 우리 주 예수라… 땅 위의 모든 교회 주님의 신부라." 그처럼 교회를 신랑이신 그리스도의 신부라고 표현한 것은 신약성서 곳곳에서 찾을 수 있습니다. 대표적으로 마태복음서 25장의 열 처녀의 비유(마 25:1-13)를 꼽을 수 있으며, 에베소서 5장 22-33절에서도 그리스도와 교회를 남편과 아내의 관계로 표현합니다. 고린도후서 11장 2-4절에서

---

* https://100.daum.net/encyclopedia/view/187XX75400015.

도 바울은 같은 생각을 전제로 하고 있습니다.

## 신랑과 신부

오늘 구약 본문은 아가서의 일부입니다. '아가雅歌'란 아름다운 노래라는 뜻인데, 아가서 1장 1절에는 "솔로몬의 가장 아름다운 노래"라고 되어 있습니다. 히브리어로는 쉬르 핫쉬림שׁיר הַשִּׁירִים, 즉 '노래 중의 노래'(Song of songs), 가장 멋진 노래라는 의미입니다. 이스라엘의 왕 솔로몬과 술람미의 포도원지기 여인의 아름다운 사랑을 주제로 한 연가라고 알려져 있습니다. 사실 솔로몬과 술람미라는 두 이름은 모두 '샬롬'이라는 어원에서 나왔습니다.*

오늘 본문 중 2장 16절을 보면 이런 표현이 있습니다. "임은 나의 것, 나는 임의 것", 이 표현은 6장 3절과 7장 10절에서도 반복적으로 등장합니다. 솔로몬은 술람미의 것, 술람미는 솔로몬의 것, 즉 완벽한 샬롬의 상태를 뜻한다고 하겠습니다. 부부의 사랑, 진정한 사랑의 모습입니다.

부부가 완벽하게 하나가 되는 것은 육체적인 측면뿐 아니라 관심과 소식, 더불어 소유 등의 모든 정보의 공유에서 가능해집니다. 그리고 어떻게든 함께 있고 싶어 하는, 그것이 "임은 나의 것, 나는 임의 것"의 의미라 하겠습니다.

이처럼 그리스도와 그리스도인은 신랑과 신부처럼 동일성, 동질성을 가지고 있어야 하는 것입니다.

---

* https://blog.naver.com/visionkbo/222250891123.

## 포도나무와 가지

오늘 본문 가운데 요한복음서 15장 5절에서 예수님은 이렇게 선포합니다. "나는 포도나무요, 너희는 가지이다. 사람이 내 안에 머물러 있고, 내가 그 안에 머물러 있으면, 그는 많은 열매를 맺는다. 너희는 나를 떠나서는 아무것도 할 수 없다."

그리스도인은 예수라는 포도나무의 가지입니다. 그 가지는 나무로부터 수분, 영양분을 받아 포도라는 열매를 맺습니다. 동질성을 상실한, 포도나무로부터 분리된 가지가 그 자체로 아무 열매를 맺을 수 없는 것은 당연한 이치입니다. 따라서 그리스도인의 본질은 그리스도와의 연계, 즉 동질성에 달려 있습니다.

### 그리스도인의 동질성, 어떻게 확인할까?

그리스도인이 명실상부하다면, 즉 그리스도와 동질성을 갖춘 진정한 그리스도인들을 어떻게 확인할 수 있을까요?

첫째로 '그리스도의 마음'을 지니고 있습니다. 빌립보서 2장 5절에서 사도 바울은 우리에게 이렇게 권면합니다. "여러분은 이런 태도를 가지십시오. 그것은 곧 그리스도 예수께서 보여주신 태도입니다"(표준새번역). 이를 개역성경은 이렇게 번역했습니다. "너희 안에 이 마음을 품으라 곧 그리스도 예수의 마음이니…."

그 사람에게서 그리스도 예수의 마음을 찾아볼 수 없다면, 그가 교회에서 어떤 직분을 가졌든, 얼마나 오래 다녔든 또 열심을 내어

교회 생활을 하든 이런 것들과 상관없이 동질성을 갖춘 그리스도 인이라 할 수 없습니다. 가장 중요한 것은 바로 예수님의 마음, 즉 그리스도의 태도를 지니고 있는가 하는 문제이고, 그래야만 진정한 그리스도인이라 할 수 있습니다. 사도 바울은 빌립보서에서 그것을 자기 비움이라고 설명했습니다. 하나님의 모습을 지닌 분이 자기를 비우고 낮추고 죽기까지 순종하신 그 겸손이 우리 마음에 있는가 살펴보라는 것입니다. 무슨 일을 하든지 불평이나 시비를 일삼고(빌 2:14), 다툼이나 허영으로 자기를 내세우려는(빌 2:3) 모습은 결코 그리스도의 겸손, 예수님의 비움과 함께 할 수 없는 것입니다.

또 아픈 이들과 함께 아파합니다. 비단 질병으로 말미암은 아픔뿐만 아니라 여러 가지 모양의 아픔으로 울고 슬퍼하는 이들이 있는데, 그런 이웃들의 아픔에 어떤 느낌도, 어떤 안타까움이나 슬픔도 느끼지 않는 무관심, 이런 것들은 그리스도와 함께 동질성을 가진 그리스도인들의 모습일 수 없습니다. 세상 죄를 자기 짐으로 지고 십자가에 달리신 예수 그리스도처럼 세상의 아픔을 자신의 아픔으로 받아들입니다. 광주에서, 또 미얀마에서 민주주의를 향한 열정 때문에 희생당하는 사람들과 함께 아파하는 것입니다. 나아가 자연이 신음하는 소리가 그들의 마음을 울립니다. 마음속에 지구의 울음소리가 들려오는 것입니다.

둘째로 '그리스도의 실천'을 그들에게서 찾을 수 있습니다. 예수님의 산상 설교, 산상수훈에서 예수님은 이렇게 요구하십니다. "너희는 세상의 소금이다. 소금이 짠맛을 잃으면, 무엇으로 짠맛을 내겠느냐? 그러면 아무 데도 쓸 데가 없으므로 바깥에 내버리니, 사람들이 짓밟을 뿐이다. 너희는 세상의 빛이다. 산 위에 있는 동네는 숨길 수 없다. 또 사람이 등불을 켜서 됫박 아래에 두지 않고 등경 위에 둔다. 그래야 등불이 집 안에 있는 모든 사람에게 환히 비친다. 이와 같이, 너희 빛을 사람에게 비추어서, 그들이 너희의 착한 행실을 보고 하늘에 계신 너희 아버지께 영광을 돌리게 하여라"(마 5:13-16). 예수님은 함께 아파하는 것으로 그치지 않았습니다. 오히려 나아가 그 아픔의 현장으로 개입하셔서 치유하고, 또 해결해 주셨습니다. 어떤 질병이나 장애, 고난으로 힘들어 하고 있는 사람들을 보시고 치유해 주셨습니다. 죽음의 자리에서 끌어내어 살리셨습니다.

그리스도께서는 이렇게 살리는 일을 자기 혼자만 열심히 하신 것이 아닙니다. 예수께서 자기 혼자만 깊은 산속에 들어가서 "아하! 드디어 모든 세상 이치를 깨달았다"라고 자족하고 거기서 생을 마감한 것이 아니지 않습니까? 마태복음서 17장 4절을 보면 변화산에 올라서 베드로가 예수께 이렇게 말합니다. "주님, 우리가 여기에 있는 것이 좋겠습니다. 원하시면 내가 여기에다가 초막 셋을 지어 하나에는 주님을, 하나에는 모세를, 하나에는 엘리야를 모시겠습니다." 그러나 예수께서는 거기에 머무르지 않고 고난의 땅으로 내려오셨습니다. 예수님은 제자들을 부르시고 가르치시고 훈련시켜 세상으로 파송하셨습니다. 그래서 우리 교회도 마찬가지로 사람들을 깨닫게 하고 세상으로 파송하는 것입니다. 이것이 교회 교육의 과제입니다.

그렇지만 우리가 그리스도의 일에 동참한다는 것은 우리를 내세우며 우리가 쌓은 '공적'을 자랑하는 것으로 잘못 나가서는 안 됩니다. 또다시 그리스도의 겸손, 자기를 비우고 그리스도의 마음을 품는 반성(reflection)으로 돌아가야 합니다. 그때에라야 자신의 공감 능력이 부족하고, 또 자신의 능력이나 실천이 힘에 부친 것을 알게 됩니다. '할 일은 많지만, 내 능력이 여기까지인가?'라고 생각하며 한숨을 내쉬게 됩니다. 그때에라야 조용히 하나님 앞에 무릎을 꿇을 수밖에 없는 것입니다. 그것이 바로 '영성'(spirituality)입니다.

## 마무리

바나나우유, 소고기면, 새우깡…. 이런 것들에 열을 낼 일이 아닙니다. 오늘날 사람들이 기독교가 아니라 '개독교'라고 지탄하며 비꼬는 소리가 높습니다. 교회가 자기 울타리 안에서만 뭔가 깨달은 것처럼 자축하며 세상 밖으로 나오지 않고 자족하고 있을 때 이에 대한 비판을 받는 것은 당연합니다. 물론 기독교에 대한 오해가 없는 것은 아니지만, 상당수 그런 비판은 그리스도와의 동질성을 찾아볼 수 없는 무늬만 그리스도인인, 교회 다니는 사람들을 향한 타당한 문제 제기로 받아들여야 할 것입니다.

우리 신앙인들은 우리의 삶이, 우리의 관심과 실천이 그 이름에 부합하는지 스스로 돌이켜 보아야 하겠습니다. 그리고 끊임없이 반성하며, 명실상부한 이름 그대로 예수라는 포도나무의 가지로서 그리스도와의 동질성을 추구하는 진정한 '그리스도 예수 안에 있는 사람들'이 되어야 하겠습니다.

# 너희는 이 일의 증인이다

(출 19:16-25; 계 5:6-14; 눅 24:44-53)

예수께서 그들에게 말씀하셨다. "내가 전에 너희와 함께 있을 때에 너희에게 말하기를, 모세의 율법과 예언자의 글과 시편에 나를 두고 기록한 모든 일이 반드시 이루어져야 한다고 하였다." 그 때에 예수께서는 성경을 깨닫게 하시려고 그들의 마음을 열어 주시고, 그들에게 말씀하셨다. "이렇게 기록되어 있다. 곧 '그리스도는 고난을 겪으시고, 사흘째 되는 날에 죽은 사람들 가운데서 살아나실 것이며, 그의 이름으로 죄를 사함받게 하는 회개가 모든 민족에게 전파될 것이다' 하였다. 너희는 예루살렘으로부터 시작하여, 이 일의 증인이다. 보아라, 내가 내 아버지께서 약속하신 것을 너희에게 보낸다. 그러므로 너희는 위로부터 오는 능력을 입을 때까지, 이 성에 머물러 있어라." 그리고 예수께서는 그들을, 밖으로 베다니까지 데리고 나가서, 손을 들어 그들을 축복하셨다. 예수께서는 그들에게 축복하시면서, 그들을 떠나 [하늘로 올라가셨다.] 그들은 [예수께 경배하고,]크게 기뻐하며 예루살렘으로 돌아가서, 늘 성전에서 하나님을 찬양하며 지냈다 (눅 24:44-53).

## 어버이주일

　오늘은 부활절 여섯째 주일이고 어버이주일로 지키는 날입니다. 교우 여러분, 어제 어버이의 날을 맞이하여 부모님을 찾아뵌신 분들도 계시지요? 또 저처럼 부모님이 이 세상에 함께 계시지 않아서 어제 하루를 아프고 죄송한 마음으로 보내신 분들도 계실 것입니다.

　흔히 부모와 자식 사이에 여러 가지 유사점을 찾아볼 수 있습니다. 아이만 보고 그 아빠 또는 엄마가 누구인지 알 수 있을 정도로 외모가 닮은 경우도 있고, 성격이나 체격, 또는 습관이나 식성, 건강 문제도 부모를 닮은 사람을 쉽게 찾아볼 수 있습니다.

　이처럼 부모와 자녀 사이의 유사성은 생물학, 의학 등에서 유전遺傳(heredity)에 대한 발견을 통해 설명될 수 있습니다. 유전에 대해서 위키피디아를 찾아보았습니다.* 새롭게 태어나는 자식 세대는 부모로부터 유전형질을 물려받는데, 유전형질에는 홍채나 피부, 머리카락의 색 같은 것들부터 혈액형과 같은 특성, 심지어 혈우병과 같은 유전병 등도 있다는 것입니다.

　생물 시간에 배우셨을 텐데, '멘델의 법칙'이라고 기억하시는지요? 유전에는 우성 인자와 열성 인자가 있는데, 이 두 인자가 짝을 이룰 경우, 우성 인자만 발현되지만, 발현되지 않은 열성 인자도 또한 다음 세대로 유전된다는 것입니다. 대표적인 양적 형질 위치에 따른 우성과 열성의 발현은 인간의 혈액형을 통해 확인할 수

* https://ko.wikipedia.org/wiki/%EC%9C%A0%EC%A0%84.

있습니다. 그렇지만 유전자에 의해 전달되는 유전 형질이 생물 발생의 모든 것을 결정하는 것은 아니라고 합니다. 생물이 실제 발생하고 생장하면서 나타나는 특징인 형질발현은 유전 형질 자체의 특징과 환경의 영향을 받기 때문입니다. 대부분에 파충류는 별도의 성염색체가 없어 알이 놓인 온도에 따라 암수로 발생한다고 합니다. 거북은 대개 따뜻한 곳에 낳은 알이 암컷이 되고 응달의 알은 수컷이 되는데, 미국산 악어는 반대로 따뜻한 곳의 알이 수컷이 된다고 합니다. 신기하지 않습니까?

## 증인의 due diligence

교우 여러분, 우리는 전에 '그리스도와 그리스도인의 동질성'에 대해서 생각해 보았습니다. 오늘 주어진 성서 본문들은 그 연속선상에서, 또 어버이주일이라는 상황 속에서 이해할 수 있습니다.

먼저 오늘 출애굽기 본문을 살펴봅니다. 출애굽기 19장은 이스라엘 사람들이 이집트 땅에서 나와 시내 산에 이르러 하나님의 말씀을 듣게 되는 장면입니다. 하나님께서는 짙은 연기 속에서 나타나서서(9, 18절) 모세를 통해 백성들에게 말씀을 전하게 하십니다. 이스라엘 백성들은 시내 산 주위에 경계선이 정해져 접근할 수 없고, 오직 산꼭대기로 내려오셔서 그리로 올라간 모세를 통해서만 말씀을 전해 듣게 됩니다.

우리도 하나님을 직접 만나서 그 말씀을 들으면 시원할 것 같습니다만, 하나님의 말씀을 전달받아서 듣게 되는 것입니다. 이스라엘 백성은 모세를 통해서 하나님을 간접적으로 만나게 됩니다. 그런데 만약 모세라는 증인이 그 역할을 하지 않는다면 어떻게 될까요? 우리가 오경, 토라라고 부르는 책이 없을 것이고, 다른 예언자들과 마찬가지로 사람들이 하나님의 말씀을 듣지 못하는 책임을 그가 져야 하는 것입니다.

에스겔 3장 17-21절을 보면 에스겔을 불러서 하나님께서 이렇게 요구하십니다.

> 사람아, 내가 너를 이스라엘 족속의 파수꾼으로 세웠다. 그러므로 너는 내가 하는 말을 듣고, 나를 대신하여 그들에게 경고하여라. 가령 내가 악인에게 말하기를 '너는 반드시 죽을 것이다' 할 때에, 네가 그 악인을 깨우쳐 주지 않거나, 그 악인에게 말로 타일러서 그가 악한 길을 버리고 떠나 생명을 구원받도록 경고해 주지 않으면, 그 악인은 자신의 악한 행실 때문에 죽을 것이다. 나는 그 사람이 죽은 책임을 너에게 묻겠다. 그러나 네가 악인을 깨우쳐 주었는데도, 그 악인이 그의 악한 행실과 그릇된 길을 버리고 돌아서지 않았다면, 그는 자신의 악행 때문에 죽을 것이다. 그러나 너는 네 목숨을 보존할 것이다. 또 만약 의인이 지금까지 걸어온 올바른 길에서 떠나서 악한 일을 할 때에는, 내가 그 앞에 올무를 놓아, 그 의인 역시 죽게 할 것이다. 네가 그를 깨우쳐 주지 않으면, 그는 자기가 지은 그 죄 때문에 죽을 것이다. 그리고 그가 이미 행한 의로운 행실은 하나도 기억되지 않을 것이다. 그러나 그 사람이 죽은 책임은 내가 너에게 묻겠다. 그러나 의인이 범죄하지 않도록 네가 깨우쳐 주어서, 그 의인이 범죄하지 않았으면, 그는 경고를 달게 받았기 때문에 반드시 살게 되고, 너도 네 목숨을 보존할 것이다.

여기서 우리는 하나님의 말씀을 받은 예언자가 마땅히 전해야 하는 사명을 확인할 수 있습니다. 저는 이를 예언자의 due dili-gence라고 부릅니다. 제가 학생들을 가르칠 때 시험문제로 자주 출제했던 문제이지요. 금융계에서는 이를 '기업실사'라고 합니다. 돈을 빌려주기 전에 그 기업의 실제 신용 상태를 확인한다는 의미입니다. 이런 절차를 거쳤음에도 불구하고 나중에 돈을 상환받지 못하게 된다면 그것은 어쩔 수 없는 일입니다. 하지만 이런 절차를 거치지 않고 함부로 빌려주어 돈을 돌려받지 못하게 되었다면 그 과정에 있는 직원들에게 그 책임이 돌아갈 수밖에 없을 것입니다. 법조계에서는 이를 '선관주의의무'善管注意義務, 즉 '선량한 관리자로서 주의를 기울여야 하는 의무'라고 번역하고 있습니다.

오늘 본문의 모세처럼, 또 에스겔 예언자처럼 우리 그리스도인들도 증인으로서의 due diligence를 성실하게 수행해야 합니다. 그렇지 않은 경우, 이웃들이 바르게 깨닫지 못한 책임을 우리가 져야 할 것이기 때문입니다.


### 너희는 이 일의 증인이다


"너희는 이 일의 증인이다." 오늘 말씀의 제목입니다. 이 제목은 누가복음서 본문에서 따온 것입니다. 누가복음서 24장 44-48절을 보면 열한 제자들에게 나타나신 부활하신 예수의 말씀이 기록되어 있습니다.

예수께서 그들에게 말씀하셨다. "내가 전에 너희와 함께 있을 때에 너희에게 말하기를, 모세의 율법과 예언자의 글과 시편에 나를 두고 기록한 모든 일이 반드시 이루어져야 한다고 하였다." 그 때에 예수께서는 성경을 깨닫게 하시려고 그들의 마음을 열어 주시고, 그들에게 말씀하셨다. "이렇게 기록되어 있다. 곧 '그리스도는 고난을 겪으시고, 사흘째 되는 날에 죽은 사람들 가운데서 살아나실 것이며, 그의 이름으로 죄를 사함 받게 하는 회개가 예루살렘으로부터 시작하여 모든 민족에게 전파될 것이다' 하였다. 너희는 이 일의 증인이다."

그 증인으로서의 책임을 잘 감당하여 그리스도의 이름으로 죄사함을 받게 하는 회개가 모든 민족에게 전파되도록 해야 합니다. 회개란 그리스어로 '메타노이아μπτάνοια'*입니다. 이는 단지 잘못했다고 비는 행위가 아닙니다. 돌이켜 마음을 바꾸는 것입니다. 전에 가졌던 생각과 말과 행위가 통째로 달라지는 것입니다. 여기에서 세상의 구원의 가능성이 열립니다. 사람들이 자기 탐욕에 취해 살아왔던 과거를 바꾸어 지금부터 하나님 앞에서 이웃과 더불어 기쁘고 보람 있게 살아가는 삶입니다. 이것은 '하나님 앞에서'란 표현만 '역사 앞에서' 등의 표현으로 바꾼다면, 바로 민주시민교육의 목표가 된다고 할 수 있겠습니다.

---

* https://en.wikipedia.org/wiki/Metanoia_(theology).

## 기도, 하나님 앞에 드리는 제물

계시록 본문 5장 6절 이하를 보면, 어린 양이 보좌에 앉으신 분의 오른손에서 두루마리를 받아 들었을 때, 네 생물과 스물네 장로가 각각 거문고와 향이 가득히 담긴 금 대접을 가지고 어린 양 앞에 엎드렸다고 표현합니다. 8절을 보면 '그 향은 곧 성도들의 기도'라고 되어 있습니다. 기도는 다만 입에서 중얼거리는 '소리'가 아닙니다. 하나님 앞에 바치는 향입니다. 그 기도는 우리 성도들의 실천, due diligence, 바로 증인으로서의 책임 수행과 무관하지 않습니다. 기도는 이처럼 우리의 증인으로서의 책임 수행의 바탕 위에 하나님 앞에 드리는 우리의 제물입니다.

우리 그리스도인들을 그리스도인답게 만드는 책임, 그것이 바로 증인으로서의 책임 수행입니다. '너희는 이 일의 증인'이라고 말씀하신 예수님의 말씀에도 불구하고 우리가 그 증인으로서의 책임을 수행하지 못한다면, 마치 마땅히 수행했어야 할 책임을 방기하여 전달받지 못해 모르고 저지르는 잘못에 대해 예언자에게 귀책 사유가 발생하는 것처럼 우리에게 귀책 사유가 돌아오는 것입니다.

## 마무리

우리의 부모님이 만나서 결합하여 우리의 생명이 시작되었습니다. 그리고 결혼하고 자녀가 있는 교우들을 보면 부부가 결합하여 또 자녀에게 유전자를 물려주고 있습니다. 이 부모의 책임, 좋은 유전자를 잘 전달하는 책임처럼 우리 그리스도인들에게도 이 세상을 향해 나가서 예수 그리스도의 부활의 증인으로서 제자들이 감당해야 하는 책임이 있습니다. 이 책임을 잘 감당하여 그의 이름으로 죄를 사함 받게 하는 '회개'가 모든 민족에게 전파되는 미래를 함께 열어갑시다.

# 3부 | 전태일의 풀빵

# 성령이 임하시면

(신 5:1-21; 행 2:1-13; 요 14:15-31)

꽃

오순절이 되어서, 그들은 모두 한 곳에 모였다. 그 때에 갑자기 세찬
바람이 부는 듯한 소리가 하늘에서 나더니, 그들이 앉아 있는 온 집안
을 가득 채웠다. 그리고 그들에게 불길이 솟아오르는 것과 같은 혀들
이 갈래갈래 갈라지면서 나타나더니, 각 사람 위에 내려앉았다. 그들
은 모두 성령으로 충만해서, 성령이 시키는 대로 각각 다른 방언으로
말하기 시작하였다. 예루살렘에는 경건한 유대 사람이 세계 각국으로
부터 와서 살았다. 그런데 이런 말소리가 나니, 많은 사람이 모여 와
서, 각각 자기네 지방의 말로 제자들이 말하는 것을 듣고서, 어리둥절
하였다. 그들은 놀라서, 신기하게 여기며 말하였다. (중략) 사람들은
모두 놀라서, 어쩔 줄을 몰라 "이게 도대체 어찌 된 일이오?" 하면서,
서로 말하였다. 그런데 더러는 조롱하면서 "그들이 새 술에 취하였다"
하고 말하는 사람도 있었다(행 2:1-13).

## 성령과 영언

교회 일각에서는 성령은 마치 특정한 능력이나 현상인 것처럼 일방적으로 해석하는 경향이 있습니다.

한 가지 예를 들자면 성령을 마치 '방언' 은사와 동일시하는 경향이 있었던 것을 들 수 있습니다. 제 신학교 1년 선배 한 분이 지금은 가톨릭교회에서 활동하고 있는 유충희 베드로 신부님인데, 그분은 '혀'라는 뜻의 그리스어 글로소랄리아 γλωσσολαλια라는 단어를 '방언' 대신 '영언靈言'이라 번역했습니다. 저도 그것이 더 적절하다고 생각합니다.

그의 석사학위 논문에 따르면 바울 서신 고린도전서 12-14장에 나오는 내용은 영언의 근거라기보다는 이로 말미암은 교회의 혼란에 대한 사도 바울의 처방이었다고 합니다. 즉, '방언' 또는 '영언' 문제는 초대교회 때부터, 즉 고린도교회에서도 문제가 되었던 현상이었습니다. 그래서 사도 바울은 마치 방언이 유일한 은사인 것처럼 주장하는 자들에게 이는 여러 가지 은사들 가운데 하나일 뿐이라고 설명했다는 것입니다. 더욱이 바울은 가장 큰 은사로 고린도전서 13장에서 사랑을 언급합니다. 그가 영언 문제를 언급한 고린도전서 12장과 14장의 중앙 한복판에 사랑의 은사를 언급한 것은 사실상 영언에 대한 반대 의견이라는 해석입니다.*

더욱이 오늘 본문 가운데 사도행전 2장에 나오는 성령강림과

---

* 길희성 외, 종교 간의 대화 (현암사, 2009); http://www.hyeonamsa.com/book/book_detail.php?idx=356 참고.

영언 문제를 생각해 보면 그 해석이 정확한 것으로 생각됩니다. 어떤 학자들은 사도행전 2장을 창세기 11장의 바벨탑 이야기와 대비시켜 해석하기도 합니다. 하지만 여기서 강조되는 것은 영언 자체는 아닙니다. 본문의 '영언'이 사도행전 2장 4절에서는 '말하는 기적'이고 또 8절에서는 '듣는 기적'이기도 합니다. 따라서 이를 제대로 해석하려면 사도행전의 결론부에, 즉 사도행전 28장 마지막에 강조된 바를 알아야 합니다. 사도행전 28장 8절을 보면 바울은 마지막 설교에서 이렇게 설명합니다. "그러므로 여러분은 하나님의 이 구원의 소식이 이방 사람에게 전파되었음을 알아야 합니다." 따라서 사도행전은 이방 사람에게 예수 그리스도의 구원의 소식이 전파된 것이 내용이고, 2장은 서론의 일부요 28장은 결론부라 하겠습니다. 그러므로 저는 사도행전 2장의 내용은 방언 또는 영언 자체가 아니라 이방 사람에게 복음이 전파된 것을 강조하는 서론부로 해석하는 것이 더 정확하다고 봅니다.

## 성령칠은

가톨릭교회에서는 '성령칠은聖靈七恩'이란 표현을 사용합니다. 일곱 가지 성령의 은사라는 뜻인데, 그 내용은 지혜(슬기), 통찰(깨달음), 식견(의견), 용기(굳셈), 지식(앎), 공경(효경, 받듦) 그리고 경외(두려워함)라고 합니다.* 이는 이사야 11장 2절에 "주님의 영이 그에게 내려오신다. 지혜와 총명의 영, 모략과 권능의 영, 지식

---

* https://blog.naver.com/peter_kim77/222010623096.

과 주님을 경외하게 하는 영이 그에게 내려오시니…" 하는 것에서
따온 것이라고 합니다. 그래서 천주교에는 성령강림대축일, 우리
로 치면 성령강림주일에 성령칠은 일곱 가지 카드를 놓고 뽑기를
하는 전통이 있다고 합니다.* 요즘에는 매일 성령께서 오시기를
기도하고 뽑기를 할 수 있게 만든 앱**도 개발되었습니다. 제가 그
앱을 깔아서 뽑아보니 '효경'(공경, piety, pietas) 하느님을 향한 감
사와 찬미라는 내용이 나왔습니다. 물론 어떤 한 가지 은사만 필요
하다거나 중요하다는 의미는 아닌데, 재미있는 접근이라고 생각
됩니다.

## 성령의 열매

사도 바울은 갈라디아서 5장 22-23절에서 성령의 아홉 가지
열매를 언급합니다. '(그러나) 성령의 열매는 사랑과 기쁨과 화평
과 인내와 친절과 선함과 신실과 온유와 절제'입니다. 이는 19절부
터 21절까지 나오는 육체의 행실과 대비되는데, 그것들은 '곧 음행
과 더러움과 방탕과 우상숭배와 마술과 원수 맺음과 다툼과 시기
와 분냄과 분쟁과 분열과 파당과 질투와 술 취함과 흥청망청 먹고
마시는 놀음과 그와 같은 것들'이라고 합니다.

---

* https://blog.naver.com/subacci/222258635356.
** https://play.google.com/store/apps/details?id=io.kodular.subacci1.seven_gifts_of_the
_Holy_Spirit_no_alarm&hl=ko.

## 성령의 은사들

또 고린도전서 12장 4-11절에서 사도 바울은 여러 가지 은사들을 소개합니다.

각 사람에게 성령을 나타내시는 것은 공동의 이익을 얻게 하려고 하시는 것입니다. 어떤 사람에게는 성령으로 지혜의 말씀을 주시고, 어떤 사람에게는 같은 성령으로 지식의 말씀을 주십니다. 어떤 사람에게는 같은 성령으로 믿음을 주시고, 어떤 사람에게는 같은 성령으로 병 고치는 은사를 주십니다. 어떤 사람에게는 기적을 행하는 능력을 주시고, 어떤 사람에게는 예언하는 은사를 주시고, 어떤 사람에게는 영을 분별하는 은사를 주십니다. 어떤 사람에게는 여러 가지 방언을 말하는 은사를 주시고, 어떤 사람에게는 그 방언을 통역하는 은사를 주십니다(고전 12:7-10).

이 설명에 따르면 앞서 언급한 바와 같이 방언, 즉 영언도 여러 가지 은사들 가운데 하나에 불과할 따름입니다. 여기서 사도 바울이 강조하는 중요한 요지는 바로 11절에 있습니다.

이 모든 일은 한 분이신 같은 성령이 하시며, 그분은 자기가 원하는 대로 각 사람에게 은사를 나누어 주십니다.

바로 이어서 바울 사도는 교회를 그리스도를 머리로 하는 몸으로 설명합니다. 그러므로 각각의 지체들이 그리스도의 몸을 이루는 것임을 강조하고 어떤 한 가지 은사를 배타적으로 강조하여 교회의 분란을 일으키는 것을 경계한 것입니다. 바로 그 유명한 고린도전서 13장, 사랑의 송가에서 사도 바울은 이렇게 강조합니다. '예언도 사라지고, 방언도 그치고, 지식도 사라지지만 사랑은 없어지지 않는다는 것'입니다.

고린도전서 14장에서 다시 영언과 예언에 대한 언급이 나옵니다. 어떤 학자들은 사도 바울은 사실상 교회 내에서 영언을 강조하며 이를 주장하는 자들에게 반대 의사를 피력한 것이라고 설명합니다. 저도 이에 동의합니다. 14장 33절에 따르면 교회 내에서 필요한 것은 무질서가 아니라 평화라는 것입니다. 바로 뒤이어 34절 이하에 나오는 여자들은 교회에서는 잠자코 있어야 한다는 언급도 일반 원칙론이 아니라 고린도교회의 무질서와 혼란의 상황에 대한 처방이라고 보아야 할 것입니다. "모든 일을 적절하게 하고 질서 있게 하라"는 것입니다(고전 14:40).

## 보혜사 성령

말씀드린 바와 같이 요한복음서 14장은 '영광의 책'에 속한 한 부분입니다. 오늘 본문 가운데서 예수님께서는 제자들에게 보혜사 성령, 진리의 영을 보내주실 것을 약속하십니다.

성령은 누구이신가요? 요한복음서 14장 16절에는 성령을 '보혜사'라고 표현하고 있습니다. 표준새번역 성서의 각주를 보면 보혜사는 '변호해 주시는 분' 또는 '도와주시는 분'으로 설명합니다. 여기 외에도 14장 26절과 15장 26절, 16장 7절, 요한일서 2장 1절에 똑같은 단어가 등장합니다. 영어 성경에서는 '변호인'(advocate), '조력자'(helper), '위로자'(comforter) 등으로 번역했습니다. 그리스어로는 '파라클레토스 παράκλητος'라는 단어인데, 변호인, 중개인 그리고 요즘 말로는 도우미라는 뜻입니다. 우리는 이러한 다중적인 뜻을 담아 '보혜사'라고 이해하면 좋을 것 같습니다. 성령은 우리의 변호인이며 중개인, 위로자, 또 도우미이십니다.

예수님께서는 우리에게 성령을 보내주신다고 약속하셨습니다. 그 약속대로 지금 성령께서 우리와 함께하고 계십니다. 우리가 어려워할 때는 우리를 위로해 주시고, 우리가 힘들어서 도움이 절실할 때 도우미가 되십니다.

오늘 구약성서 본문은 출애굽기 20장에 이어 두 번째로 나오는 십계명입니다. 이 십계명을 통해 하나님은 그의 백성들에게 어떻게 어떤 자세로 살아가야 할지를 가르쳐 주셨습니다. 인생의 방향과 마음가짐을 알려 주신 것입니다. 이것이 바로 보혜사 성령께서 하시는 역할입니다. 우리가 자신의 욕심, 개인적인 탐욕에 빠져 살지 않도록 하나님 앞에서 이웃과 더불어 기쁘고 보람찬 삶을 살아가도록 인도해 주시는 분이 바로 성령이십니다.

## 마무리

사도행전 1장 8절을 보면 예수님께서 하신 말씀이 이렇게 기록되어 있습니다.

그러나 성령이 너희에게 내리시면 너희는 권능을 받고, 예루살렘과 온 유대와 사마리아에서 그리고 마침내 땅끝에까지 나의 증인이 될 것이다.

따라서 우리가 성령을 받았다는 증거는 우리가 성령의 힘, 그 능력을 얻어 땅끝까지 예수 그리스도의 증인이 되는 것을 통해 확인할 수 있을 것입니다. 우리 한 사람 한 사람이 복음 증거자, 기쁜 소식의 전파자로 실천하며 살아가시기를 바랍니다. 이는 우리의 능력이 아니라 바로 성령의 능력을 힘입어 가능해집니다.

성령강림주일을 맞이하여 교우 여러분 모두에게 보혜사 성령의 도우심이 함께 하시기를 다시 한번 간절히 기원합니다. 그리하여 우리의 삶이 어떤 어려움에도 시련에도 또 유혹에도 굴하지 아니하고 그리스도인답게, 또 성령의 능력 안에서 살아가는 삶이 되기를 바랍니다. 어떤 한 가지 은사에만 집착하는 것이 아니라 사랑, 희락, 화평, 인내, 자비, 양선, 충성, 온유, 절제 등 주렁주렁 성령의 열매를 맺는 여러분이 되기를 기도드립니다.

우리 모두 무엇보다도 중요한, 가장 본질적인 성령의 은사인 사랑의 은사를 가득 받고, 이 은사 가운데서 하루하루 하나님의 백성으로서 힘차게 살아가시기를 두 손 모아 빕니다.

# 평화와 하나님의 통치

(사 52:7-10; 고전 9:13-18; 눅 10:2-12)

 ❧❧❧

그 때에 그들에게 말씀하셨다. "추수할 것은 많으나, 일꾼이 적다. 그러므로 추수하는 주인에게 추수할 일꾼을 보내 달라고 청하여라. 가거라. 내가 너희를 보내는 것이 어린 양을 이리 가운데로 보내는 것과 같다. 전대도 자루도 신도 가지고 가지 말고, 길에서 아무에게도 인사하지 말아라. 어느 집에 들어가든지, 먼저 '이 집에 평화가 있기를 빕니다!' 하고 말하여라. 거기에 평화를 바라는 사람이 있으면, 너희가 비는 평화가 그 사람에게 내릴 것이요, 그렇지 않으면, 그 평화가 너희에게 되돌아올 것이다. 너희는 한 집에 머물러 있으면서, 거기에서 주는 것을 먹고 마셔라. 일꾼이 자기 삯을 받는 것은 마땅하다. 이집 저집 옮겨 다니지 말아라. 어느 성읍에 들어가든지, 사람들이 너희를 영접하거든, 너희에게 차려 주는 음식을 먹어라. 그리고 거기에 있는 병자들을 고쳐 주며 '하나님의 나라가 너희에게 가까이 왔다' 하고 그들에게 말하여라. 그러나 어느 성읍에 들어가든지, 사람들이 너희를 영접하지 않거든, 그 성읍 거리로 나가서 말하기를 '우리 발에 묻은 너희 성읍의 먼지를 너희에게 떨어 버린다. 그러나 하나님의 나라가 가까이 왔다는 것을 알아라' 하여라. 내가 너희에게 말한다. 그 날에는 소돔이 그 성읍보다 더 견디기 쉬울 것이다"(눅 10:2-12).

## 성서 읽기

우리가 성서 말씀을 읽을 때 그 본문이 어떤 시대에, 어떤 상황에 처한 공동체나 사람들을 위해 주어진 말씀인지를 찾아내는 것이 매우 중요합니다. 당시 그 말씀이 어떤 의미였는지는 무시하고 말씀을 읽게 되면 원래 제시하고자 했던 그 본문의 중심 메시지를 놓치거나 무시하고, 자기 상황에서 자의적으로만 해석하기 쉽습니다. 물론 자의적인 해석도 전혀 무의미하다고 하기는 어렵겠습니다. 하지만 가능하다면 성서 전체를 아우르는 기초적인 뼈대를 이해하는 바탕 위에서 각 본문의 상황을 찾아내고 말씀의 의미를 통해 우리에게 주는 말씀으로 받아들이는 것이 바람직합니다.

성서 전체의 뼈대 위에서도, 특별히 그날 그 예배를 위해 주어진 본문들 세 곳을 관통하는 중심적인 메시지를 찾아내어 우리에게 주는 메시지로 삼는 방식을 권장합니다. 제가 참여하고 있는 '세 본문 설교 운동'*도 이러한 바탕에서 시작된 것으로 생각합니다.

## 직업

오늘 본문들 세 곳에서 저는 일, 직업, 직무, 영어로는 duty, office, job, function, work, profession, vocation, calling 등에 해당하는 개념을 공통적으로 찾았습니다.

직업의 사전적 의미는 "개인이 사회에서 생활을 영위하고 수입

---

* http://www.wpci.kr/.

을 얻을 목적으로 한 가지 일에 종사하는 지속적인 사회 활동"입니다. 생업이라는 말과 연계되는 것입니다. 직업을 영어에서 occupation, profession, job 외에 calling, vocation이라고도 하는데 라틴어 'vocatio', 즉 '소명'이라는 데에서 나온 단어입니다. 교사는 학생을 가르치는 직업입니다. 성악가는 노래를 부르고, 목사는 목회하는 것이 직업입니다.

먼저 고린도전서 9장을 보면 '일하는 사람들'이란 단어가 나옵니다. 사도 바울은 여기서 이렇게 언급합니다. 성전에서 일하는 사람은 성전에서 나는 것을 먹고, 제단을 맡아보는 사람은 제단 제물을 나누어 가지는 것이 상식이라고 합니다. 또 복음을 전하는 사람들에게는 복음을 전하는 일로 살아가라고 지시하였습니다(고전 9:13-14). 여기서 '일하는 사람들'은 그리스어로는 '호이 에르가조메노이οἱ ἐργαζόμενοι'라고 합니다.

요한복음서 6장 27절을 보면 예수님은 이렇게 말씀하셨습니다: "너희는 썩을 양식을 얻으려고 일하지 말고, 영원한 생명에 이르게 하는 양식을 위해 일하여라. 그 양식은 인자가 너희에게 줄 것이다. 그것은 아버지 하나님께서 인자를 인정하셨기 때문이다."

마태복음서 25장 달란트 비유에서 "다섯 달란트를 받은 사람은 곧 가서 그것으로 장사를 하여 다섯 달란트를 더 벌었다"(마 25:16)라고 할 때 장사를 하다로 번역한 것이 바로 '에르가사토ἐργάσατο', 같은 어근 '일', 즉 '에르곤ἔργον'으로부터 파생된 단어입니다.

언뜻 보면 예수님과 사도 바울의 언급이 상충되는 것처럼 느껴질 수도 있습니다. 그런데 바울이 말하고자 하는 것은 일하는 사람이 그 일을 바탕으로 수입을 삼고 그것으로 살아가는 것이 당연하다는 의미이고, 고린도전서 9장 15절을 보면 자신은 그런 당연한 권리조차 조금도 행사하지 않았다고 언급하는 것입니다.

누가복음서 10장의 본문도 '일꾼'(ἐργάται, ἐργάτας)에 대해서 언급합니다.

추수할 것은 많으나, 일꾼이 적다. 그러므로 추수하는 주인에게 추수할 일꾼을 보내 달라고 청하여라.

## 파수꾼

이사야 52장에는 '파수꾼'이라는 직업이 등장합니다. 히브리어로는 '초파익צָפָה'이라는 단어입니다. 경계하는 임무를 맡은 사람들입니다. 군대에서는 경비병, 보초라고 하지요.

옛날에는 봉수대를 통해서 낮에는 연기로 밤에는 불빛으로 정보를 전달했습니다.* 만약 외적의 침입 등 위급한 상황이 발생했다고 신호가 올라오는데, 만약 그곳 담당자들이 업무를 게을리하여 그 정보를 놓치고 전달하지 않는다면 어떻게 되겠습니까?

군대에서는 "전투에 실패한 지휘관은 용서해도 경계에 실패한 지휘관은 용서할 수 없다"는 말이 있습니다.** 로마에서는 경계를 소홀히 한 병사는 동료들이 돌팔매질로 처형했다고 합니다. 바둑

---

\* https://terms.naver.com/entry.naver?docId=1189912&cid=40942&categoryId=33373
\*\* https://blog.naver.com/bai22461/222164418402

에서도 '아생연후살타我生然後殺打'라는 기본 원칙이 있습니다. 이처럼 중요한 직무가 바로 파수꾼, 경비병의 직무입니다. '여호와의 증인'이라는 집단에서 전용물처럼 쓰이지만, 이는 신앙인들의 중요한 과제를 설명하는 표현이라 하겠습니다.

## 평화, 하나님의 통치

오늘 이사야 본문은 제2이사야의 일부입니다. 이사야 52장 7절을 보면 여기에 나오는 파수꾼들은 놀랍고도 반가운 소식을 전합니다. 이 희소식을 전하기 위해 산을 넘어 달려옵니다. "평화가 왔다", "구원이 이르렀다", "너의 하나님께서 통치하신다." 사실 이 말들은 같은 뜻입니다. "하나님의 나라가 임하였다"라고 해도 마찬가지입니다.

이 이사야 본문에서 말하는 평화는 매우 현실적인 평화입니다. 영적인 평화가 아니라 역사 속에서, 현실 속에서 구체적이고 사실적인 평화를 말합니다. 주전 587년부터 538년까지 약 50년 동안의 바빌론 포로 생활이 끝난다는 것입니다. 우리로 치면 일본 제국주의의 식민지 상태에서 이제 벗어났다는 해방 선포와 같다고 하겠습니다.

오늘날 교회 일각에서는 지나치게 모든 성서의 표현을 영적으로만 해석하려는 경향이 있습니다. 하지만 이사야서 본문의 평화는 마음의 평화, 심리적인 안정, 영적으로 고요함 이런 것이 아니라 구체적이고, 또 현실적인 평화입니다.

이사야서에서 "하나님께서 통치하신다"는 말씀은 더 이상 바빌론 왕이 통치하지 못한다는 의미입니다. 일본의 이른바 천황, 일왕이 통치하는 것이 아니라 우리 겨레가 스스로 통치하는 자주 자립의 나라가 된다는 의미로 받아들여야 하는 것입니다.

이 기쁜 소식을 전하는 파수꾼들의 마음이 어떠하겠습니까? 8절을 보면 "그들이 소리를 높여서, 기뻐하며 외친다"고 표현하고 있습니다. 모든 사람이 길거리로 뛰어나와 다같이 만세를 부르게 만드는 소식입니다.

## 하나님의 나라

그 기쁨의 소식을 제2이사야는 "하나님이 통치하신다"고 표현하고 있습니다. 하나님의 통치, 하나님의 지배, 하나님께 주권이 있는 것, 이것이 '하나님의 나라'라는 표현의 내용입니다. 흔히 '하늘나라', 또는 '천국'이라고 합니다.

나아가 '천당天堂'이라고도 합니다. 이는 문자적으로는 '하늘에 있는 집', 즉 '죽어서 가는 복된 세계'라는 뜻인데, 꼭 알아두어야 할 것은 우리말 성서 어디에서도 이런 표현, 이런 번역을 사용하지 않는다는 사실입니다.

'하나님의 나라'라는 표현이 가장 먼저 기록화된 마가복음서의 표현입니다. 그런데 이를 유대계 그리스도인들에게 거부감이 가지 않도록 '하늘의 나라'로 바꾼 것이 마태복음서의 표현입니다. 구약성서에 하나님 이름이 여러 가지로 나옵니다. 엘로힘, 야훼 또

는 여호와 등등 여기서 야훼 또는 여호와로 표현된 히브리어로는
YHWH 네 글자입니다.[*] 원래 히브리어는 자음 중심인데, 그래서
이를 하나님의 이름 네 글자, 신명사문자神名四文字, 테트라그라마톤
Tetragrammaton이라고 합니다.[**] 이 글자를 보면 유대인들은 읽지 않
고 '아도나이יהוה', 즉 '나의 주님'이라고 불렀습니다.[***] 나중에는 이
글자를 어떻게 읽는지, 즉 모음이 어떻게 되는지 모르게 되었습니
다. 그래서 아도나이의 모음을 여기에 붙여 여호와라고 읽게 되었
습니다. 이처럼 하나님의 이름을 망령되이 일컫지 말라는 십계명
의 요구를 최대한 따랐던 유대인들을 위해 하나님이란 단어를 언
급하지 않도록 최대한 배려하여 바로 '하나님의 나라' 대신 '하늘
나라'로 표현한 것입니다.

우리나라 헌법 제1조는 "①대한민국은 민주공화국이다. ②대
한민국의 주권은 국민에게 있고, 모든 권력은 국민으로부터 나온
다"고 되어 있습니다. 1919년 4월 11일 대한민국 임시정부가 선포
한 대한민국 임시헌장 제1조, 즉 "대한민국은 민주공화제로 한다"
의 계승입니다.

이처럼 하나님의 나라는 주권이 하나님에게 있는, 즉 하나님의
뜻대로 결정되는 상태를 의미합니다. 제2이사야의 당시 현실에서
이는 바빌론 왕이 우리의 생사여탈, 운명을 결정하는 것이 아니라
는 뜻입니다. 그래서 이는 정말 깜짝 놀랄 소식이고 소리를 높여

---

[*] https://i.redd.it/jzk6cjkg3vs21.jpg.

[**] https://en.wikipedia.org/wiki/Tetragrammaton.

[***] https://ko.wikipedia.org/wiki/%EC%97%AC%ED%98%B8%EC%99%80.

기뻐하며 외칠 뉴스인 것입니다.

## 샬롬

오늘 이사야 52장 7절에 "평화가 왔다"고 하는데 그 평화라는 단어가 히브리어로 무엇인지 아시지요? 맞습니다. '샬롬ַשָׁלוֹם'입니다. 그 샬롬은 단순히 전쟁이 없는 상태를 의미하는 것이 아닙니다. 훨씬 더 근본적으로 하나님의 뜻이, 하나님의 질서가 지배하는 상태를 의미합니다.

창세기 29장 7절을 보면 야곱이 목자들에게 묻습니다. 나홀의 손자인 라반이라는 분이 평안하게 지내십니까? 그들이 대답합니다. "잘 지내십니다." 영어로는 "Is he well?" "Yes, he is." 이런 대화입니다. 우리 표현으로는 "안녕하십니까?" "네, 안녕합니다." 여기에 쓰인 평안, 그것이 바로 샬롬입니다.

제가 얼마 전에 사회복지사 공부를 했습니다. 복지가 영어로는 'welfare'입니다. 더 이상 'warfare state', 즉 전쟁 국가가 아니라 복지국가, welfare state가 되겠다는 데에서 유래된 단어라고 알고 있습니다. 여기에 쓰인 welfare의 바탕이 'well-being', 즉 '안녕'입니다.

안녕, 즉 샬롬은 단순히 전쟁이 없는 상태를 넘어 사람이 사람답게 살아갈 수 있는 것을 의미합니다. 그래서 정부들도 복지국가를 지향해야 하는 것입니다.

이처럼 샬롬은 구체적이고 실질적인 의미를 담은 것입니다. 그런데 스스로 그리스도인이라고 자처하는 많은 사람이 평화를 영적인 또는 심리적인 평화를 말하는 것처럼 자의적으로 축소해석하는 잘못된 경향이 있습니다. 남수단 사람들이 굶든 미얀마 사람들이 살해당하든 어디서 전쟁이 일어나 살상이 벌어지든 남들이야 까짓것 어떻게 되든 말든 괘념치 않는 상태? 자기 마음만 고요하고 이런 상황은 샬롬, 안녕과는 전혀 다릅니다. 아니 오히려 그 반대라 해야 하겠습니다.

## 마무리

누가복음서 본문에는 일흔두 사람을 파송하면서 이들에게 이 샬롬, 평화를 바라는 인사를 합니다. "이 집에 평화가 있기를 빕니다!" 그 제자들은 샬롬, 평화를 위한 일꾼으로 보냄을 받은 것입니다.

그리스도인은 샬롬, 즉 모든 상태가 하나님의 뜻대로 되는, 또 하나님께서 뜻하시는 방향으로 움직이는 사회를, 그런 세계를 이루도록 보냄을 받은 존재들입니다. 그런 소식을 만들고 또 파수꾼처럼 이 세상으로 나가 목소리를 높여 외치는 존재들입니다. 그것이 어떤 직업을 가졌든 우리 그리스도인들의 직업, 소명, 또 활동의 근본 바탕이어야 합니다.

우리의 동지이신 성령께서 우리와 함께하시어 우리의 부족함을 메꾸어 주시고 용기를 내어 세상으로 나가도록 힘주실 것입니다.

# 한결같은 사랑(헤세드)

(미 7:18-20; 갈 6:1-10; 요 7:53-8:11)

❧

교우 여러분, 어떤 사람이 어떤 죄에 빠진 일이 드러나면, 성령의 지도를 받아 사는 여러분은 온유한 마음으로 그런 사람을 바로잡아 주고, 자기 스스로를 살펴서, 유혹에 빠지지 않도록 조심하십시오. 여러분은 서로 남의 짐을 져 주십시오. 이런 방법으로 그리스도의 법을 성취하십시오. 어떤 사람이 아무것도 아니면서 무엇이 된 것처럼 생각하면, 그는 자기를 속이는 것입니다. 각 사람은 자기 행실을 살펴보십시오. 그러면 자기에게는 자랑거리가 있더라도, 남에게까지 자랑할 것은 없을 것입니다. 사람은 각각 자기 몫의 짐을 져야 합니다. 말씀을 배우는 사람은 가르치는 사람과 모든 좋은 것을 같이 나누어야 합니다. 자기를 속이지 마십시오. 하나님은 조롱을 받으실 분이 아니십니다. 사람은 무엇을 심든지, 심은 대로 거둘 것입니다. 자기 육체의 욕망을 따라 심는 사람은 육체로부터 썩을 것을 거두고, 성령의 뜻을 따라 심는 사람은 성령으로부터 영생을 거둘 것입니다. 선한 일을 하다가, 낙심하지 맙시다. 지쳐서 넘어지지 않으면, 때가 이를 때에 거두게 될 것입니다. 그러므로 기회가 있는 동안에, 모든 사람에게 선한 일을 합시다. 특히 믿음의 식구들에게는 더욱 그렇게 합시다(갈 6:1-10).

오늘 구약성서 본문은 미가서의 일부입니다. 미가 예언자는 주전 8세기경 남왕국 유다에서 활동하였습니다. 미가 외에도 아모스, 호세아, 이사야 등 쟁쟁한 예언자들이 활동했던 주전 8세기는 '히브리 예언운동의 황금기'(the golden age of Hebrew prophecy)* 라고도 불립니다.

미가서에서도 6장 8절은 앞서 언급한 세 예언자의 정수를 뽑아 놓은 구절이라 하겠습니다. 1979년 미국에서 지미 카터 대통령이 취임식에서 선서할 때 언급하여 유명하게 된 구절이기도 합니다.** 그는 미국 첫 대통령이 1789년 취임식에서 사용했던 그 성서 가운데서 미가서 6장 8절을 펴놓고 선서했습니다.

**너 사람아, 무엇이 착한 일인지를 주께서 이미 말씀하셨다. 주께서 너에게 요구하시는 것이 무엇인지도 이미 말씀하셨다. 오로지 공의를 실천하며 인자를 사랑하며 겸손히 네 하나님과 함께 행하는 것이 아니냐!**

이 구절 속에서 첫 번째, 공의 또는 정의의 실천은 아모스 예언자의 강조점이었습니다. 마지막 세 번째, '겸손히 내 하나님과 함

---

* https://www.google.co.kr/url?sa=t&rct=j&q=&esrc=s&source=web&cd=&cad=rja&uact=8&ved=2ahUKEwicrazMhIDxAhUnGKYKHQUPAGsQFjAAegQIBhAD&url=https%3A%2F%2Fwww.jstor.org%2Fstable%2F3259587&usg=AOvVaw2MghgqCY8xSJehNuVz-geR.

** https://potus-geeks.livejournal.com/310815.html; https://youtu.be/1pHMv7grxYE.

께 행하는 것'은 이사야 예언자의 중심 메시지였습니다.

두 번째 요구는 번역하기가 쉽지 않습니다. 개역개정판과 표준 새번역에서는 이 요구를 '인자를 사랑하며'라고 번역했고, 공동번 역개정판은 '기꺼이 은덕에 보답하는 일'이라 해놓고, '한결같은 사랑을 즐겨 행하는 일'이라고 번역할 수도 있다고 주석을 달아 놓았습니다. '인자를 사랑하며', 여기서 인자라고 번역한 단어가 사실 오늘 말씀의 제목에 붙어 있는 히브리어 חֶסֶד(ḥesed)입니다. 이 '헤세드'란 단어는 히브리 성서에 247회 언급되었습니다.* 영어 로도 충성(loyalty), 인자-자비(mercy), 친절(kindness), 자애 (lovingkindness) 등으로 제각각 번역하고 있습니다.

이 헤세드는 근본적으로 하나님과의 약속, 계약, 언약에 대한 한결같은 존중이라는 의미의 사랑입니다. 결혼식에서 신부와 신 랑이 "한평생 서로를 존경하며 사랑하는 부부가 될 것을 서약"하 지 않습니까? 부부가 평생 한결같은 사랑을 서약하는 것과 같이, 이 헤세드에 신앙인이 하나님과의 관계, 또 이웃과의 관계 설정이 어떠해야 하는지가 다 담겨 있다고 하겠습니다.

미가서 7장 18절 본문을 공동번역개정판으로 다시 읽어 봅니다. "하느님 같은 신이 어디 있겠습니까? 남에게 넘겨줄 수 없어 남기신 이 적은 무리, 아무리 못 할 짓을 했어도 용서해 주시고, 아무리 거스르는 짓을 했어도 눈감아주시는 하느님, 하느님의 기쁨이야 한결같은 사랑을 베푸시는 일 아니십니까? 그러니 어찌 노

---

* https://biblehub.com/hebrew/strongs_2617.htm;https://en.wikipedia.org/wiki/Chesed 에서는 248회로 언급됨.

172 | 3부 _ 전태일의 풀빵

여움을 끝내 품고 계시겠습니까?" 여기에 '한결같은 사랑'이란 표현이 나오는데, 바로 이 단어가 히브리어로 헤세드입니다. 오늘 말씀 제목은 여기서 뽑은 것입니다. 이것은 호세아 예언자의 강조점이기도 합니다. 그래서 미가서 6장 8절은 아모스, 호세아, 이사야의 강조점을 요약한 에센스라 하겠습니다.

오늘 본문 마지막인 미가서 7장 20절에 다시 한번 헤세드가 등장합니다. 본문을 히브리어 순서대로 직역하면 다음과 같습니다. '당신은 보여주실 것입니다. 성실을 야곱에게 (그리고) 인애를 아브라함에게 마치 당신이 약속하신 것처럼, 우리 조상들에게 날들로부터 옛적' 여기서 어떤 단어가 헤세드일까요? 바로 '인애'란 단어입니다.

하나님의 사랑은 한결같은 사랑입니다. 고멜의 부정에도 불구하고 한결같이 용서하고 또 사랑했던 호세아처럼, 아브라함 그 먼 조상 때부터 지금까지 한결같은 사랑으로 우리를 받아주시고 돌보아 주시는 분이 바로 하나님입니다.


## 온유한 마음


갈라디아서 본문에서 우리는 그리스도인의 생활윤리를 찾을 수 있습니다. 갈라디아서 6장 2절에서 사도 바울은 "여러분은 서로 남의 짐을 져 주십시오"라고 요구합니다. 그것이 그리스도의 법입니다. 과거의 법은 율법입니다. 어떤 사람이 어떤 죄에 빠진 일이 드러나면 온유한 마음으로 바로잡아 주라는 것이며, 또 자기 스스로를 살펴서 유혹에 빠지지 않도록 하라는 것입니다(6:1).

많은 사람이 자신의 잘못은 감추고, 자랑거리는 다른 사람들 앞에 드러내려고 합니다. 그렇지만 본문 4절에서 사도 바울은 각 사람은 자기 일을 살펴보라고 요구합니다. 살펴보라고 번역한 단어는 그리스어로 '도키마제토δοκιμαζέτω'인데, 자기 자신을 '테스트'해 보라는 뜻입니다. 자신의 장점만 부각하고 약점을 숨기는 것은 7절에 '자기를 속이는' 일이라 하겠습니다.

교회에서든 사회에서든 자신을 인정해주고 치켜세워 주면 그때에는 반짝 선한 일을 하지만, 누가 인정해주는 것 없고 자랑거리를 챙겨주지 않으면 그냥 시들어 버리는 경우를 많이 볼 수 있습니다. 그렇지만 그리스도인은 선한 일을 꾸준하게 해야 합니다. 마치 하나님의 사랑이 한결같은 사랑인 것처럼 그리스도인 또한 꾸준하게 실천해야 합니다. 9절에서 바울은 "선한 일을 하다가 낙심하지 말라"고 권면합니다. '때가 이르면 거두게 될 것'이라는 말씀입니다. 여기에 '때'라고 번역한 그리스어는 '카이로καιρῶ'입니다. 이것은 그냥 '시간이 지나가면'이 아니라, 어느 순간 '하나님께서 개입하시면' 이런 뜻이라 생각하면 되겠습니다.

한결같은 신앙생활, 아니 한결같은 생활신앙으로 우리 자신이 하나님의 헤세드를 배우고 닮고 실천하라는 요구입니다.


## 이중잣대


지금까지 말씀드린 바를 요약하자면 "그리스도인의 윤리적 실천은 하나님의 헤세드를 닮아 한결같이 온유한 마음으로 꾸준하게 행하라"는 권면입니다.

요한복음서 8장은 구체적인 실제 사례를 언급하고 있습니다. 여기에는 많은 율법학자와 바리새파 사람들이 등장합니다. 이 사람들은 한 여자를 끌고 와서 가운데 세워 놓고 예수에게 묻습니다. "선생님, 이 여자가 간음을 하다가 현장에서 잡혔습니다. 모세는 율법에 이런 여자를 돌로 쳐서 죽이라고 우리에게 명령하였습니다. 그런데 선생님은 이 일을 놓고 뭐라고 하시겠습니까?"

본문 8장 6절을 보면 "예수께서는 몸을 굽혀서 손가락으로 땅에 무엇인가를 쓰셨다"고 되어 있습니다. 뭐라고 땅에 쓰셨을까요? 제 생각에는 '이중잣대'라 쓰셨을 것 같습니다.

그 율법학자들, 바리새파 사람들에게는 세 가지 이중잣대가 있는 것 같습니다. 먼저 첫째는 남녀 차별에서 나오는 것입니다. 간음을 하다가 현장에서 잡혀 온 남자는 어디에 있나요? 남자 없이 그 여자 혼자만 간음을 했다는 말인가요? 그래서 남자에게 적용하는 잣대와 여자에게 적용하는 잣대가 다르다 할 수 있습니다. 우리나라에서도 이전까지 '매춘'이라는 단어가 사용되지 않았습니까? '여성이 돈을 받고 성을 파는 행위', 이것이 이중잣대라는 문제 제기가 받아들여져서 '매매춘'이라고 했다가 이제는 '성매매'라고 표현합니다.

6절을 보면 "예수께서는 몸을 굽혀서 손가락으로 땅에 무엇인가를 쓰셨다"고 기록되어 있습니다. 다른 고대 사본들에는 '그들 각자의 죄목을' 쓰셨다고 추가해 넣은 것도 이런 의미를 더 부각시키는 것입니다. 예수께서 땅에다가 "남자는 어디로 도망가게 놔두고…"라고 쓰셨을지도 모릅니다.

둘째 이중잣대는 커다란 불의의 구조에 대해서는 분개하고 또 항의하지도 않으면서 유독, 이 간음 사건에 대해서만큼은 투석형이 마땅하다면서 열을 올리는 것입니다. 유대가 로마의 식민지로 수탈당하며 살아가면서도 '시카리', 즉 열혈당원들 빼고 이에 대해서는 아무런 문제의식도 없는 것입니다. 그래서 예수님께서 땅에 "로마 식민지배에 대해서는 아무 생각도 없지?"라고 쓰셨을지도 모릅니다.

이런 이중잣대에 대해서는 이미 김수영 시인이 〈어느 날 고궁을 나오면서〉란 시에서 이렇게 설파한 바 있습니다.*

왜 나는 조그마한 일에만 분개하는가
저 왕궁 대신에 왕궁의 음탕 대신에
50원짜리 갈비가 기름 덩어리만 나왔다고 분개하고
옹졸하게 분개하고 설렁탕집 돼지 같은 주인년한테 욕을 하고
옹졸하게 욕을 하고

한번 정정당당하게
붙잡혀간 소설가를 위해서
언론의 자유를 요구하고 월남 파병에 반대하는
자유를 이행하지 못하고
20원을 받으러 세 번씩 네 번씩

* http://www.news-paper.co.kr/news/articleView.html?idxno=19334.

찾아오는 야경꾼들만 증오하고 있는가

옹졸한 나의 전통은 유구하고 이제 내 앞에 정서로
가로놓여 있다.


(중략)


아무래도 나는 비켜서 있다 절정 위에는 서 있지
않고 암만해도 조금쯤 옆으로 비켜서 있다
그리고 조금쯤 옆에 서 있는 것이 조금쯤
비겁한 것이라고 알고 있다!


그러니까 이렇게 옹졸하게 반항한다
이발쟁이에게
땅주인에게는 못하고 이발쟁이에게
구청 직원에게는 못하고 동회 직원에게도 못하고
야경꾼에게 20원 때문에 10원 때문에 1원 때문에
우습지 않으냐 1원 때문에


모래야 나는 얼마큼 작으냐
바람아 먼지야 풀아 나는 얼마큼 작으냐
정말 얼마큼 작으냐…
_ 김수영 〈어느 날 고궁을 나오면서〉

셋째 이중잣대는 남들과 자신에게 다른 잣대를 적용하는 것입니다. 이들은 걸린 사람, 그것도 약자인 여성에게만 죄를 뒤집어씌우고 돌로 쳐 죽이는 것을 마땅한 일이라 여겼습니다. 모세의 율법은 그 여인에게만 적용되더라도 아무 이상할 일이 아니라 당연시했던 것입니다. 자신에게 드러나지 않는 죄가 있음에도 불구하고, 단지 걸리지 않았다는 이유로 정죄의 대상에서 빠져나가는 것입니다. 그래서 예수께서는 몸을 일으켜 "죄 없는 자가 먼저 이 여자에게 돌을 던져라"고 말씀하셨습니다.

그리고 복음서는 "다시 몸을 굽혀서 땅에 무엇인가를 쓰셨다"(8절)고 기록하고 있습니다. 혹시 "모든 율법 조항들, 그 정신까지 다 지킨 사람 있으면 나와봐!"라고 쓰신 것 아닐까요?

나이가 많은 이로부터 시작하여 하나하나 떠나가고, 마침내 예수만 남습니다. 예수께서는 다시 몸을 일으켜 말씀하십니다. "여자여, 그 사람들 다 어디 갔습니까? 당신을 정죄한 사람이 한 사람도 없습니까?"(10절), 정죄한 사람이 하나도 없다는 그 여자의 대답에 예수께서는 말씀하십니다. "나도 당신을 정죄하지 않습니다. 가서 이제부터 다시는 죄를 짓지 마십시오"(11절).

본문은 예수께서 몸을 굽히고(6절), 몸을 일으키고(7절), 다시 몸을 굽히고(8절), 다시 몸을 일으키고(10절) 이렇게 서술합니다. 그런데 그 과정에서 몸을 굽혀서 땅에 무엇인가를 쓰시며 예수께서 지적하신 것이 그 바리새인들의 아니, 바로 우리의 이중잣대 아니었습니까?

## 마무리

그리스도인들에게 가장 어려운 일 한 가지가 바로 '용서'입니다. 주기도문에 "우리가 우리에게 잘못한 사람을 용서하여 준 것같이, 우리 죄를 용서하여 주시고…." 이 대목에서 늘 마음에 찔림이 있지 않습니까?

오늘 말씀에서 우리는 하나님의 한결같은 사랑, 용서, 인애, 바로 헤세드를 찾았습니다. 남들을 정죄하고 손가락질할 때, 그 손가락 세 개는 바로 우리 자신을 향하고 있음을 깨달아야 합니다. 우리 스스로 쳐 놓은 이중잣대의 그물을 이제는 걷어내야 합니다.

죄됨, 부족함, 이런 과오와 결점투성이인 우리를 끝까지 한결같이 받아주시는 하나님을 바라봅시다. "가서 이제부터 다시는 죄를 짓지 말아라"는 예수님 말씀처럼 우리도 이제부터 과오와 결점을 극복해 나가기로 다짐합니다. 그리고 성품이 너그러운 사람, 마음이 넉넉한 사람, 온유한 사람이 되어 하나님의 한결같은 사랑, 크신 헤세드를 우리도 닮아가야 하겠습니다.

# 기적, 지혜, 십자가

(호 2:14-23; 고전 1:18-25; 눅 14:15-24)

❦

십자가의 말씀이 멸망하는 자들에게는 어리석은 것이지만, 구원을 받는 사람인 우리에게는 하나님의 능력입니다. 성경에 기록하기를 "내가 지혜로운 자들의 지혜를 멸하고, 총명한 자들의 총명을 폐할 것이다" 하였습니다. (중략) 그래서 하나님께서는 우리의 어리석은 선포로 믿는 사람들을 구원하시기를 기뻐하셨습니다. 유대 사람은 표적을 구하고, 그리스 사람은 지혜를 찾으나, 우리는 그리스도를 전하되, 십자가에 달리신 분으로 전합니다. 이것은 유대 사람에게는 거리낌이고, 이방 사람에게는 어리석음이지만, 부르심을 받은 사람에게는, 유대 사람에게나 그리스 사람에게나, 그리스도는 하나님의 능력이요, 하나님의 지혜입니다. 하나님의 어리석음이 사람의 지혜보다 더 지혜롭고, 하나님의 약함이 사람의 강함보다 더 강하기 때문입니다(고전 1:18-25).

오늘은 성령강림 후 셋째 주일, 우리 교단에서는 총회선교주일로 지키는 날입니다. 20세기로 들어와서 교회의 과제와 관련하여 엄청난 생각의 변화가 일어났습니다. 그 가운데 하나가 '전도'로부터 '선교'에로의 개념 변화입니다. 총회선교주일을 맞이하여 오늘은 먼저 전도와 선교라는 개념에 대해 알아볼까 합니다.

## 전도(evangelism)*

'전도'란 단어는 영어로 'evangelism'인데, 이는 코이네 그릭 koine Greek이라고 하는 고전 희랍어와 구별되는 일반 그리스어로는 '유앙겔리온εὐαγγέλιον'입니다. 이 유앙겔리온은 원래 기쁜 소식을 전한 메신저에게 주는 상이었다고 합니다. '유'는 좋은, '앙겔리온'은 내가 메시지를 가져왔다는 뜻입니다. 천사, 'angel'이라는 단어도 '앙겔로스'라고 같은 어근에서 나왔습니다.

구약성서의 마지막 책이 말라기이죠. 창세기, 출애굽기, 레위기, 민수기, 신명기… 말라기도 그런 기록이란 의미로 생각하기 쉽지만, 실은 '메신저'라는 뜻의 '말락'에 '나의'라는 뜻의 '이'가 뒤에 붙어 '말라기', 즉 '나의 메신저', '나의 특사'라는 뜻입니다. 말락을 희랍어 70인역(LXX)으로 천사로 번역해서 결국 메신저, 천사, 그 소식 자체 등이 하나로 묶어지게 됩니다.

우리가 지금 '복음서'라고 부르는 책들도 원래 제목은 '유앙겔리온'이라고 하는데, 제목은 '마태에 따른', '마가에 따른' 등으로 되어

---

* https://en.wikipedia.org/wiki/Evangelism 참고.

있습니다.

'좋은 소식을 전하는 일', 또는 '그 메신저'라는 의미가 바로 전도의 어원적 의미입니다. 그런 의미에서 전도는 우리 그리스도인들의 마땅한 과제요 또 의무라 하겠습니다. 사도행전 1장 8절을 보면 "성령이 너희에게 내리시면, 너희는 권능을 받고, 예루살렘과 온 유대와 사마리아에서 그리고 마침내 땅끝에까지 나의 증인이 될 것이다"라는 말씀이 있습니다. 이런 관점이 초대교회로부터 기독교의 바탕이 되었고, 사도 바울은 그런 의미에서 위대한 전도자들 가운데 한 명이었다고 할 수 있습니다.

이런 흐름은 313년 기독교의 공인 이후에도 계속되었고, 유럽 전역이 기독교화되는 결과로 이어졌습니다.

이 전도의 내용은 무엇이었나요? 주로 교인의 확장과 동일시되고 있었습니다. 예수를 믿는 사람들의 숫자를 확대하는 것, 예수를 믿지 않거나 예수를 모르는 사람들에게 전도하여 예수를 믿게 하는 것이 마땅히 교회의 제1차적인 과제라는 데 별 이의가 없었던 것입니다. 그리고 여기에서의 구원은 개인 구원에 강조점이 놓여 있었습니다.

### 교회의 흑역사

하지만 세계사에서 보면 산업화 시대를 지나고 서구 열강의 식민제국주의 시대를 맞게 되면서 이런 전도 개념에 큰 변화가 오게 됩니다.

안데르센의 동화 〈성냥팔이 소녀〉에는 성냥공장에서 일하던 어린 소녀들이 턱이 괴사하는 병에 걸리면 급여가 아닌 성냥을 주고 내쫓는 시대가 그려져 있습니다. 빅토르 위고의 『레 미제라블』은 빵 한 덩이를 훔쳤다는 이유로 19년간 감옥살이를 하는 주인공 장발장을 통해 그 시대의 가난과 학대, 인권 유린을 고발하고 있지 않습니까?

이른바 산업화, 근대화 시기 서구 열강은 앞다투어 세계 곳곳으로 나가 자신들의 식민지를 넓혀 나갔습니다. 한편으로는 그곳 원주민들을 대량 살상하고 점령하여 복속시키며, 다른 한편으로 이른바 '미전도 종족'들에게 기독교를 전파하여 '복음화'시키기도 했습니다.

1986년 개봉되어 우리나라에서도 상영된 바 있는 〈미션The Mission〉*이란 영화가 있습니다. 그 음악 중 〈가브리엘의 오보에〉,** 요즘에는 〈넬라 판타지아〉로 유명하지요? 그 영화에 보면 당시 교회와 노예 상인들의 끈끈한 네트워크가 배경에 깔려 있습니다. 물론 이런 착취 구조에 저항하는 소수 진실한 신부들도 없지 않았습니다. 그 영화에 주인공으로 등장하는 가브리엘 신부 등이 과라니 족을 대변하다가 끝내 죽임당하지요.

과연 이런 형편에서 전도·복음화가 어떤 의미가 있는지 되묻지 않을 수 없었을 것입니다. 그래서 처음에 선교사들이 오고, 다음에는 군대가 그리고 상인들이 온다는 말이 생기기도 했습니다. 물론

---

* https://en.wikipedia.org/wiki/The_Mission_(1986_film); https://blog.naver.com/meimei7/222367885435 .

** https://youtu.be/pTsitO4TXF8.

순서는 중요하지 않지만, 그 당시 서구 기독교의 흑역사를 나타내는 표현이라고 하겠습니다.

## 사회복음, 국내 선교, 인보관

이런 과정에서 19세기 중반에는 그러한 '세계선교' 형태에 대한 반성과 함께 이에 대한 대응적 개념으로 독일에서는 비헤른Johann Hinrich Wichern* 등을 중심으로 '국내 선교'(Innere Mission)** 란 개념이 등장하였습니다. 그는 요즘 교회에서 사용하는 대림절기 화환을 창안한 것으로 알려져 있습니다. 그런데 그는 어떻게 교회가 사람들을 교회 내에 들어오게 해서 구원받은 공동체의 일원이 되게 만드는 일을 한다면서, 동시에 그들 가운데 가난으로 굶주리고 배우지 못하고 병들고 여러 가지 모양으로 소외된 삶을 살고 있는데에는 무관심하고 또 방치할 수 있는가 하는 물음을 스스로 물었던 것입니다. 그래서 기독교가 빈곤층과 범죄자들, 장애인 등을 위해 형제애와 자선, 사회봉사 그리고 기독교 교육 등의 과제를 수행해야 한다는 것을 강조하고 또 실천하기도 했습니다.

이런 흐름은 19세기 말 미국이나 영국에서 이른바 '인보관鄰保館 운동'(settlement house movement)*** 으로 연결되어 오늘날 사회

---

* https://en.wikipedia.org/wiki/Johann_Hinrich_Wichern.

** https://en.wikipedia.org/wiki/Inner_mission#:~:text=The%20Inner%20Mission%20(German%3A%20Innere,from%20Germany%20to%20other%20countries.

*** https://ko.wikipedia.org/wiki/%EC%9D%B8%EB%B3%B4%EA%B4%80%EC%9A%B4%EB%8F%99.

복지의 원류를 이루게 됩니다.

또 미주 쪽에서는 경제 불평등이나 빈곤, 알코올 중독, 범죄, 인종 갈등, 빈민가, 불결한 환경, 아동노동, 노동조합의 미약, 전쟁 위험 등 사회문제에 대해 기독교 윤리를 적용하여야 함을 강조하는 월터 라우쉔부쉬Walter Rauschenbusch 등의 '사회복음'(social gospel)* 운동도 일어납니다. 주기도문의 "아버지의 나라가 오게 하시며, 아버지의 뜻이 하늘에서와 같이 땅에서도 이루어지게 하소서"라고 기도할 뿐만 아니라 실천하고자 했던 것입니다.

## 하나님의 선교(Missio Dei)

더욱이 20세기 초·중반 일어난 양차 세계대전이라고 하는 문제 상황에서 단순히 교인 숫자만을 확대하는 것이 얼마나 큰 의미가 있는 것인지 자문하지 않을 수 없게 되었습니다. '사회정의의 실현', 저는 그것이 바로 '전도'로부터 '선교'로 개념이 변화하게 된 가장 중요한 바탕이라고 생각합니다.

선교의 주인은 교회가 아니라 하나님이라는 사실을 재발견하게 됩니다. 그래서 '교회의 선교'(missio ecclesiae)와 구별되는 의미에서 '하나님의 선교'(missio Dei)라는 개념을 사용하기 시작합니다.

이제 과거의 단순히 신자의 확장이라는 '전도' 패러다임에서는 드러나지 않았던 사회의 정의로운 방향으로의 변화, 이것이 '선교'

---

* https://en.wikipedia.org/wiki/Social_Gospel.

패러다임을 통해 강조되기 시작한 것입니다. 그래서 우리 교회는, 또 우리 교단은 전도 대신 선교라는 개념을 선호합니다.

## 호세아, 정의와 공평

그렇지만 전도 대신 선교라는 개념을 이해한다고 해서, 또는 그런 용어를 쓰는 것만으로 우리가 의로워진다고 할 수는 없습니다. 중요한 것은 하나님의 선교에의 참여요, 그 실천입니다.

호세아 2장 18-19절에는 하나님과의 관계가 회복된 상태를 이렇게 표현하고 있습니다.

그날에는 내가 이스라엘 백성을 생각하고, 들짐승과 공중의 새와 땅의 벌레와 언약을 맺고, 활과 칼을 꺾어버리며 땅에서 전쟁을 없애어, 이스라엘 백성이 마음 놓고 살 수 있게 하겠다. 그때에 내가 너를 영원히 아내로 맞아들이고, 너에게 정의와 공평으로 대하고, 너에게 변함없는 사랑과 긍휼을 보여 주고, 너를 아내로 삼겠다.

이것이 하나님의 헤세드, 하나님의 한결같은 사랑의 구현입니다.

## 고린도전서: 십자가, 기적과 지혜가 아니고

오늘 사도 서간문 본문 고린도전서 1장에서 사도 바울은 기록합니다.

유대 사람은 기적을 요구하고, 그리스 사람은 지혜를 찾으나, 우리는 십자가에 달리신 그리스도를 전합니다.

하나님이 기적으로 개입하여 무엇인가 해 주기를 기대하고 그저 기다리는 자세, 아니면 고상한 세상의 지혜를 터득하기 위해 수련하는 것, 이런 것들이 아닙니다. 그리스도인은 십자가에 달리신 그리스도를 전하는 것입니다. 십자가에 달리신 그리스도는 명사형이 아니라 동사형입니다. 즉, 자기 욕심을 위해서 무엇인가 행하는 것이 아니고, 이것이 비록 다른 사람들에게는 걸림돌이 되고 또 어리석은 일로 받아들여질 수 있을 것입니다.

하지만 우리는 십자가의 길을 전하는 것입니다. 십자가의 희생을 실천하는 것입니다. 오늘날 민주시민교육도 이와 상통하는 것이라 하겠습니다. 이것이 우리가 배우고 실천해야 하는 가르침입니다. 이것이 진정한 기적, 능력이요 또 지혜입니다.

## 누가복음서: 사회복음서

오늘 읽은 누가복음서 14장 본문에는 큰 잔치가 열립니다. 이 잔치에 초대받은 사람들은 다 핑계를 대고 빠집니다. 그런 상황을 보고받은 주인은 이렇게 말합니다.

어서 시내의 거리와 골목으로 나가서 가난한 사람들과 지체에 장애가 있는 사람들과 눈먼 사람들과 다리 저는 사람들을 이리로 데려오너라.

이 본문 바로 앞 13절에는 이미 예수님의 다음과 같은 말씀이 있습니다.

> 잔치를 베풀 때에는, 가난한 사람들과 지체 장애자들과 다리 저는 사람들과 눈먼 사람들을 불러라.

이어지는 누가복음서 15장에 잃어버린 것들의 비유가 나오지 않습니까? 잃었던 양, 잃었던 동전, 잃었던 아들….

누가복음서 1장 51-55절에 나오는 마리아의 찬가에는 "(그는) 제왕들을 왕좌에서 끌어 내리시고 비천한 사람들을 높이셨습니다. 주린 사람들을 좋은 것으로 배부르게 하시고, 부한 사람들을 빈손으로 떠나보내셨습니다"라는 말씀이 있습니다.

마태복음서 5-7장의 산상 설교 아시지요? 첫 구절이 이렇게 시작됩니다.

> 마음이 가난한 사람은 복이 있다. 하늘 나라가 그들의 것이다.

이와 대비되는 누가복음서 6장의 평지 설교가 있습니다.

> 예수께서 눈을 들어서, 제자들을 보면서 말씀하셨다. "너희 가난한 사람은 복이 있다. 하나님의 나라가 너희의 것이다. 너희 지금 굶주리는 사람은 복이 있다. 너희가 배부르게 될 것이다. 너희 지금 슬피 우는 사람은 복이 있다. 너희가 웃게 될 것이다. 사람들이 너희를 미워하고, 인자 때문에 너희를 배

척하고, 욕하고, 누명을 씌울 때에 너희는 복이 있다. (중략) 그러나 너희 부요한 사람은 화가 있다. 너희가 너희의 위안을 이미 받았기 때문이다. 너희 지금 배부른 사람은 화가 있다. 너희가 굶주릴 것이기 때문이다. 너희 지금 웃는 사람은 화가 있다. 너희가 슬퍼하며 울 것이기 때문이다. (중략) 너희의 아버지께서 자비하신 것과 같이, 너희도 자비로운 사람이 되어라."

누가복음서를 '사회복음서'라고 부르는 것이 바로 이런 까닭입니다.[*]

## 마무리

더 이상 교회에의 울타리로 사람들을 끌어오는 일 한 가지만으로 우리의 과제로 삼아서는 안 됩니다. 총회선교주일을 맞이하여 이제 진정 이 땅에 하나님의 뜻이 지배하도록, 그의 정의가 차고 넘치도록 어깨를 걸고 함께 십자가의 길을 행진해 나갈 것을 다짐합시다. 그것이 진정한 선교의 의미요 우리의 실천과제가 되어야 합니다.

---

[*] https://angelolopez.wordpress.com/2015/01/06/the-gospel-of-luke-and-social-justice/.

# 새로운 겨레

(룻 1:8-18; 갈 3:23-29; 요 4:7-26)

✦

믿음이 오기 전에는, 우리가 율법의 감시를 받으면서, 장차 올 믿음이
나타날 때까지 갇혀 있었습니다. 그래서 율법은, 그리스도께서 오실
때까지, 우리에게 개인 교사 역할을 하였습니다. 그것은, 우리로 하여
금 믿음으로 의롭게 하여 주심을 받게 하시려고 한 것입니다. 그런데
믿음이 이미 왔으므로, 우리는 이제 개인 교사 밑에 있지 않습니다.
여러분은 모두 그리스도 예수 안에서, 믿음으로 하나님의 자녀가 되
었습니다. 누구든지 그리스도와 연합하여 세례를 받은 사람은, 그리
스도로 옷을 입은 사람입니다. 유대 사람이나 그리스 사람이나, 종이
나 자유인이나, 남자나 여자나 차별이 없습니다. 그것은 여러분이 그
리스도 예수 안에서 다 하나이기 때문입니다. 여러분이 그리스도에게
속하여 있으면, 여러분은 아브라함의 자손이요, 약속을 따라 유업을
이을 사람들입니다(갈 3:23-29).

이제 한국전쟁이 발발한 지 71년이 됩니다. 하지만 아직은 휴전 상태를 벗어나지 못하고 남과 북이 서로를 향해 총부리를 겨누고 있는 현실에서 6.25 민족화해주일로 지키는 오늘, 성서 본문들을 통해 민족과 겨레에 대한 생각을 함께 나누어 보는 시간이 되기를 바랍니다.

## 룻과 나오미

오늘 구약성서 본문은 룻기, 주전 6~4세기의 기록으로 성문서(Kethuvim)의 일부이며, 역사서로 분류되기도 합니다.

마태복음서에 나오는 예수의 족보상에 기록된 여성들은 단 다섯 명에 지나지 않는데, 룻Ruth은 그중 한 사람입니다.* 창세기에 등장하는 비슷한 이름의 아브라함의 조카인 롯Lot이 있습니다. 창세기 19장을 보면 롯의 두 딸이 아버지와의 사이에서 얻은 아들들이 모압('아버지의 소생'이란 뜻)과 벤암미였고, 각각 모압 족속과 암몬 족속의 조상이 되었다고 합니다. 그 롯은 영어로 Lot이고, 오늘 구약 본문에 나오는 이름은 Ruth입니다. 룻은 바로 모압족 여성이었습니다.

오늘 구약성서 본문을 잘 이해하려면 먼저 나오미라는 인물에 대해 알아야 합니다. 룻의 시어머니가 바로 나오미인데, 그 이름은 '나의 귀요미'라는 뜻입니다. 나오미에게는 엘리멜렉이란 남편이 있었습니다. 엘리멜렉, '내 하나님이 왕이시다'라는 뜻입니다. 그

---

* https://en.wikipedia.org/wiki/Ruth_(biblical_figure).

런 위엄 있는 이름의 남자가 나오미, 즉 나의 귀요미를 만나 두 아들을 얻었습니다.

그런데 흉년이 들어 이 가정은 유다 고향을 떠나 이방 땅, 모압에서 지내다가 거기서 남편 엘리멜렉이 먼저 죽었습니다. 남은 두 아들은 모압 여자를 아내로 얻었지만, 후손도 없이 그들도 이어 죽고 맙니다. 나오미 입장에서는 남편을 잃고 곧 뒤이어 모압 여인과 결혼한 두 아들마저 잃게 된 것입니다.

그는 자신을 더 이상 '나의 귀요미'라는 뜻의 나오미라고 부르지 말고 '마라'라 불러 달라고 말합니다. 아마도 나오미라는 이름을 들을 때에는 비참하게 살아온 자신의 인생, 지금의 처절한 형편이 더욱 아프게 느껴졌기 때문 아니었을까요?

마라라는 이름은 이미 출애굽기 15장 22절 이하에 등장합니다. 모세가 써서 먹지 못하는 물을 단물로 바꾸는 이야기가 나오는데, 그 지역 이름이 마라였습니다. 마라탕, 마라샹궈라는 음식은 매운 맛으로 유명하지만, 히브리어로 '마라'는 '쓰다'는 뜻입니다. 나오미 스스로 자신의 삶이 얼마나 비참한 것으로 생각했는지, 자신의 이름을 더 이상 나오미라 부르지 말고 마라라고 불러 달라는 간청에서 미루어 짐작해 볼 수 있습니다.

흉년이 끝났다는 소식에 이제 남편에 이어 두 아들마저 잃은 나오미는 유다로 돌아오기로 결심합니다. 나오미는 두 며느리를 불러 이제 원 동족, 모압 족속에게로 돌아가 거기서 재혼하여 잘 살 것을 당부합니다.

## 극한의 친절

그러나 두 며느리 중 룻은 시어머니와 끝까지 함께 하겠다고 하며, 이렇게 말합니다.

나더러, 어머님 곁을 떠나라거나, 어머님을 뒤따르지 말고 돌아가라고는 강요하지 마십시오. 어머님이 가시는 곳에 나도 가고, 어머님이 머무르시는 곳에 나도 머무르겠습니다. 어머님의 겨레가 내 겨레이고, 어머님의 하나님이 내 하나님입니다. 어머님이 숨을 거두시는 곳에서 나도 죽고, 그 곳에 나도 묻히겠습니다. 죽음이 어머님과 나를 떼어놓기 전에 내가 어머님을 떠난다면, 주께서 나에게 벌을 내리시고 또 더 내리신다 하여도 달게 받겠습니다(룻 1:16-17).

자기 배우자의 부모에게 이처럼 극진하게 대하는 사람은 오늘날에도 별로 찾아보기 힘듭니다. 마치 혼인 서약을 하는 것처럼 이렇게 철저한 진정성으로 시어머니와 함께할 것을 선언하며 그를 따라나서는 모습은 깊은 감동으로 우리에게 다가옵니다.

이런 바탕에서, 앞서 언급한 바와 같이 마태복음서 1장의 족보에는 "보아스는 룻에게서 오벳을 낳고, 오벳은 이새를 낳고, 이새는 다윗 왕을 낳았다"라고 기록된 것입니다.

이중적 소수자

하물며 룻 자신이 겪었을 어려움과 아픔을 생각해보면 이런 진정성은 사실 더욱 빛을 발하는 것이라 하지 않을 수 없습니다.

오늘날 사회의 정조 관념에서 본다면 룻기 이야기를 비롯하여 구약성서의 많은 부분을 선뜻 이해하기 어려운 것도 사실입니다. 하지만 오늘날, 이 본문에서 우리가 관심을 가져야 할 부분은 성도덕이나 정조 관념 이러한 영역이 아니고 오히려 아픔, 나눔, 보살핌 이런 것입니다.

외부의 관심과 지원이 없이는 생존 자체가 어려웠을 집단으로 구약성서에서 보살핌의 대상으로 늘 언급되었던 세 가지 카테고리가 무엇이었습니까? 바로 고아와 과부, 나그네 아닙니까?

그런데 오늘 본문의 룻은 여성이요, 나아가 과부입니다. 구약성서 당시 유대 사회나 그 주변에서는 여성들을 남성들과 동등한 인격체로 받아들이지 않았습니다. 철저하게 남성 중심으로 사회가 돌아갔던 것입니다. 여기서 여성들은 남편이나 자녀 등 주변의 보호 없이는 소외되고 또 착취당하기 쉬운 존재들이었습니다. 구체적으로 보면 상속받을 권리가 남편이 먼저 세상을 떠난 과부들에게는 부여되지 않았습니다. 따라서 과부인 룻이 나오미를 보살핀다고 했을 때, 사실 우리는 나오미 또한 상속권이 없는 존재라는 점을 신경 써서 읽어야 하는 것입니다. 그래서 나오미는 남편 몫의 땅을 누구에겐가 팔아넘겨야 했던 것입니다.

룻기 4장 1절을 보면 이런 구절이 나옵니다.

보아스가 성문 위 회관으로 올라가서 앉아 있는데, 그가 말하던, 집안간으로서의 책임을 져야 할 바로 그 사람이 마침 지나가고 있었다.

표준새번역에서 '집안간으로서의 책임을 져야 할 사람'으로 번역한 이 단어는 히브리어로는 '하-고엘אֵלֹגַּה'입니다. 여기서 '하'(또는 헤)는 정관사입니다. 하아레츠*라는 이스라엘 신문사가 있는데, 'the Land', 그 땅이란 뜻입니다. 하에레츠**라는 강동구의 빵집 이름도 같은 단어입니다. 영어 성경 번역을 보면 'redeemer'(구원자), 'near kinsman'(가까운 친척), 'guardian'(보호자), 'guardian-redeemer', 'kinsman-redeemer', 또는 'family redeemer' 등으로 번역하고 있습니다. 개역개정판에서는 '기업 무를 자', 공동번역개정판에서는 '친척', 가톨릭성경에서는 '구원자'로 번역했습니다. 제게 번역하라고 한다면 '챙겨줄 친척'이라고 하는 것이 어떨까 생각합니다. 그 챙겨줄 친척이 권리와 의무를 포기하면 그 과부는 어떻게 될까요? 누구에게서도 보호받지 못하는 한낱 그냥 물건이나 짐승처럼 취급당할 수밖에 없는 처지가 되어버리고 마는 것입니다.

이에 더하여 룻은 유다 족속도 아닌 이방인, 모압 출신 다문화 며느리 아닙니까? 그래서 그냥 과부가 아니라 나그네인 과부, 즉 '이중적 소수자'라 할 수 있겠습니다. 앞서 언급했던 아브라함의 조카 롯과 관련하여 소돔 성에서 일어난 이야기가 창세기 19장에

---

* https://www.haaretz.com/.
** http://naver.me/IFw0iBec.

기록되어 있는데, 거기 보면 나그네, 이방인 떠돌이들이 당할 수밖에 없었던 당시 사회상을 알게 됩니다. 모압 출신 다문화 며느리 룻이 처한 상황 또한 여기서 미루어 짐작해 볼 수 있습니다.

## 아픔이 길이 되려면(김승섭)

제가 평소 존경하는 5급 공무원 한 사람이 지난 주간 카톡 메시지로 다음과 같은 글귀에 표시해 놓은 사진을 보내왔습니다.

상처를 준 사람은 자신이 한 행동에 대해서 성찰하지 않아요. 하지만 상처를 받은 사람은 자신의 경험을 자꾸 되새김질하고 자신이 왜 상처 받았는지, 그 이유는 무엇인지에 대해 질문해야 하잖아요. 아프니까, 그래서 희망은 항상 상처를 받은 사람들에게 있어요. 진짜예요.

고려대 보건과학대학 소속의 사회역학 전공 김승섭* 교수의 『아픔이 길이 되려면』이라는 책의 일부분입니다.

이처럼 오늘 구약 본문을 보면 과부인 시어머니 나오미가 처한 딱한, 아니 처절한 심정을 과부인 룻이 알아주고 있습니다. 동병상련同病相憐이라 할까요? 알아준다는 것은 그냥 이해하는 것을 넘어 그 아픔을 함께 나누고 또 함께 겪는 것입니다. 김승섭 교수가 용산 참사, 쌍용차 해고노동자, 세월호 참사, 김용균 등등의 아픔에

---

* https://ko.wikipedia.org/wiki/%EA%B9%80%EC%8A%B9%EC%84%AD_(%EA%B5%90
%EC%88%98).

함께해오는 활동을 오늘 우리는 구약성서에서 룻을 통해 발견하는 것입니다.

## 유대 선민사상의 폐기

갈라디아서는 유대교의 일파로 예수를 따르는 집단이 아닌 독립된 종교로서의 기독교의 형성에 매우 중요한 바울의 서신입니다. 바울은 그런 의미에서 기독교의 창시자라 불러도 될 것입니다. 물론 창시자가 '자신을 섬겨라' 주장한 것은 결코 아니고, 바로 예수 그리스도를 따르도록 요구했다는 점에서 일반적인 창시자와는 의미가 전혀 다르겠습니다.

구약성서의 바탕에 깔려 있는 유대 선민사상에도 불구하고 이 룻기는 구약 정경 39권 가운데 하나로 굳건히 자리를 지켜왔습니다. 룻기 정신을 이어받아 이제 우리는 갈라디아서를 통해 바울이 가르쳐 주는 새로운 공동체를 읽어내야 합니다.

> 여러분은 모두 그리스도 예수 안에서, 믿음으로 하나님의 자녀가 되었습니다. 누구든지 그리스도와 연합하여 세례를 받은 사람은, 그리스도로 옷을 입은 사람입니다. 유대 사람이나 그리스 사람이나, 종이나 자유인이나, 남자나 여자나 차별이 없습니다. 그것은 여러분이 그리스도 예수 안에서 다 하나이기 때문입니다. 여러분이 그리스도에게 속하여 있으면, 여러분은 아브라함의 자손이요, 약속을 따라 유업을 이을 사람들입니다(갈 3:26-29).

"너는 헬라 출신이냐, 나는 유대인 순전한 선민이다." 이런 식의 과거의 혈통적 또는 종족적 개념에서의 유대 선민사상은 이제 완전히 폐기됩니다. 그리고 바울은 선포합니다. 우리 모두는 "누구든지 그리스도 안에서 새로운 피조물"(고후 5:17)이라는 것입니다.

## 새로운 겨레

그 연원이 바로 예수 그리스도입니다. 오늘 요한복음서 본문에서 예수님은 사마리아 수가 여인과의 대화를 통해 이른바 '혈통적 장벽'을 깨부수고 있습니다. 유대 사람이 아닌 사마리아 사람인 그 여성이 예수께 묻습니다.

> 선생님은 유대 사람인데, 어떻게 사마리아 여자인 나에게 물을 달라고 하십니까?(요 4:9)

'성적 장벽'도 깨어집니다. 그 사람은 여성 아닙니까? 더욱이 남편이 다섯이나 있었고, 지금 같이 살고 있는 남자도 남편이 아닙니다. 따라서 유대 사람에게는 불가촉천민처럼 취급당했을 존재입니다. 그러나 예수께서는 그러한 '도덕적 장벽'도 무너뜨리셨습니다.

예수 그리스도께서는 그를 사마리아 출신으로, 여인으로, 또는 남편이 다섯이나 있었고 지금도 남편 아닌 남자와 같이 살고 있다는 그런 편견으로 대하지 않았습니다. 그를 전혀 새로운 피조물,

즉 온전한 인격체인 '사람'으로 받아들이셨고, 그와 더불어 생명의 물, 생명의 양식을 말씀하고 계십니다.

유대인이나 그리스인이나 종이나 자유인이나 남자나 여자나 이제 더 이상 아무런 차별이 없습니다. 그리스도 안에서 새로운 피조물이라는 바울의 표현은 바로 이러한 바탕에서 나온 것입니다.

## 마무리

혈통적 차별, 신분적 차별, 성적 차별, 도덕적 차별 이런 것들이 전혀 없는 '새로운 겨레'가 탄생하고 있습니다. 설교 후 함께 부를 찬송가 제목처럼 〈인류는 하나되게 지음받은 한 가족〉(새찬송가 475장), 즉 한겨레라는 말씀입니다. 남과 북이 한 겨레라는 것을 넘어서 어떤 종족이든, 어떤 피부색이든, 연령이나 성별, 출신 지역 이런 모든 장벽이 이제 철폐됩니다. 예수 그리스도 안에서 새로운 피조물이기 때문입니다.

그런 의미에서 종족주의, 좁은 의미의 민족주의 또한 우리가 극복하지 않으면 안 될, 넘어서야만 하는 장벽이라 하겠습니다. 다만, 이는 강대국들의 식민주의나 패권주의를 용인한다거나 이에 맞서는 저항적 민족주의를 부정한다는 의미는 아닙니다. 내 식구만 감싸고 내 동족만 챙기고 남혐이나 여혐, 외국인 혐오… 피부색 차별 등 온갖 형태의 차별과 혐오를 우리 사회에서 벗겨내야 하는 것입니다.

사상이나 신념의 자유 또한 그러한 바탕에서 받아들여야 합니다. 특정 체제가 바로 유토피아인 것은 아닙니다. 동시에 어떤 특정한 신념도 완벽한 것이 아님을 알아야 합니다. 신념이나 사상들은 계속 변화될 것입니다. 하지만 서로 생각이 다르더라도 상대방을 진정한 인격체, 사람으로 받아들이는 이 그 신념이나 사상의 바탕에 있어야 합니다. 그 바탕에서 새로운 겨레, 새로운 피조물로 다시 만나는 일이 우리에게 절실합니다.

한국전쟁의 휴전 상태도 이제 끝내고 평화 체제로 변화시켜 내야 합니다. 그리고 한겨레가 되어야 합니다. 그렇지만 좁은 의미의 자기 종족만을 챙기는 그런 겨레가 아니라, 이제 종족이란 장벽을 넘어서 그리스도 안에서 모든 인간을 서로 사람으로, 또 한 가족으로 받아들여야 합니다. 그러한 세상을 만들기 위해 힘을 다하는 우리 모두가 되어야 하겠습니다.

# 깨어 있어라

(사 64:1-9; 엡 1:3-14; 막 13:28-37)

"무화과나무에서 비유를 배워라. 그 가지가 연해지고 잎이 돋으면, 너희는 여름이 가까이 온 줄을 안다. 이와 같이, 너희도 이런 일들이 일어나는 것을 보거든, 인자가 문 앞에 가까이 온 줄을 알아라. 내가 진정으로 너희에게 말한다. 이 세대가 끝나기 전에, 이 모든 일이 다 일어날 것이다. 하늘과 땅은 없어질지라도, 나의 말은 절대로 없어지지 않을 것이다." "그러나 그 날과 그 때는 아무도 모른다. 하늘의 천사들도 모르고, 아들도 모르고, 오직 아버지만 아신다. 조심하고, 깨어 있어라. 그 때가 언제인지를 너희가 모르기 때문이다. 그것은 마치 여행하는 사람의 경우와 같은데, 그가 집을 떠날 때에, 자기 종들에게 권한을 주어서, 각 사람에게 할 일을 맡기고, 문지기에게는 깨어 있으라고 명령한다. 그러므로 깨어 있어라. 집주인이 언제 올는지, 저녁녘일지, 한밤중일지, 닭이 울 무렵일지, 이른 아침녘일지, 너희가 알지 못하기 때문이다. 주인이 갑자기 오더라도, 너희가 잠자고 있는 것을 보게 되는 일이 없도록 하여라. 내가 너희에게 하는 말은 모든 사람에게 하는 말이다. 깨어 있어라"(막 13:28-37).

오늘 이 자리에 함께 모여 예배드리는 모든 교우에게, 또한 방역수칙을 비롯한 피치 못할 사정으로 이 시간 가정 등에서 기도드리는 모든 분에게, 하나님의 사랑과 보살핌이 늘 함께 하시길 빕니다.

## 잠

〈사철가〉*라는 단가, 들어보셨지요? 그 가운데 이런 가사가 있습니다. "어화 세상 벗님네들, 이 내 한 말 들어보소. 인생이 모두가 백 년을 산다고 해도 병든 날과 잠든 날, 근심 걱정 다 제하면 단 사십도 못 살 인생, 아차 한 번 죽어지면 북망산천의 흙이로구나." 인생무상, 즉 세월이 덧없이 흘러가 늙은이가 됨을 한탄하며, 그래도 삶을 즐기라는 내용이라 하겠습니다.

여기에 '잠든 날'이란 표현이 나오지요? 정확하게 잠들어 있는 시간을 측정할 수는 없겠지만, 병들고 잠자는 시간 등을 빼면 인생 살이는 단 사십 년도 못 된다는 말입니다.

잠을 자는 동안 사람의 몸, 특히 두뇌는 충전하고 회복하는 기회를 가집니다. 일반 성인이 7-9시간 수면이 적당한 데 비해, 3개월까지의 신생아는 14-17시간이 필요하다고 합니다.** 특히 신생아 시기에는 제대로 잠을 자는 것이 뇌의 발달, 특히 언어 능력 발

---

* https://terms.naver.com/entry.naver?docId=5698275.
** https://en.wikipedia.org/wiki/Sleep.

달에 크게 영향을 미친다는 연구 결과들이 있습니다. 이처럼 잠은 사람의 몸에 필수적인 중요한 휴식이요 재충전의 기제라 하겠습니다.

## 깨어 있으라

마가복음서 13장은 '소묵시록'이라는 별명이 붙어 있습니다. 마치 계시록처럼 종말에 대해서 드러내는 내용이기 때문입니다. 우리에게 그날과 그때는 아무도 모르기 때문에 우리가 조심하고 깨어 있어야 한다(막 13:32-33)는 말씀을 전해주고 있습니다.

예수께서는 어떤 주인이 여행을 떠나면서 종들에게 권한을 주어서 할 일을 맡기는 상황을 통해 우리가 어떤 자세로, 또 어떤 준비를 하고 있어야 하는지를 알려주신 것입니다. 여러 종이 있습니다. 내부에서 식사를 준비한다거나 회계 업무를 담당하거나 청소를 맡거나… 이 종들은 늘 바쁘게 자기 일을 해야 하는 사람들입니다. 이들 눈에 문지기란 일을 맡은 종은 늘 놀고먹는 것처럼 보입니다. 한편 부럽기도 하고, 다른 한편 한심하게 여겨졌을 것 같습니다. 그렇지만 그들이 모르는 그 종만의 애환이 있습니다. 그것은 늘 깨어 있어야 한다는 것입니다.

'깨어 있어라'는 말은 그리스어로 '그레고레이테'(γρηγορεῖτε), 원형은 '그레고레오'(γρηγορεύω)입니다. 이 단어의 원형은 깨우다, 일으키다, 부활하다는 뜻의 '에게이로'(ἐγείρω)입니다. 그레고리 교황, 그레고리 성가 등에서 이 단어를 볼 수 있습니다.

앞서 말씀드린 것처럼 사람에게 필수적인 잠이라는 휴식과 재충전이 그에게는 쉽지 않습니다. 다른 종들은 낮에만 일하면 되고 밤에는 잠자리에 들어가 쉴 수 있지만, 이 종은 그럴 수가 없습니다. 외부의 침입이 있을 때 문지기는 이를 막아내어야 하고, 주인의 귀환이 언제인지는 모르지만, 그가 도착하는 즉시 문을 열고 맞이할 수 있도록 늘 준비되어 있어야 하는 직책이기 때문에, 놀고먹는 꿀 보직이 아닌, 실은 늘 깨어 있어야 하는 피곤한 직무였던 것입니다.

## 비상계획

본문에 나오는 문지기 종뿐만 아니라 실은 우리 모두가 언제 어떤 일이 일어날지 모르고 살고 있습니다. 그래서 만일의 사태에 대비하여 어떤 위급 상황에도 대처할 수 있도록 미리 '비상계획'(contingency plan)을 수립하고 훈련합니다. 정부가 을지훈련이라는 프로그램을 진행했던 것도 그런 취지였을 것입니다. 국가에서 지정한 기업과 기관에서 국가의 비상사태를 대비하여 동원지침에 따라 계획을 수립하고 조정 및 실시하는 비상계획관이라는 직무도 있습니다.*

비행기를 타면 이륙 전에 여러 가지 비상 상황에 대비하여 탈출할 수 있도록 승객들에게 안내를 해 줍니다. 그뿐만 아니라 차량에 탑승하면 안전벨트를 매도록 합니다. 언제 어떤 일이 일어날지 모

---

* https://terms.naver.com/entry.naver?docId=1024620.

르기 때문 아닙니까? 가능성이 낮을 경우에도 그런 상황을 상정하여 미리 준비하는 것입니다.

본문은 우리에게 언제인지도 모르는 그날과 그때를 준비하라고 요구합니다. 우리가 그날, 하나님 앞에 섰을 때, 과연 우리는 어떻게 우리가 책임을 제대로 수행했는지 설명해야 할 것입니다.

## 그리스도인의 자유

구약 본문인 이사야 64장은 주님께서 오시는 날을 묘사하고 있습니다. 그때, "산들이 주님 앞에서 떨고, 마치 불이 섶을 사르듯 불이 물을 끓이듯 할 것"(1-2절)이라는 말씀입니다. 여기서 제3이사야는 "주님께서는 정의를 기쁨으로 실천하는 사람과 주님의 길을 따르는 사람과 주님을 기억하는 사람을 만나 주십니다"(5절)라고 전합니다. 그런데 우리는 모두 부정한 자와 같고 우리의 모든 의는 더러운 옷과 같다(6절)는 점이 문제입니다. 하나님 앞에 섰을 때 우리의 공로나 우리의 의로움이 내세울 것이 없다는 말씀입니다.

그러나 에베소서 본문에서 바울 사도는 말합니다. 우리 자신의 의로는 불가능하지만, 하나님이 하나님의 사랑하시는 아들 안에서 우리에게 거저 주신 하나님의 풍성한 은혜를 따라 죄 용서를 받게 되었으며, 우리를 하나님의 자녀로 삼기로 예정하셨다는 것입니다. 여기에 구원 희망의 근거가 있다는 것입니다. 우리가 의롭고 공적이 충분하기 때문이 아니라 의인義認, 즉 의롭다고 인정받기 때문에 이것이 가능하다는 것입니다.

바울은 제3이사야가 말한 바와 같이 우리 자신의 의는 더러운 옷과 같을지라도 예수 그리스도를 통해 우리는 하나님의 자녀로 하나님의 영광스러운 은혜를 찬미하게 되었다는 것입니다. 마틴 루터 또한 의인론을 그리스도인의 자유의 근거로 삼았습니다.

### 그리스도인의 책임

나아가 바울은 "하나님의 계획은 때가 차면 하늘과 땅에 있는 모든 것을 그리스도 안에서 그분을 머리로 하여 통일시키는 것"(엡 1:10)이라고 선포합니다. 하나님의 계획이란 하늘과 땅에 있는 모든 것의 주권이 하나님께 있는, 하나님의 나라라고 표현해도 좋을, 그런 통일이라는 것입니다.

오늘 마가복음서의 문지기가 주인에게 그 직무를 위해 부름 받은 것처럼 의롭다고 인정받은 우리들이 이 하나님의 나라의 통일을 위해 부름 받았다는 것이 사도 바울의 강조점입니다. 깨어 있으라는 예수님의 말씀에서 그리스도인의 책임은 시작됩니다. 루터나 칼빈이 말하는 만인사제론萬人司祭論, 즉 평신도냐 사제냐 상관없이 모든 그리스도인은 하나님의 부르심을 받아 거룩한 직무를 수행한다는 것입니다.

그런 의미에서 자유와 책임이 짝을 이루듯, 의인론과 만인사제론은 짝이 되어야 합니다. 만인사제론 빠진 의인론은 책임을 망각하게 하고, 의인론 빠진 만인사제론은 그 실천을 공적으로 착각하게 만들기 때문입니다.

"깨어 있어라"는 예수님의 말씀은 이처럼 그리스도인의 책임을
강조하고 있습니다. 아기세례를 포함하여 "세례는 예수 그리스도
를 통한 새 생명의 표징"이며, "세례를 받은 사람은 그 세례로써
그리스도와 그리고 그의 백성과 하나가" 되는 것입니다.* 따라서
세례를 받음으로 우리는 하나님의 백성의 일원이 되는 것입니다.
세례를 받고 다시 잠으로 빠져들어서는 안 됩니다. 이제 깨어 있어
야 하는 책임이 부과되는 것입니다. 아울러 그리스도인의 책임은
오늘 아기세례를 받는 아기, 그 부모나 가족뿐만 아니라 모든 교우
가 함께 감당해 나가야 할 책임이기도 합니다.

---

* 세계교회협의회(편)/박근원(역), 『세례 · 성만찬 · 교역』 (한국기독교교회협의회, 1993), 20.

# 하나님의 것

## (신 8:1-20; 롬 13:1-7; 마 22:15-22)

❦

그 때에 바리새파 사람들이 나가서, 어떻게 하면 말을 트집 잡아서 예수를 올무에 걸리게 할까 의논하였다. 그런 다음에, 자기네 제자들을 헤롯당원들과 함께 예수께 보내어, 이렇게 말하게 하였다. "선생님, 우리는 선생님이 진실한 분이시고, 하나님의 길을 참되게 가르치시며, 아무에게도 매이지 않으시는 줄 압니다. 선생님은 사람의 겉모습을 따지지 않으십니다. 그러니 선생님의 생각은 어떤지 말씀해 주십시오. 황제에게 세금을 바치는 것이 옳습니까, 옳지 않습니까?" 예수께서 그들의 간악한 생각을 아시고 "위선자들아, 어찌하여 나를 시험하느냐? 세금으로 내는 돈을 나에게 보여 달라" 하고 말씀하시니, 그들은 데나리온 한 닢을 가져다 드렸다. 예수께서 물으셨다. "이 초상은 누구의 것이며, 적힌 글자는 누구를 가리키느냐?" 그들은 "황제의 것입니다" 하고 대답하였다. 그 때에 예수께서 그들에게 말씀하셨다. "그러면 황제의 것은 황제에게 돌려주고, 하나님의 것은 하나님께 돌려드려라." 그들은 이 말씀을 듣고 탄복하면서 예수를 떠나갔다(마 22:15-22).

교우 여러분, 안녕하십니까? 코로나19 확산으로 말미암아 오늘부터 주일예배를 다시 온라인으로 드리게 되었습니다.

이번에 코로나19 환자가 1천 명대로 급증하면서 당국은 수도권에서 사회적 거리두기 4단계 조치를 시행하였습니다. 이에 한국기독교장로회 총회는 '총회장 서신'*과 지침**을 통해 수도권 지역은 모든 예배를 비대면으로 전환하고 정부의 방역지침을 따르도록 안내하였습니다. 우리 교회는 지난 주일 아기세례가 예정되어 있어서 부득이 대면예배로 드렸지만, 이미 많은 교회가 지난 주일부터 자발적으로 또 선제적으로 비대면예배로 전환하기도 하였습니다.

하지만 이와는 상반되게 서울과 경기 지역의 일부 교회들은 지자체장을 상대로 '비대면 종교활동' 집행정지 가처분신청을 냈습니다. 이들 주장의 요지는 정부의 방역대책이 "개인의 기본권인 예배의 자유조차 박탈하려고 하고 있다"며 "교회는 비대면으로 예배를 드리기보다는 대면으로 드리는 교회 예배의 전통을 존중해야 한다"는 것이었습니다.*** 국가가 교회 등 종교활동을 대면으로 하지 못하도록 통제하는 것이 잘못되었다는 주장입니다.

---

* http://www.prok.org/gnu/data/file/bbs_notice1/1794508184_EVwfOxQo_ECB49DED9A8CEC9EA5_EC849CEC8BA0_2.jpg.

** http://prok.org/gnu/data/geditor/2107/576990292_08455999_5BED81ACEAB8B0EBB380ED99985DEB8C80EC9D91ECA780ECB9A82-1.jpg.

*** https://m.blog.naver.com/dreamteller/222184192264.

7월 16일, 17일 연이어 재판부들이 이를 조건부 인용하여 "종교시설 방역수칙 중 '비대면 예배-미사-법회만 인정' 부분을 별지 허용범위에 기재된 범위 내에서 그 효력을 정지한다"고 판결했습니다. 재판부는 "종교시설 내 종교행사를 전면적으로 제한하는 조치는 평등원칙 위반 우려 내지 기본권의 본질적 부분 침해의 우려가 있으므로, 이러한 우려를 최소화하면서도 피신청인의 이 사건 조치로 지켜질 공익을 조화롭게 양립시킬 필요가 있다"며, "그러므로 관련되는 방역 관련 조건을 보다 엄격하게 강화하되 일부나마 종교시설 내 종교행사를 허용하는 방법으로도 피신청인이 이 사건 공고로 얻고자 하는 공익과 신청인들의 종교의 자유를 적절하게 조화시킬 수 있다고 보인다"고 한 것입니다.*

이러한 논란은 작게 보면 방역수칙의 문제이지만 더 크게 보면 이는 '교회와 국가' 문제이기도 합니다. 마태복음서 22장 본문을 보면 예수님께 황제에게 바치는 세금을 바치는 것이 옳은가 아닌가를 묻는 바리새파 사람들의 질문이 나옵니다. 오늘은 이 주제, 즉 '교회와 사회', '교회와 국가', 나아가 '교회와 세계'의 관계를 생각해 보는 시간을 갖고자 합니다.

## 그리스도와 문화

교회와 세계의 관계는 어떤 관계일까요? 신학자이고 정치사상

---

* https://veritas.kr/articles/35541/20210716/비대면-종교활동-집행정지-가처분-조건부-인용.htm; https://www.christiandaily.co.kr/news/105734.

가로 유명한 라인홀드 니버Reinhold Niebuhr의 동생인 리처드 니버 Helmut Richard Niebuhr(1894-1962)*라는 기독교윤리학자가 있습니다. 리처드 니버는 그의 책, 『그리스도와 문화』**에서 다섯 가지 유형으로 그리스도와 문화의 관계를 정리했습니다.

첫째 유형은 그리스도와 문화가 대립 관계에 있는 유형입니다. 이를 니버는 'Christ Against Culture'라고 표현했습니다. 문화로 표현되는 현실 세계는 부패해 있기 때문에 배격해야 할 대상이라는 것입니다. 그는 톨스토이에게서 이런 극단적인 생각을 찾아냈습니다. 권력욕과 폭력 행사의 근거 위에 있는 국가는 사랑과 겸손, 용서, 무저항 등의 기독교인의 생활과 병존할 수 없다고 보았다는 것입니다.

둘째 유형은 그리스도와 문화의 일치 유형이라 할 수 있습니다. 그는 'The Christ of Culture'라고 제목을 붙였는데, 여기서 그리스도는 교사요 계몽가처럼 문화와 적응하고 조화를 이루어갑니다. "그리스도는 문화의 그리스도이며 인간들의 최대 임무는 그의 최선의 문화를 유지하는 것"***이라고 봅니다.

셋째 유형은 그리스도와 문화의 종합 유형이라 하겠습니다. 그는 이를 'Christ above Culture'라고 표현했습니다. 이런 유형은 중세 유럽에서, 특히 토마스 아퀴나스를 통해 복음과 결합된 문화를 추구한 데서 찾을 수 있다고 본 것입니다.

---

* https://en.wikipedia.org/wiki/H._Richard_Niebuhr.
** H. Richard Niebuhr, *Christ and Culture* (New York: Harper and Row, 1951); 김재준(역), 그리스도와 文化 (서울: 대한기독교서회, 1958).
*** *Christ and Culture*, 102; 김재준(역), 108.

넷째 유형은 그리스도와 문화가 역설 관계에 있는 유형입니다. 그는 'Christ and Culture in Paradox'라고 제목을 달았습니다. 이 경우에는 그리스도와 문화 양자가 이원론적으로 긴장과 충돌의 관계에 있다는 것입니다. 그는 하나님 편에 서서 세상과 대결하고 있는 '역설'의 상황을 바울이나 루터에게서 찾았습니다.

마지막으로 그는 그리스도가 문화의 변혁자로 역할을 하는 형태를 다섯째 유형으로 언급했습니다. 'Christ The Transformer of Culture'라는 것입니다. 이 경우에는 그리스도와 결합한 문화를 추구하는 것은 아니지만, 그렇다고 문명과 극단적으로 대립하지도 않습니다. 그는 요한복음서나 어거스틴이 문화의 변혁자인 그리스도를 추구한 바에서 이런 유형을 찾을 수 있다고 보았습니다.

리처드 니버가 그의 책 『그리스도와 문화』에서 설명한 다섯 가지 유형론을 교회와 국가의 관계를 설명하는 데에도 적용시켜 볼 수 있을 것입니다. 실제로 그런 작업을 하신 교수님도 있습니다.*

---

* 이양호, "교회와 국가의 관계 유형: 어거스틴을 중심으로" 신학과 교회 제2호(2014 겨울), 251-283. http://scholar.dkyobobook.co.kr/searchDetail.laf?barcode=4010025775144# 이 논문을 통해 그는 다음과 같은 다섯 가지로 분류하고 설명했다: 첫째로 교회 공동체는 세상 공동체와 다르므로 교회는 세상과 완전히 결별해야 한다는 입장이 있었다. 초대교회의 저명한 신학자인 테르툴리아누스는 이런 입장을 대변한다. 종교개혁기에 재세례파도 이런 입장을 가지고 있었다. 그들은 세상이 악하다고 보았기 때문에 관리가 되거나 군인으로 봉사하는 것을 금하였다. 둘째로 국가가 교회를 통솔해야 한다는 입장이 있었다. 동방 교회는 이 입장을 가지고 있었고 실제로 황제가 교회 문제에 개입하였다. 종교개혁기에 영국 교회도 수장령 하에 국가가 교회를 통솔하는 형태를 취하였다. 셋째로 교회가 국가를 통솔해야 한다는 신정 정치의 입장이 있었다. 중세의 많은 교황과 사상가들이 이런 입장을 취하였다. 그들은 그리스도의 대리자인 교황이 세상에 대한 전권을 가지고 있으며, 성직자들을 통해서는 영적인 문제를 다루고 세속 통치자들을 통해서는 세상적인 문제를 다룬다고 보았다. 넷째로 루터

신명기 | 8:1-20

처음 출애굽 공동체는 따로 정치적인 국가가 아니라 신앙공동체였습니다. 그 신앙의 바탕이 토라, 즉 오경을 관통하고 있습니다.

신명기를 필두로 이른바 전기 예언서, 즉 여호수아, 사사기, 사무엘상하, 열왕기상하를 '신명기역사서'라고 부릅니다. 크게 보면 신명기역사서는 이 명령을 준수했을 때 이스라엘이 받은 축복과 이를 무시했을 때 오는 멸망을 핵심으로 삼고 역사를 '기술'했다고, 아니 '해석'했다고 볼 수 있을 것입니다.

우리는 신명기 8장 본문을 통해 모세를 통해 전달하신 하나님의 명령들을 왜 출애굽 공동체가 준수해야 하는지 알게 됩니다. 출애굽 공동체의 바탕은 바로 이 계약이라 할 수 있습니다. 이 주님의 명령과 법도와 규례(11절)를 어기지 않고, 야훼 하나님을 잊지 않아야 한다는 것입니다. 그렇지 않으면 반드시 멸망할 것이라고 경고합니다. 나아가 실제로 이스라엘과 유다는 멸망의 길을 걸어갔음을 역사를 통해 확인할 수 있습니다.

---

는 교회와 국가는 상호 보완 관계에 있다고 보았다. 교회는 복음과 사랑으로 사람을 변화시키고 국가는 법과 칼로 악을 제어해야 한다. 루터는 이 두 사역을 하나님의 오른손과 왼손의 관계로 보았다. 다섯째로 아우구스티누스와 칼빈은 국가에 대한 교회의 정신적 영향력을 강조하였다. 그들은 성직자가 세속 문제까지 다스리는 신정 정치를 받아들이지 않았지만, 교회는 정신적으로 국가에 영향을 미쳐야 한다고 생각하였다(국문초록 중에서 발췌).

로마서 13장에서 사도 바울은 매우 강한 어조로 말합니다. "사람은 누구나 위에 있는 권세에 복종해야 합니다. 모든 권세는 하나님께로부터 온 것이며, 이미 있는 권세들도 하나님께서 세워주신 것입니다"(1절). 나아가 그는 "권세를 거역하는 사람은 하나님의 명을 거역하는 것이요, 거역하는 사람은 심판을 받게 될 것"(2절)이라고 강조합니다. 또 "조세를 바쳐야 할 이에게는 조세를 바치고, 관세를 바쳐야 할 이에게는 관세를 바치고, 두려워해야 할 이는 두려워하고, 존경해야 할 이는 존경하라"(7절)는 것입니다.

## 로마서와 바울, 로마교회의 상황

로마서는 신약성서의 서신서 중에서 가장 앞에 나오지만 실은 바울의 마지막 편지입니다. 그래서 로마서는 "바울 자신이 가장 깊이 확신하는 바를 요약해 놓은 것" 또는 '선언서'(manifesto)라고 보거나, '바울의 유언장'(Paul's last will and testament)이라고 결론지은 학자들도 있었습니다.* 문제는 '로마서가 바울의 다른 서신들처럼 당시 교회나 바울 자신의 상황을 전제로 하고 그 교인들을 향해 쓴 편지인가, 그렇지 않은 것인가' 하는 점입니다.

만약 구체적 상황과 무관한 보편적 원칙이라면 이 로마서, 특히

---

* 김거성, "로마서에 나타난 강한 자와 약한 자의 갈등에 관한 연구"(연세대학교대학원 석사학위논문, 1985), 7f.

13장은 성서 전체는 물론 바울 서신 내에서도 일관성의 뿌리를 뒤흔드는 것이라 하겠습니다. 그래서 많은 사람이 이 부분을 자의적으로 가감하거나, 또는 취사 선택하여 받아들이거나 하는 문제에 봉착하게 되는 것입니다.

그렇지만 저는 제 석사학위 논문에서 이 로마서 또한 구체적인 상황, 사회 · 정치적 상황과 신학적 상황 등이 포함되고 통일되는 '목회 · 선교적 상황'을 배경으로 기록되었다고 보았습니다.*

우리가 로마서를 읽을 때는 이처럼 로마교회의 상황, 바울이 처한 상황, 즉 '삶의 자리'(Sitz-im-Leben)를 염두에 두고 해석해야 합니다. 로마교회는 처음에 유대인 중 그리스도를 따르는 사람들을 중심으로 시작되었고, 이방인 중 유대교로 개종한 자들, 이른바 '경건한 자들', 또는 '하나님을 경외하는 사람들'이 여기에 합류하게 되었을 것입니다.

그런데 사도행전 18장 1-2절을 보면 이런 기록이 있습니다.

> 그 뒤에 바울은 아테네를 떠나서 고린도로 갔다. 거기에서 그는 본도 태생인 아굴라라는 유대 사람을 만났다. 아굴라는 글라우디오 황제가 모든 유대 사람에게 로마를 떠나라는 칙령을 내렸기 때문에 얼마 전에 그의 아내 브리스길라와 함께 이탈리아에서 온 사람이다.

"모든 유대 사람에게 로마를 떠나라"는 칙령을 내린 까닭에 대해서 『글라우디오의 생애』(Vita Claudii)를 집필한 수에토니우스

---

* 김거성, *ibid.*, 19ff.

Suetonius는 이렇게 기록했습니다. "(글라우디오)는 유대인들을 로마로부터 추방했는데, 이는 그레스도Chrestus에 의해서 사주받은 그들이 끊임없이 소요를 일으켰기 때문이다."*

로마 공화정 말기에 로마 시내의 집중된 무산대중과 외인 집단에 식량 공급이나 주택 사정 등이 원활하지 못했고, 도시 분위기의 교란 등으로 심각한 위기 상황이 발생했다는 기록이 있습니다. 특히 유대인들을 중심으로 로마 제국에 대항하는 소요로 말미암아 글라우디오는 주후 41년 집회금지령을 내렸고 49년에는 유대인 추방령을 내렸던 것입니다. 여기 언급된 '그레스도'는 그리스도를 말하며 그가 소요사태의 주동자인 것으로 오해한 것으로 보입니다.**

주후 54년 글라우디오 황제가 죽고 네로 황제가 집권하면서 이 칙령을 해제하여 유대인들의 귀환이 허락됩니다. 그들이 귀환한 다음 로마교회에는 유대교 율법 준수가 필수적인가 하는 문제로 말미암아 이방인 그리스도인들과 유대인 그리스도인들, 정확하게는 '믿음이 강한 자들'과 '약한 자들'의 갈등이 발생했을 것입니다.

로마서 14-15장에 나오는 강한 자들과 약한 자들의 갈등은 이러한 배경에서 해석할 수 있다는 것이 제 논문의 요지였으며, 또한 13장도 마찬가지로 이러한 구체적인 상황 속에서 이해해야 할 것입니다.

사도 바울은 로마교회를 방문하여 거기서 그의 선교사역을 지

---

* 김거성, *ibid.*, 31ff.
** 김거성, *ibid.*, 37.

원받고 스페인으로 향할 계획이었던 것으로 보입니다. 게다가 그는 그리스도의 재림이 임박한 상황에서 다시 반로마 소요 등으로 또 한 차례 추방령이 나오거나 해서 로마교회가 깨어지는 최악의 상황을 초래하는 일은 막아야 한다는 고민을 담아 이 로마서를 썼을 것으로 해석할 수 있습니다.

이 로마서의 권세에 대한 복종 언급은 이런 배경에서 해석해야 할 것입니다. 따라서 이는 상황과 무관한 '원칙'이 아니라 앞서 설명한 로마교회의 구체적인 상황을 향한 권고였을 것입니다.

## 마태복음서 22:15-22

로마서 13장을 오해한 사람들은 오늘 복음서 본문까지도 그 바탕에서 해석하려고 시도합니다. 로마서에서 바울이 모든 권세에 복종하라고 했으며 예수께서도 가이사, 즉 "황제의 것은 황제에게 돌려주고, 하나님의 것은 하나님에게 돌려드려라"고 하셨으니 신약성서는 일이관지—以貫之하게 권세에 복종하라고 하신 것이라고 말입니다.

그렇지만 본문 15절을 보면 바리새파 사람들과 헤롯당원들은 "어떻게 하면 말로 트집을 잡아서 예수를 올무에 걸리게 할까 의논하였다"고 기록되어 있습니다.

'하나님의 것' 아닌 '가이사의 것'이 어디 따로 있겠습니까? 적어도 우리가 만물의 창조주요 역사의 주관자이신 구속주를 믿는다면 말입니다. 모든 것이 하나님의 것 아닙니까? 예수께서는 "위선

자들아, 어찌하여 나를 시험하느냐?"(18절)라고 꾸짖으셨습니다.

그리고 예수께서 앞서 언급한 본문과 같이 답변하실 때, 당시의 지배집단이던 바리새파와 헤롯당원들은 이 말씀이 무슨 의미인지 금방 이해했을 것입니다. "가이사의 것은 가이사에게, 그러나(!) 하나님의 것은 하나님에게"라고 하신 것으로 말입니다. 다만 그들의 올무에 걸리지 않도록 지혜롭게 빠져나가는 대답을 주신 것일 뿐입니다. 그래서 그들조차 '탄복하며'(ἐθαύμασαν)(22절) 놀라고 감탄하며 경악하여 "그래, 우리가 졌다!"라고 인정하며 예수를 남겨두고 떠나간 것 아니겠습니까?

이런 기본적인 관점조차도 파악하지 못하고 '권세에 복종하라'는 구절을 문자적으로 '원칙'처럼 받아들이는 것도 문제지만, 독재에 빌붙어 기생하면서 이 구절을 '악용'하는 것이야말로 더 큰 죄악이라 하지 않을 수 없습니다.

### 마무리

신앙인은 하나님의 명령을 어기지 않고, 야훼 하나님을 잊지 않아야 합니다. 우리는 모든 피조물과 역사의 모든 순간이 '하나님의 것'임을 고백하는 사람입니다. '모든' 피조물, 모든 순간에 그 어떤 예외도 있을 수 없습니다.

"나는 일요일에만 그리스도인이 되고자 한다?", 가능한 일일까요? 불가능합니다. "나는 교회당 공간 안에서만 그리스도인으로 살겠다?", 가당한 말일까요? 역시 가당치 않은 말 아닙니까?

모든 것이 '하나님의 것'이라는 믿음의 바탕 위에 순간마다 '하나님의 뜻'이 관철되도록, 또 충만하도록 리처드 니버의 표현을 빌리면 '문화의 변혁자'로서 노력하는 것이 신자의 마땅한 의무요 과제입니다.

# 전태일의 풀빵

(왕상 17:8-16; 행 6:1-7; 막 6:30-44)

*❧*

사도들이 예수께로 모여와서, 자기들이 한 일과 가르친 일을 다 보고 하였다. 그 때에 예수께서 그들에게 "너희는 따로 외딴 곳으로 가서, 좀 쉬어라" 하고 말씀하셨다. 거기에는 오고가는 사람이 하도 많아서 음식을 먹을 겨를조차 없었기 때문이다. (중략) 예수께서는 그들에게 "너희에게 빵이 얼마나 있느냐? 가서, 알아보아라" 하고 말씀하셨다. 그들이 알아보고 "빵 다섯 개와 물고기 두 마리가 있습니다" 하고 말하였다. 예수께서는 제자들에게 명하여, 모두들 떼를 지어 푸른 풀밭에 앉게 하셨다. 그들은 백 명씩 또는 쉰 명씩 떼를 지어 앉았다. 예수께서 빵 다섯 개와 물고기 두 마리를 손에 드시고, 하늘을 우러러 감사 기도를 드리신 뒤에, 빵을 떼어서 제자들에게 주시면서, 사람들에게 나누어 주게 하셨다. 그리고 그 물고기 두 마리도 모든 사람에게 나누어 주셨다. 그들은 모두 배불리 먹었다. 빵 부스러기와 물고기 남은 것을 주워 모으니, 열두 광주리에 가득 찼다. 빵을 먹은 사람은 남자 어른만도 오천 명이었다(막 6:30-44).

## 살림살이

외국어에서 우리말로 번역하기 쉽지 않은 단어들도 많지만, 우리말은 그 뜻이나 어감을 외국어로 표현하기 어려운 말로 손꼽힐 것 같습니다. 누르스름하다와 노리끼리하다, 불그죽죽하다와 불그스레하다 등 꾸밈말도 그렇거니와, "식사들 하고 와"라고 할 때 왜 '식사'란 낱말에 복수형 '들'을 붙이는지 이해하기도 쉽지 않을 것 같습니다.*

더욱이 그 뜻이 여러 가지라서 외국 사람들에게는 이해가 쉽지 않은 낱말들도 많습니다. 그 가운데 '살림살이'란 낱말도 있습니다. 생활, 생계, 경제, 일자, 가산, 세간, 영어로는 housekeeping, a household, household goods 등의 복합적인 의미를 지닌 낱말입니다. 그런데 이 살림살이란 먼저 '살림', 곧 다른 사람을 살리는 일이고, 그다음에야 '살이', 곧 자신이 사는 것이라고 풀이하기도 합니다. 저는 오늘 성서 본문들이 바로 '살림-살이'의 이치를 밝히고 있다고 생각합니다.

## 엘리야와 사렙다 과부

얼마 전에 열왕기하 4장의 엘리사와 과부의 기름 이야기를 생각해 보았는데, 오늘은 열왕기상 17장에 나오는 엘리야와 사렙다 과부 이야기를 함께 읽었습니다. 이들 두 예언자는 북왕국 이스라

---

* https://youtu.be/4jvDUysPIXE 참고.

엘 아합 왕과 아하시야 왕 시기에 활동한 예언자들인데, 엘리야는 엘리사의 스승입니다(왕상 19:19-21). 엘리야란 이름은 히브리어로 엘리야후אֵלִיָּהוּ, 즉 '나의 하나님은 야훼'라는 뜻입니다.

열왕기에 따르면 아합왕은 "그 이전에 있던 왕들보다 더 심하게 주님께서 보시기에 악한 일을 하였다"(왕상 16:30)고 합니다. 엘리야는 이로 말미암아 비는커녕 이슬 한 방울도 내리지 않는 심각한 가뭄이 올 것이라는 하나님의 말씀을 대언했습니다. 그 자신은 까마귀들이 아침저녁으로 날라다 주는 빵과 고기로 연명하였고, 요단강 옆에 있는 그릿 시냇가의 물을 마셨다고 합니다. 하지만 얼마 지나지 않아 시냇물도 말라 버리게 되었고 엘리야는 하나님의 말씀을 따라 시돈에 있는 '사렙다'로 가게 됩니다. '사렙다'(눅 4:26)는 '사르밧Tsarephath'이라고 하며, 수라펜드Surafend 지금은 츠리핀Tzrifin이라고 하는 예루살렘 동쪽 지역으로 보입니다.

엘리야가 그곳에서 만난 과부에게 마실 물과 먹을 것을 가져다 달라고 부탁합니다. 사렙다 과부는 이렇게 대답합니다. "어른께서 섬기시는 주 하나님께서 살아 계심을 두고 맹세합니다. 저에게는 빵 한 조각도 없습니다. 다만 뒤주에 밀가루가 한 줌 정도 그리고 병에 기름이 몇 방울 남아 있을 뿐입니다. 보시다시피 저는 지금 땔감을 줍고 있습니다. 이것을 가지고 가서 저와 제 아들이 죽기 전에 마지막으로 남아 있는 것을 모두 먹으려고 합니다"(왕상 17:12).

그렇지만 예언자는 이렇게 말합니다. "음식을 만들어서 우선 나에게 먼저 가지고 오십시오. 그 뒤에 그대와 아들이 먹을 음식을 만들도록 하십시오"(왕상 17:13). 엘리야 자신이 얼마나 굶주렸는지는 모르겠지만, 이런 부탁은 있을 수 없는 매우 무리한, 아니 비인간적인 요구라 생각됩니다. 그럼에도 불구하고 이 과부는 가서 엘리야의 말대로 합니다. 엘리야를 먼저 살리고 다음으로 자신과 식구가 산다는 '살림-살이'를 실천했다고 하겠습니다.

그리고 잘 아시는 바와 같이 그 여인 집에서 뒤주의 밀가루가 떨어지지 않았고 병의 기름도 마르지 않았던 것입니다.

## 오병이어, 내어놓음과 나눔의 기적

오늘 복음서 본문은 유명한 '오병이어의 기적'을 기록하고 있습니다. 여기에서 먼저 우리가 주목해 보아야 할 부분은 예수의 말씀을 듣기 위해 모인 사람들의 규모입니다. 마가복음서 6장 44절에 따르면 남자 어른만도 오천 명이었다고 합니다. 여성들과 아이들을 포함하면 그 숫자는 훨씬 늘어났을 것입니다.

제자들은 매우 합리적이고 이성적으로 판단합니다. "여기는 빈들이고 날도 이미 저물었습니다. 이 사람들을 흩어서 제각기 먹을 것을 사 먹게 근방에 있는 농가나 마을로 보내시는 것이 좋겠습니다"(막 6:35-36).

그러나 예수는 "너희가 그들에게 먹을 것을 주어라"고 요구합니다. 31절을 보면 오가는 사람들이 하도 많아서 제자들이 음식을 먹을 겨를조차 없었다고 되어 있습니다. 이처럼 쫄쫄 굶은 제자들을 향해 예수의 요구는 무리가 아닐 수 없습니다. 그래서 제자들은

되묻습니다. "그러면 우리가 가서 빵 이백 데나리온 어치를 사다가 그들에게 먹이라는 말씀입니까?"(37절)

"너희에게 빵이 얼마나 있느냐? 가서 알아보아라"는 예수의 명을 따라 제자들이 알아본 결과는 잘 아시는 바와 같이 빵 다섯 개와 물고기 두 마리였습니다(38절). 이른바 오병이어五餅二魚입니다.

예수께서는 사람들을 떼를 지어 백 명씩 또는 쉰 명씩 푸른 풀밭에 떼를 지어 앉게 하시고, 빵 다섯 개와 물고기 두 마리를 들어서 축복하신 다음, 제자들에게 나누어 주도록 하셨습니다(41절). 그러자 그들이 모두 배불리 먹었고 빵 부스러기와 물고기 남은 것이 열두 광주리에 가득 찼다는 것입니다.

이 본문은 흔히 '오병이어의 기적'이라고 불립니다. 하지만 사실 기적은 처음 빵과 물고기를 내어놓는 데에서 시작된 것 아닙니까? 겨우 자신의 배를 채울 수 있는 양에 불과했을 것인데, 이를 내놓은 것 자체도 기적이 아닐 수 없습니다. 그래서 오병이어의 기적은 이웃을 위해 '내어놓는 기적'이요, 또 떼어 나누는 '나눔의 기적'입니다.

## 전태일의 풀빵

한신대학교에서 2016년 봄학기를 종강하면서 제가 학생들에게 학기 중 공부한 내용 중 가장 크게 기억에 남는 개념이나 이름을 세 개씩 적어내라고 했습니다. 그런데 가장 많이 나온 이름이 바로 전태일이었습니다.*

전태일 열사가 생전에 사용했던 주소에는 '창현교회'(현 '갈릴리교회')라는 이름이 등장합니다. 전에 제가 봉사하던 사회복지법인 송죽원의 설립자가 돌아가신 박현숙 장로라는 독립운동가이셨습니다. 그분이 이 창현교회도 세웠습니다.* 이소선 어머니와 전태일 열사가 이 교회에서 신앙생활을 했고, 전태일 열사 장례예배도 이 교회에서 열렸습니다.**

지난해는 전태일 열사 50주기가 되는 해였습니다. 정부가 노동 분야 최초로 1등급 국민훈장인 무궁화장을 추서하는 일도 있었습니다.*** CBS에서 제작한 〈기독청년 전태일〉****이라는 프로그램이 지난 5월 제54회 휴스턴 국제영화제에서 다큐멘터리 부문 금상을 수상했다고도 합니다.

최근 '주당 120시간 노동' 발언이 입에 오르내리고 있습니다. 그런데 1970년 당시 하루 15-16시간 노동이었습니다. 다음은 전태일 열사가 일기에 적은 내용입니다.

정말 하루하루가 못 견디게 괴로움의 연속이다. 아침 8시부터 저녁 11시까지 하루 15시간을 칼질과 아이롱질을 하며 지내야 하는 괴로움.

---

* https://www.facebook.com/peacebbs/posts/10207480063854326.
* https://blog.daum.net/hyosunla/6000473.
** https://grandalife.tistory.com/6263.
*** 문 대통령 "지금 전태일 열사는 '아직 멀었다' 하시겠죠" (민중의 소리, 2020. 11. 12.) https://www.vop.co.kr/A00001525459.html; 문 대통령, 전태일 열사에 '국민훈장 무궁화장' 추서…노동계 최초 (민중의 소리, 2020. 11. 12.) https://www.vop.co.kr/A00001525361.html.
**** 〈기독청년 전태일 | 전태일 50주기 특집 다큐멘터리 FULL〉 https://youtu.be/c5KzNHbgD1s.

허리가 결리고 손바닥이 부르터 피가 나고 손목과 다리가 조금도 쉬지 않고 아프니 정말 죽고 싶다. 우리는 재봉틀이 아니다. 우리는 기계가 아니다.*

10대 소녀들, 일본어식 속어로 '시다'라고 불리던 견습공들이 각혈을 해가면서 노동할 수밖에 없던 현실에 대해 전태일 열사는 이렇게 적었습니다.

나이 어린 자녀들은 하루에 16시간의 정신, 육체노동을 감당하지 못합니다. 나이가 어리고 배운 것은 없지마는 그도 사람, 즉 인간입니다. 태어날 때부터 생각할 줄 알고 좋은 것을 보면 좋아할 줄 알고 즐거운 것을 보면 웃을 줄 아는 하나님이 만드신 만물의 영장, 즉 인간입니다. 다 같은 인간인데 어찌하여 빈한 자는 부한 자의 노예가 되어야 합니까 왜? 빈한 자는 하나님께서 택하신 안식일을 지킬 권리가 없습니까?"

그리고 그 시다들이 배를 곯는 안타까운 모습을 보고 그는 자신의 차비를 털어 그들에게 풀빵을 사 주었습니다. 대신 자신은 청계천 평화시장에서부터 쌍문동, 지금의 창동까지 그 먼 길을 걸어서 가야 했습니다.

전태일의 풀빵의 원조가 바로 오늘 복음서에 나온 떡 다섯 덩이 아니겠습니까? 자신에 앞서 이웃을 먼저 생각하고 그의 배고픔을 먼저 해결하려 한 것입니다.

---

* https://news.kjmbc.co.kr/node/53089.

## 전태일의 양말

또 당시에 전태일 열사와 교회 생활을 함께했던 분의 증언에 따르면 그는 교회에서도 온갖 봉사에 앞장섰고, 주일학교 선생을 하면서 어린아이들이 추운 겨울에 맨발로 온 것을 보고는 자기 양말을 벗어서 그 아이들에게 신겨 주었다고 합니다.* 이런 그의 실천은 하나님을 향한 깊은 믿음으로부터 솟아났던 것입니다.

그러한 모습은 세상이 볼 때 어리석기 그지없는 일이었습니다. 사람들은 그에게 "바보 같은 짓거리하지 말라"고 했습니다. 그렇지만 그는 '그래, 우리는 바보다.' 그래서 그가 친구들과 모임을 만들고 이름을 '바보회'라고 붙였던 것입니다.** 나중에 '삼동친목회'로 확대되었던 시작입니다.

그에게 노동자들을 이처럼 부려먹는 구조를 어떻게 깨뜨려야 할지 그 고민이 그의 분신항거로 이어졌습니다. 그가 자신의 안위보다 먼저 이웃들이 겪는 비인간적인 고통, 배고픔을 생각했었던 까닭입니다.

## 이소선 어머니의 선풍기

1988년, 제가 '민주·통일민중운동연합'(약칭 민통련) 사회국장

---

\* 〈기독청년 전태일 | 전태일 50주기 특집 다큐멘터리 FULL〉 11:07 이하, 장순심 권사의 증언.
\** 이정범, 〈역사공화국 한국사법정. 58: 왜 전태일은 바보회를 만들었을까〉 (자음과모음, 2012) http://www.kyobobook.co.kr/product/detailViewKor.laf?ejkGb=KOR&mallGb =KOR&barcode=9788954423588.

으로 활동하고 있을 때 망우리에 있던 한 택시회사에서 노동자가 구사대 역할을 하는 사람에게 맞아 사망했다는 소식을 듣고 현장에 달려갔습니다. 지금 다선 중진으로 활동하고 있는 대학 친구인 우원식 의원이 함께 있었습니다. 둘이 서로 직을 걸고 이 사안을 끝까지 함께 하겠다고 다짐했었는데, 그 후 한 달 이상을 망우리, 당시 제세병원 영안실에서 이소선 어머니와 함께 기거하며 싸웠던 기억이 있습니다.

이때 함께한 택시노동자가 그때 이후로 구리에서 교회를 개척하자고 끈질기게 저를 설득하였습니다. 사실 그분은 교인도 아니었을뿐더러 교회에 한 번도 가본 적도 없었는데 말입니다. 결국 1989년 개척하게 되었지요.

창립예배를 준비하면서 교회 이름을 어떻게 해야 할지 고민하게 되었습니다. 저는 "백성을 구원할 자니라"(마 1:21)는 의미로 '구민'을 생각하고 있었는데, 뜻밖에 그의 입에서 구리 민중교회를 줄여서 '구민교회'라고 하자고 제안해서 교회 이름이 그렇게 정해졌습니다.

얼마 지나지 않아 이소선 어머니가 저의 집에 오셨습니다. 제 가족이 종로구 누상동에 살고 있을 때였습니다. 요즘 무더위가 한창인데, 당시에도 찌는 듯 더운 날씨에 집에 선풍기도 없다는 것을 보시고 집을 나서면서 "전파상에 들러 선풍기 하나 사자"고 하셨지요. 어머니가 당시에 살림이나 용돈이 넉넉해서 그런 것은 물론 아니지요. 나보다 먼저 이웃을 생각하는 그리스도의 사랑의 실천이었습니다. 품절이라 비록 그날 선풍기는 살 수 없었지만, 저에게는 그 깊은 사랑을 깨닫게 해 주신 큰 가르침이 되었습니다.

제가 재야 활동을 하고, 민통련 사회국장이라기보다는 장례국
장처럼 슬픔의 현장을 찾아다니고, 또 민주화운동유가족협의회
후원회 부회장 등으로 활동하는 모습을 보면서 어머니께서는 제
게 "김 목사는 사이비야~"라고 하시며 '사이비 목사'라는 별명을
지어주시기도 했습니다. 왜 그렇게 말씀하셨는지는 다들 짐작하
시지요?

기억하시겠지만, 생전에 이소선 어머니께서는 우리 구민교회
에도 몇 차례 오셨습니다. 더욱이 영화 〈어머니〉의 도입 부분에는
우리 교우들이 전태일 열사 묘소 앞에서 이소선 어머니와 함께 찍
었던 영상과 사진도 나옵니다.*

## 먼저 이웃을 살려야

사렙다 과부는 자신과 아들이 굶주리면서 마지막으로 먹고 죽
으려고 남겨두었던 밀가루와 기름이었지만, 이것으로 음식을 장
만하여 먼저 예언자에게 대접했습니다.

빵 다섯 덩이와 물고기 두 마리도 원래 주인들이 있었을 것입니
다. 누구였는지는 모르지만, 이들도 자기 혼자서만 먹어야 겨우 배
를 채울 수 있을 빵 덩이들이나 물고기들이었겠지만, 이를 이웃들
을 위해 기꺼이 내어놓았습니다.

이처럼 먼저 이웃을 살리고 다음으로 자신이 사는 살림-살이

---

* https://movie.daum.net/moviedb/main?movieId=67295. 영화 〈어머니〉 0:15:56 이하.

정신의 현대판 실천이 전태일 열사의 풀빵이요 양말이요, 또 분신 항거였습니다.

우리가 그리스도인이라는 사실은 우리만 먹고살기에도 부족하지만, 먼저 이웃을 살리겠다는 다짐과 실천에서만 확인됩니다. 살림-살이, 그 말의 차례가 말해 주는 바와 같이 먼저 이웃을 살리고 다음에 내가 살겠다는 깨우침을 주신 주님께 감사합시다(아멘).

# 정상으로 돌아오도록

(왕하 5:1-14; 약 5:13-20; 막 5:1-12)

❦

여러분 가운데 고난을 받는 사람이 있습니까? 그런 사람은 기도하십시오. 즐거운 사람이 있습니까? 그런 사람은 찬송하십시오. 여러분 가운데 앓는 사람이 있습니까? 그런 사람은 교회의 장로들을 부르십시오. 그리고 그 장로들은 주님의 이름으로 그에게 기름을 바르고, 그를 위해 기도해 주십시오. 믿음으로 간절히 드리는 기도는 앓는 사람을 낫게 할 것이니, 주께서 그를 일으켜 주실 것입니다. 또 그가 죄를 지은 것이 있으면, 용서를 받을 것입니다. 그러므로 여러분은 서로 죄를 자백하고, 서로를 위해 기도하십시오. 그래서 여러분이 나음을 받게 하십시오. 의인이 간절히 비는 기도는, 큰 효력을 냅니다. 엘리야는 우리와 같은 본성을 가진 사람이지만, 비가 오지 않기를 기도하니, 삼 년 육 개월 동안이나 땅에 비가 오지 않았고, 다시 기도하니, 하늘이 비를 내리고, 땅이 그 열매를 맺었습니다. 나의 형제자매 여러분, 여러분 가운데 진리를 떠나 그릇된 길을 가는 사람이 있을 때에, 누구든지 그를 돌아서게 하는 사람은 이 사실을 알아 두십시오. 죄인을 그릇된 길에서 돌아서게 하는 사람은, 그 죄인의 영혼을 죽음에서 구할 것이고, 또 많은 죄를 덮어 줄 것입니다(약 5:13-20).

안녕하십니까? 오늘은 성령강림 후 열넷째 주일입니다.

## 시리아 장군 나아만의 나병

오늘 구약성서 본문 가운데 나아만이라는 사람이 등장합니다. 그는 이스라엘 사람이 아니었습니다. 나아만은 시리아의 뛰어난 군사령관으로 존경받는 사람이었지만, 그만 나병에 걸리고 말았다고 합니다(왕하 5:1). 그런데 그의 아내에게 시중을 들던 이스라엘 출신 소녀가 사마리아의 예언자를 소개합니다. 나아만은 시리아 왕에게 그 말을 보고하였고, 왕은 그에게 친서와 함께 은 열 달란트와 금 육천 개, 옷 열 벌을 가지고 가도록 합니다. 본문에 따르면 나아만은 군마와 병거를 거느리고 이스라엘 왕에게 가서 시리아 왕의 친서까지 제시하였습니다(왕하 5:2-6).

나아만 부인의 여종은 시리아에게 침략당한 이스라엘로부터 잡혀 온 포로 출신이었습니다. 또 본문 뒤에 바로 이어 열왕기하 6장을 보면 시리아군이 이스라엘과 전쟁을 벌이는 이야기도 나옵니다. 그런 상황이었기에 이스라엘 왕은 그 친서를 읽고 나서 자기의 옷을 찢으며 "나병을 고쳐달라고 하다니… 이는 전쟁을 일으킬 명분을 찾는 것"이라고 반응했던 것 아니겠습니까?

어쩔 줄 몰라 당황하는 왕에게 엘리사가 사람을 통해 나아만을 자신에게 보내주라고 요청합니다. 그리고 사환을 시켜 나아만에게 요단강으로 가서 몸을 일곱 번 씻으면 다시 깨끗하게 될 것이라고 전합니다. 나아만은 "어찌 직접 나와서 정중히 맞이하여 상처에 직접 안수하지 않는다는 말이냐!" 하고 화를 냈다고 합니다.

제가 2006년 유엔 반부패협약 당사국 총회가 요르단 사해에서 열렸을 때 예수께서 세례 받으신 곳 근처에 가본 적이 있습니다. 폭이 몇 미터밖에 되지 않는 요단강을 사이로 하여 이스라엘과 국경을 맞대고 있었는데, 그 강물은 맑고 푸른 것이 아니라 아예 흙먼지 가득한 황토색이었습니다.* 요단강 상류는 더 맑을지 모르겠습니다만… 어쨌거나, '다마스쿠스에 있는 아마나 강이나 바르발 강을 놔두고 꼭 요단강이어야 할 까닭이 무엇인가?' 하며 나아만이 분을 참지 못하고 발길을 돌이켜 떠나려 했던 것도 한편 이해가 갑니다.

## 나병, 혹은 건선의 치유

그렇지만 나아만은 부하들의 충언을 듣고 돌이켜 엘리사가 지시한 대로 요단강으로 가서 일곱 번 몸을 씻었습니다. 그리고 그의 몸이 정상으로 돌아왔습니다. 나병으로부터 해방된 것입니다(왕하 5:7-14). 본문에 나오는 이 '나병'은 히브리어로 '차라'(צרע)라고 하는데, 사실 표준새번역 각주에 있는 것처럼 이것은 '각종 악성 피부질환'을 가리키는 말입니다.

본문의 바로 뒤에 이어지는 이야기에는 엘리사의 시종, 게하시라는 사람이 등장합니다. 사실 불교에서의 행자 스님처럼 그는 엘리사의 문하생이었을 것입니다. 열왕기하 4장을 보면 당시 극심한

---

* 구글 맵 스트리트 뷰.

흉년으로 고생하던 상황임을 알 수 있는데, 엘리사가 나아만의 큰 선물들을 거절한 것을 알고 게하시는 나아만에게 가서 자기 스승이 은 한 달란트와 옷 두 벌을 요청했다고 거짓으로 말합니다. 게하시는 나아만으로부터 두 자루에 든 은 두 달란트와 옷 두 벌 그리고 올리브 기름과 포도나무, 양과 소, 남녀 종을 받아 가로채는 부정부패를 저질렀고, 그로 말미암아 엘리사의 질책을 받고 나아만의 나병을 옮겨 받아 그의 피부가 눈처럼 하얗게 되었다고 합니다(왕하 5:15-27).

정확히 나균을 발견한 것은 19세기 후반인 1879년, 노르웨이의 의학자 한센(Hansen, G. H. A.(1841~1912)의 공로입니다. 그래서 과거 문둥병이라는 이름으로 비하했던 이 질병을 한센병이라는 병명으로 부르게 되었습니다.*

한센 이전에는 정확한 나병 진단은 어려웠을 터인데, 게하시의 피부가 눈처럼 하얗게 되었다는 것을 보면 지난해 제가 앓았던 건선이 아니었을까 하는 생각도 듭니다. 건선도 피부에 홍반이 생기고 그 위에 은백색의 '인설鱗屑', 즉 물고기 비늘처럼 피부에 하얀 부스러기나 비듬이 생기는 증상이 나타나기 때문입니다. 피로와 스트레스, 건조한 환경 등이 원인이라고 하는데, 무엇보다도 견디기 어려운 가려움증으로 잠도 제대로 자기 어려워 우울증으로 연결되기도 합니다. 그래서 건선이 심할 경우 수면제를 처방해 주는데, 그것으로 해결되지 않아 잠을 설치는 경우도 많습니다. 건선 등 피부병을 앓아본 분은 비듬처럼 온 주위에 인설 부스러기가 떨

---

* https://www.cdc.gov/leprosy/.

어지는 고통도, 또 피부가 새로 어린아이의 살결처럼 깨끗해졌다는 말의 뜻도 금방 알아챌 수 있을 것입니다.

그의 증상이 건선이었는지, 정말 한센병이었는지, 그도 저도 아닌 또 다른 피부병이었는지는 정확히 알 수 없습니다. 그렇지만 적어도 예언자 엘리사가 유대인 아닌 시리아 장군을 그 고통으로부터 해방시켜 주었고, 이제 나아만의 살결이 어린아이의 살결처럼 새 살로 돌아와 깨끗하게 나았다는 것을, 정상으로 돌아왔다는 것을 이 본문에서 확인할 수 있습니다.

### 거라사의 귀신 들린 사람 치유

'거라사'의 귀신들린 사람이 고침을 받은 이야기가 마가복음서 5장에 나옵니다. 그 사람도 정상으로 돌아온 것입니다. 이 지역이 정확히 어딘지 지금의 요르단 '제라쉬Jerash'라는 설도 있고 '쿠르시Kursi'라는 주장도 합니다.* 그런데 마태복음서 8장 28-34절과 누가복음서 8장 26-39절에 나오는 본문의 평행구를 보면 누가는 마가를 그대로 따라 거라사라고 했지만, 마태에서는 '가다라'라고 되어 있습니다. 마태가 지리를 잘 알아서 갈릴리 호수에 더 가까운 이 지명으로 수정했을 것이라는 주장도 있습니다.** 어느 곳이 되었던 간에 거의 이천 마리나 되는 돼지 떼가 바다에 빠져 죽었다

---

* https://realjesus.tistory.com/268; https://en.wikipedia.org/wiki/Gergesa;
  https://www.gndaily.kr/news/articleView.html?idxno=20233.

** https://biblicalhistoricalcontext.com/gospels/gerasa-gadara-gergesa-from-where-did-the-pigs-stampede/.

니, 좋은 베이컨 재료를 잃어버린 것이라는 우스개도 나옵니다. 우리로 치면 삼겹살 재료를 놓쳤다 하겠습니다. 하지만 요즘에는 아프리카돼지열병(ASF) 때문에 기르던 돼지 수십만 마리를 살처분, 매몰하는 형편이니 이천 마리 정도는 별로 큰 숫자로 느껴지지도 않습니다만….

여기서 중요한 한 가지 사실이 있습니다. 예수와 그 일행이 그 귀신 들린 사람을 만난 곳이 바로 이방인의 지경이라는 점입니다. 거라사도 가다라도 마찬가지로 헬라 시대와 로마 시대에 그들과 야합했다는 까닭으로 유대인들로부터 경원시 당했던 '데가볼리 Decapolis', 즉 10개 도시 연합 소속이었습니다.*

스스로 군대 귀신이라고 정체를 드러낸 그 악한 귀신이 산기슭에 놓아 기르던 돼지 속으로 들어가도록 예수께 간청하여 이를 허락하셨다고 합니다. 대신 그 귀신 들렸던 사람은 정상으로 돌아왔습니다.

유대인들이 율법에 따라 철저하게 돼지를 부정한 것으로 여겼다는 사실에 비추어 볼 때 이 돼지를 놓아 기르는 곳은 분명코 이방인의 땅이었다 하겠습니다. 예수께서는 유대인이라는 동족 범위를 넘어 업신여김을 받던 이방인들에게 나아가셨습니다. 그런 배경으로 오늘 마가복음서 본문에서 악한 귀신 들렸다가 정상으로 돌아온 사람도 역시 이방인이었을 것으로 봅니다.

---

* https://en.wikipedia.org/wiki/Decapolis.

룻기 등 예외도 없지 않지만, 구약성서 대부분은 이스라엘 중심의 배타적 선민사상을 내포하고 있습니다. 그런데 오늘 본문에서 엘리사 예언자는 나병이었든 건선이었든 그처럼 심각한 피부질환에 걸린 나아만이라는 시리아 장군을 고쳐 그의 몸을 정상으로 돌아오게 해 줍니다. 또한 예수께서는 악한 귀신들린 거라사의 이방인을 고쳐 정상으로 돌아오게 해 주셨습니다.

마가복음서 7장에는 악한 귀신들린 딸을 고쳐달라며 간청하는 시로페니키아(수로보니게) 여자와 예수의 대화가 나옵니다. 여기서 예수는 "자녀들을 먼저 배불리 먹여야 한다. 자녀들이 먹을 빵을 집어서 개들에게 던져 주는 것은 옳지 않다"고 말씀하십니다. 그러나 이 말씀은 문자 그대로를 예수의 원칙처럼 받아들여서는 안 됩니다. 그 본문 앞뒤에 나오는 말씀과 함께 읽는다면 오히려 유대 지도자들, 바리새파와 율법학자들의 위선과의 대비이며, '싸구려 은혜'(cheap grace)에 대한 배척이고, 아울러 오히려 그 이방 여자의 믿음이 돋보이는 장면임을 알 수 있기 때문입니다.

예수께서는 결코 혈통적 유대인들에게 머무르지 않았습니다. 또한 사도행전이나 서신들을 보면 예수의 가르침이 바울이나 제자들을 통해 기독교로 발전되어 나가면서 유대인 선민사상이나 유대교와는 분명하게 결별한 것을 알 수 있습니다.

## 작전명 '미라클'

아프가니스탄에서 한국 조력자들 390명을 탈출시키는 작전이 성공적으로 마무리되었습니다. 그 작전명이 '미라클Mircle', 기적이 었습니다. 카불 공항에서 이들 탈출 직후에 IS의 자살폭탄 테러로 수백 명의 사상자가 발생했다는 뉴스를 접하며 그야말로 이 작전 자체가 정말 기적이었다는 생각이 듭니다. 법무부는 이들에게 '특별기여자' 신분으로 비자를 내어줄 것으로 보입니다. 아프가니스탄에서 오신 특별기여자들을 따뜻하게 환영합니다. 모든 분이 한국에서 잘 정착하여 지금 품는 꿈 그대로 기쁨 가득한 새 삶을 펼쳐 나가기를 기원합니다. 더불어 아프가니스탄에서의 상황도 어서 속히 선한 방향으로 안정되기를 기도합니다.

## 정상으로 돌아오도록

며칠 전 외신들을 보면 '특별기여자' 신분 부여와 이 작전의 성공 소식을 칭찬하면서도 한결같이 우리 국민이 외국인에 대한 배타적 분위기임을 걱정하는 기사들을 내보내어 안타까웠습니다. 그런데 어제오늘 뉴스를 보면 이들의 당분간 생활공간인 국가공무원인재개발원 주변의 주민들이 따뜻하게 받아들여 주는 모습을 봅니다. 더욱이 그런 모습에 감동한 분들이 충북 진천군이 운영하는 비영리 온라인쇼핑몰인 진천몰에 몰려들어 '돈쭐을 낸다'며 화훼류, 과일류 등을 앞다투어 주문했다고 합니다. 그래서 이미 여러

품목이 매진되어 버렸고, 배송지연을 미리 사과하는 공지까지도 떴습니다.*

저는 이것을 우리가 이제 '혈통적 민족주의'를 넘어서는 장면이라고 해석하고 싶습니다. 이제 나와 언어나 피부색, 문화가 같은 것만 고집하거나 핏줄이나 출신을 따져 자신의 책임의 범위를 자의적으로 한정시키는 것은 넘어서야 합니다. 세계가 하나임을 확인하고 이제 세계와 더불어 살아야 합니다. 그것이 정상입니다.

오늘 야고보서는 고난에 기도를, 즐거움에 찬송을, 병든 사람은 장로와 함께 기름을 바르고 기도할 것을 권면합니다. 믿음으로 간절히 드리는 기도는 병든 사람을 낫게 하며 죄를 용서받게 한다는 것입니다. 또 엘리야의 기도가 응답받았던 것을 언급합니다. 기도는 모든 것을 정상으로 돌아오게 합니다.

그냥 골방에서 기도만 하는 것이 아니라 주님의 이름으로 병든 이에게 기름을 바르고 기도하는 것입니다. 기름을 바른다는 것은 오늘날 표현으로 하면 의약의 도움을 받는다는 뜻이라고 해석할 수 있습니다. 그 해결을 위해 직접 나서서 실천하는 것입니다.

"의인이 간절히 비는 기도는 큰 효력을 냅니다"(약 5:16b). 국내외의 심각한 빈부격차, 남과 북 사이의 마음속의 철조망 그리고 약육강식의 뒤틀린 이 세계의 질서, 이 지구상의 모든 것들이 속히 '정상'으로 돌아오도록 함께 기름을 바르며 기도합시다(아멘).

---

* https://www.ajunews.com/view/20210828182651666.

# 개혁(The Reformation)

### (신 7:6-11; 롬 1:1-7; 마 5:43-48)

✣ ❧✣

"'네 이웃을 사랑하고, 네 원수를 미워하여라' 하고 이른 것을, 너희가 들었다. 그러나 나는 너희에게 말한다. 너희의 원수를 사랑하고, 너희를 박해하는 사람을 위하여 기도하여라. 그래야만, 너희가 하늘에 계신 너희 아버지의 자녀가 될 것이다. 아버지께서는, 악한 사람에게나 선한 사람에게나, 똑같이 해를 떠오르게 하시고, 의로운 사람에게나 불의한 사람에게나, 똑같이 비를 내려 주신다. 너희가 너희를 사랑하는 사람만 사랑하면, 무슨 상을 받겠느냐? 세리도 그만큼은 하지 않느냐? 또한 너희가 너희 형제자매들에게만 인사를 하면서 지내면, 남보다 나을 것이 무엇이냐? 이방 사람들도 그만큼은 하지 않느냐? 그러므로 너희의 하늘 아버지께서 완전하신 것과 같이, 너희도 완전하여라"
(마 5:43-48).

오늘은 창조절 아홉째 주일이며 개혁주일입니다. 마르틴 루터 (Martin Luther, 1483-1546)*가 500여 년 전인 1517년 10월 31일, 독일 비텐베르그 성교회의 정문에 95개 조 논제를 게시하여 당시 교회의 부패한 모습에 문제를 제기했던 것을 함께 기억합니다. 그래서 10월 마지막 주일을 개혁기념주일로 지키는 것입니다.

## 선구자들

초대교회가 겪었던 환난과 핍박 상황과는 달리 중세 교회는 엄청난 권력과 토지, 부를 누리게 됩니다. 평민들은 가난으로 힘들어해도 교회나 성직 계급은 부와 명예, 권력을 누리고 있었던 것입니다.

이러한 교회의 세속화와 성직자의 타락에 반발하여 수도원 운동이 일어납니다. 이미 3세기 말 은둔과 금욕 생활을 추구한 성 안토니, 피코미우스, 성 바질 등의 수도원 운동이 있었습니다.**

6세기에 이탈리아에서는 베네딕투스 St. Benedictus von Nursia(480~548)***가 몬테카시노 Montecassino 수도원****을 세우고, '청빈淸貧'-'정결淨潔'-'순명順命'의 생활로써 하나님을 찬미하고 세상에 봉사하는 수도 생활을 창시합니다.

---

* https://en.wikipedia.org/wiki/Martin_Luther.

** https://m.blog.naver.com/PostView.naver?isHttpsRedirect=true&blogId=dygksanrtlfh&logNo=40133335323.

*** https://en.wikipedia.org/wiki/Benedict_of_Nursia.

**** https://en.wikipedia.org/wiki/Monte_Cassino.

그리고 13세기에 들어서는 아시시의 프란치스코회, 도미니크회 등이 창립되어 사유재산을 포기하고 탁발 생활을 했습니다.[*] 지난해 말에 우리 교회 교우들이 방문하여 함께 예배를 드렸던 양평의 정하상바오로수도원이 소속된 꼰벤뚜알프란치스코수도회도 그 흐름들 가운데 하나입니다.[**]

## 존 위클리프

이미 14세기에 영국에서는 존 위클리프John Wycliffe(1328~1384)가 교황이나 성직자들의 가르침이 아니라 성서만이 하나님에 관한 진리에 대한 유일하고 신뢰할 수 있는 지침이라고 주장했습니다. 그는 성서를 라틴어로만 유통시키는 것에 문제를 제기하고, 일반인들도 읽을 수 있도록 '번역'할 것을 제안하고, 자신이 직접 번역을 시도하기도 했습니다. 또 성만찬 때, 빵과 포도주가 겉으로의 형상은 그대로이지만 예수님의 몸과 피의 실체로 변화한다는 주장, 즉 '화체설'(transubstantiation)에 대해 문제를 제기하였습니다.

나아가 그는 로마 교황청의 부패를 비판하고 교황권을 부정하였으며, 처음 출발할 당시의 취지를 벗어나 오히려 치부와 착취의 수단이 되어버린 수도원 제도의 정당성도 부정하였습니다.

그런 까닭에 위클리프로부터 임명받은 '가난한 사제들'이 그의

---

[*] https://en.wikipedia.org/wiki/Franciscans;
  https://terms.naver.com/entry.naver?docId=1184709&cid=40942&categoryId=31575.
[**] https://blog.daum.net/lgcsd/7120881; http://www.ofmconv.or.kr/.

주장을 설교하기 시작하자 1381년에 농민 봉기가 일어나 캔터베리 대주교를 살해하기도 했던 것입니다.*

## 얀 후스

체코 여행을 가면 프라하 구시가 광장에서 얀 후스 동상을 만날 수 있습니다. 그 벽면에는 "서로 사랑하시오. 진리가 여러분에게 함께 하기를"이란 그의 말이 새겨져 있습니다.**

프라하의 카를로바대학(Univerzita Karlova) 총장이었던 사제 얀 후스Jan Hus(c1372~1415)는 위클리프의 영향을 받아 면죄부 판매를 반대하여 파문을 당합니다. 자신의 주장을 철회하라는 요구에 굴복하지 않았던 그는 결국 1415년 7월 6일, 이단 혐의로 화형을 당하게 되었는데, 불에 타면서도 기도하고 시편을 노래했다고 합니다.

후스가 처형당한 후 그의 주장을 따르는 사람들은 억압에 굴하지 않고 반란을 일으켜 보헤미아전쟁(1419~1434), 이른바 '후스파전쟁'(Hussite Wars)을 치르게 됩니다. 그 배경에는 후스의 가르침에서 강조했던 종교적인 경건과 사회적 개혁의 연계가 있었기 때문이라고 여겨집니다. 그는 남녀노소, 빈부귀천, 사제와 평신도, 의인과 창녀들 사이의 경계선을 철폐하려 노력하였으며, 교회에서 일체의 계급 구조를 타파하였으며, 성만찬에 누구라도 참여

---

* https://en.wikipedia.org/wiki/John_Wycliffe.
** https://www.1pragueguide.com/jan-hus-monument.

할 수 있다고 가르쳤습니다. 나아가 교회와 성도의 철저한 도덕 개혁을 강조하였고, 신앙이란 하나님의 법이 요구하는 모든 것을 행해야 할 의무를 포함하고 있으므로 신자들이 구원받기 위해서는 선행이 필요하다고 선포했습니다.

## 마르틴 루터

후스는 이렇게 유언을 남겼다고 합니다: "오늘 당신들은 한 마리의 거위(Hus란 그의 성은 체코어로는 'goose', 즉 '거위'를 뜻함)를 불에 태우지만, 백 년 후에는 당신들이 죽일 수 없는 백조 한 마리가 등장할 것입니다."* 이 말대로 후스 사후 약 백 년이 지난 시기에 루터가 등장했습니다.

독일 출신 사제요 신학 교수였던 마르틴 루터는 위클리프와 후스로 이어지는 흐름을 따라 '오직 성서로만'(Sola Scriptura)**을 강조했습니다. 교황의 권위나 교회의 전통이 성서를 대신할 수 없다는 것입니다. 당시 가톨릭교회 일각에서는 이른바 '면죄부'(indulgentia)를 통해 이미 죽어 연옥에 있는 자들에게도 벌을 면하게 할 수 있는 힘과 효능이 있다며, "궤 안에 동전이 떨어지면서 땡그랑 소리가 나면 연옥으로부터 영혼이 (하늘로) 솟아오른다"고 가르쳤습니다. 그러나 루터는 이에 대해 성인들의 넘치고 남는 공적

---

* https://blog.naver.com/bullnam/221943642950;
https://www.5minutesinchurchhistory.com/the-goose-and-the-swan/;
https://blog.naver.com/jswoo001/221172912661.
** https://en.wikipedia.org/wiki/Sola_scriptura.

을 대신 나누어 받는다는 것은 불가능하다고 신학적으로 문제를 제기합니다. 구원은 '오직 믿음으로만'(Sola Gratia) 가능할 뿐이라는 것입니다.

오늘 사도 서간문 본문인 로마서가 바로 루터의 신념을 강하게 뒷받침해 주었습니다. 로마서 1장 17절에 "의인은 믿음으로 살 것이다"라고 기록되어 있기 때문입니다. 그래서 루터는 또한 '오직 은혜로만'(Sola Gratia)을 주창합니다. 공적을 쌓아 구원에 이르는 것이 아니라는 것입니다.

루터도 결국 1520년에 당시 교황으로부터 파문을 당합니다. 1521년 보름스Worms의회에서 그의 주장을 철회할 것을 요구받은 그는 이렇게 답했다고 합니다: "양심에 반하는 것은 안전하지도 옳지도 않기 때문에 나는 어떤 것도 철회할 수 없고, 철회하지도 않을 것입니다. 여기 내가 서 있습니다. 나는 달리 할 수 없습니다. 하나님, 나를 도우소서. 아멘." 제가 1970년대 말에 이른바 대통령 긴급조치 제9호 위반이라는 죄목으로 잡혀갔을 때, 제 최후진술의 말미에 그 끝부분을 썼던 기억이 납니다.

루터는 법의 보호를 받지 못해 아무나 죽여도 그만인 이른바 '법외자'(outlaw)가 되었지만, 오히려 당시 구텐베르크(Johannes Gutenberg)*의 인쇄술 발명으로 루터의 주장이 널리 전파되어 동조 세력도 커졌습니다. 백 년 전에 화형을 당했던 후스의 경우와는 달리, 루터는 제후와 농민 등의 지지에 힘입어 가톨릭교회로부터 독립된 개혁교회를 통해 그의 주장을 계속 펼쳐 나갈 수 있었습

---

* https://en.wikipedia.org/wiki/Johannes_Gutenberg.

니다. 더불어 신약성서를 독일어로 번역하여 출판했습니다.

그의 주장의 여파로 성상 파괴, 교회 내에 소요 등의 과격한 행동들이 이어졌습니다. 이른바 '쯔비카우 예언자들'(Zwickauer Propheten)*은 인간 평등, 임박한 재림 등의 혁명적 교리를 전파하기도 했으며, 토마스 뮌처Thomas Müntzer(1489~1525)** 등의 급진주의가 나와 가난한 사람들과 농민들 사이에서 지지를 받았습니다. 급기야 농민전쟁이 일어나 수녀원, 수도원, 궁전, 도서관 등이 불타게 되자, 루터는 이들을 미친개, 악마의 세력에 비유하며 반대합니다. 그의 지지를 얻지 못한 농민전쟁은 뮌처 등이 처형되면서 패배로 끝나게 됩니다. 대신 루터는 제후들의 지원 하에 새로운 교회를 조직할 수 있었던 것입니다.

루터는 그 자신이 직접 〈내 주는 강한 성이요〉라는 찬송을 작사, 작곡하는 등 음악에도 조예가 깊었지만, 그의 개혁으로 바흐, 헨델, 멘델스존, 브람스 등 서양음악의 새로운 시대를 여는 데에도 기여했습니다.***

## 울리히 쯔빙글리

개혁자들은 루터 전에도 있었고, 그와 동시대에도 또 그 후에도 있었다는 것은 이미 앞에서 말씀드렸습니다. 또 당시 유럽 여러 지

---

* https://en.wikipedia.org/wiki/Zwickau_prophets.

** https://en.wikipedia.org/wiki/Thomas_M%C3%BCntzer.

*** https://www.theguardian.com/music/2017/aug/18/the-reformation-classical-musics -punk-moment.

역에서 동시다발적으로 서로 영향을 주고받으며 개혁운동이 전개됩니다. 그 가운데 스위스에서는 쯔빙글리Ulrich Zwingli(1484~1531)*가 개혁의 선봉장이 되어 활동했습니다.

취리히의 사제였던 쯔빙글리는 1522년 사순절기에 단식 관습을 비판하였고, 성직 계급의 부패를 지적하며 성직자의 결혼을 장려하고, 성상 활용, 도덕적 부패나 성인 숭배 등을 공격하였습니다. 쯔빙글리 역시 성서를 바탕으로 그의 주장을 펼쳤습니다.

미사를 폐지한 그의 가르침은 대부분 루터와 유사했습니다. 하지만 1529년 마르부르크 대화(Marburg Colloquy)**에서 성만찬에 대해 루터는 떡과 포도주의 "안에, 함께, 아래"(in, with, under) 예수님의 몸과 피가 있다는 '공체설'(consubstantialism)을 주장한 데 비해, 쯔빙글리는 '기념설'(memorialism) 또는 '상징설'(symbolism)을 옹호했습니다.

비록 그가 조국과 취리히를 위한 전쟁에서 47세에 숨졌고, 루터와는 마지막까지도 화합하지 못했지만, 그는 스위스 개혁교회의 창립자로 인정받고 있으며 루터, 깔뱅과 함께 3대 개혁자로 불립니다.

## 쟝 깔뱅

깔뱅John Calvin(1509-1564)***은 프랑스 출신 신학자요 목사로,

---

* https://en.wikipedia.org/wiki/Huldrych_Zwingli
** https://en.wikipedia.org/wiki/Marburg_Colloquy

스위스 제네바를 중심으로 개혁운동을 전개해 나갔으며, 오늘날 회중교회*나 장로교회**의 정신적 지주가 되었습니다.

그는 『기독교강요』(*Institutes of the Christian Religion*)***를 처음 출간한 1536년부터 이후 개정판을 거듭하며 그의 신학 사상을 정리, 발전, 표명하게 됩니다. 그 또한 "누구든지 창조주 하나님께 나아가기 위해서는 성서가 그의 안내자이자 교사가 되어야 한다"고 강조합니다. 그리고 원죄와 예정론 그리고 성례전 등에 대한 견해를 펼쳐 나갔습니다. 특히 그는 제네바의 모든 시민에게도 엄격한 신앙생활을 의무화하여 이른바 '성시화聖市化'를 추구하였고, 반대자를 화형에 처하는 등 강력한 실천을 시도했습니다.

그는 성찬식을 행할 때 떡과 포도주가 변화하거나(화체설) 그속에 예수의 몸과 피가 임재하는 것(임재설)이 아니라 말씀과 성령의 사역을 통해 십자가에 못 박혀 죽으신 그리스도께서 영적으로 임재하신다는 '영적 임재설'(spiritual presence)을 주장합니다.

그는 국가와 교회가 분리되어 있지만, 사람들의 이익을 위해 협력해야 함을 주장했습니다. 또한 노동은 그리스도 안에서 신자들이 그들의 구원을 위해 하나님께 감사를 표현할 수 있는 수단이며 필수적인 의무라고 보았으며, 게으름이나 구걸을 반대했습니다.

나중에 막스 베버Max Weber****가 그의 저작 『프로테스탄트 윤리와

---

*** https://en.wikipedia.org/wiki/John_Calvin.

* https://en.wikipedia.org/wiki/Congregational_church.

** https://en.wikipedia.org/wiki/Presbyterianism.

*** https://en.wikipedia.org/wiki/Institutes_of_the_Christian_Religion.

**** https://en.wikipedia.org/wiki/Max_Weber.

자본주의 정신』(*The Protestant Ethic and the Spirit of Capitalism*)*에서 분석한 프로테스탄티즘의 바탕은 바로 깔뱅이 주창한 사상이라 할 수 있습니다.

## 개혁의 의미

개혁을 자칫 교리의 변화만을 뜻하는 '종교'개혁으로 협소하게 인식하기 쉽습니다. 그러나 16세기 당시의 개혁은 비단 교회의 개혁에 멈추는 것이 아니라 당시 유럽 세계를 휩쓸었던 교회를 포함한 사회의 총체적 개혁을 요구하는 큰 운동이었다고 보아야 할 것입니다. 그래서 우리가 종교개혁이라고 부르는 단어를 영어에서 그냥 정관사를 붙이고 대문자 R을 써서 'the Reformation'이라고 표현합니다.

오늘 마태복음서를 보면 예수께서는 "너희의 하늘 아버지께서 완전하신 것과 같이, 너희도 완전하여라"(마 5:48)고 말씀하셨습니다. 개혁이란 완전하지 못한 지구 위에 있는 교회가 예수를 머리로 하는 진정한 그리스도의 몸이 되기를 지향하는 일입니다. 또 이 지상의 교회에 속한 구성원인 우리가 스스로를 돌이켜보며 반성하고 최선을 다해 완벽을 추구하는 일입니다. 나아가 이 사회의 온갖 부조리를 극복하고 하나님의 나라를 실현하기 위해 바꾸어나가는 일이 바로 개혁의 구체적 내용입니다.

---

* https://en.wikipedia.org/wiki/The_Protestant_Ethic_and_the_Spirit_of_Capitalism.

## 교회개혁

"교회는 항상 개혁되어야 한다"(Ecclesia semper reformanda est). 성 어거스틴의 이 말은 우리 교회가 개혁된 교회(reformed church)로 남아 있는 것이 아니라 개혁하는 교회(reforming church)로 나아가야 함을 알려주는 표어입니다.*

얀 후스가 화형당하고 거의 6세기가 지난 시점이지만, 1999년에 교황 요한 바오로 2세는 후스에게 가해진 잔인한 죽음에 대해 '깊은 슬픔'을 표현하였고, 그의 '도덕적 용기'를 칭찬합니다.**

또 루터교세계연맹(Lutheran World Federation)과 가톨릭교회는 공동으로 "그리스도에 대한 믿음을 통한 하나님의 은혜에 의한 의인에 대한 공통 이해"(common understanding of justification by God's grace through faith in Christ)에 합의합니다.***

2016년 11월 프란치스코 교황은 스웨덴 루터교회를 방문하여 마르틴 루터를 '위대한 개혁가'로 칭송합니다.****

이처럼 교회들은 변화되고 있습니다. 개혁 당시 비판의 대상이었던 가톨릭교회도 크게 변화했고, 또 지금도 변화하고 있습니다. 그렇지만 오히려 오늘날 우리 개신교, 특히 한국 개신교는 자기 개

---

* https://en.wikipedia.org/wiki/Ecclesia_semper_reformanda_est.
** https://www.ncronline.org/news/german-shepherd-bids-farewell-wolf-winter.
*** https://www.ewtn.com/catholicism/library/joint-declaration-on-the-doctrine-of-justi fication-2356; https://www.lutheranworld.org/sites/default/files/Joint%20Declaration%20on %20the%20Doctrine%20of%20Justification.pdf.
**** http://www.newsnjoy.or.kr/news/articleView.html?idxno=207064

혁의 방향을 제대로 잡지 못하고 사회로부터 이른바 '개독교'라고 조롱받는 안타까운 현실입니다. 특히 일부 성직자라는 사람들이 '성서'의 자리를 대신 꿰찬 모습은 더 이상 '오직 성서로만'의 기치를 내던진 모습이라 하지 않을 수 없습니다.

개혁기념주일은 단지 5백여 년 전의 개혁을 기억하는 것으로 그치는 날이 아니라 오늘 우리에게 주어진 교회개혁의 사명과 과제를 마음 깊이 새기는 날이 되어야 합니다.

## 사회개혁

아울러 신앙인들이 중세기를 넘어서는 개혁운동을 통해 확인해야 할 또 하나의 중요한 과제가 있습니다. 그것은 "왜 위클리프나 후스, 또 루터의 개혁에 농민전쟁이 뒤따라왔는가?" 하는 물음으로부터 시작하는 고민이어야 합니다.

당시 사회의 부패 구조에 대한 반발, 그 구조에 교회조차도 한 몫 거들었던 때 개혁가들의 주장은 가난한 이들, 농민들에게 희망의 근거로 받아들여졌습니다. 일부 개혁가들 자신은 이 부분과 단절하려고 했지만, 어쨌든 사회의 밑바닥에 그러한 기대와 환호가 있었다는 점은 부인하기 어려울 것입니다.

저변층은 왜 그처럼 변화를 열망하고 있었을까요? 생각해 보면, 교회나 왕권 또는 귀족들의 지배와 농민 등에 대한 수탈이라는 모순 구조가 그 바탕에 있었을 것이라 추론할 수 있습니다.

따라서 오늘의 개혁은 비단 교회의 개혁에만 머무르는 것이 아

니라 부패와 독재 등을 극복하고, 사회를 보다 정의롭게 만들어 나
가는 개혁과 병행되어야 할 것입니다.

## 신자개혁

셋째로 진정한 개혁은 신자들 한 사람 한 사람이 자신을 개혁의
주체인 동시에 개혁의 대상으로 인식하는 것을 요구합니다. 마치
루터가 신자를 '의로운 동시에 죄된'(simul justus et peccator)* 존
재로 정의한 것처럼, 우리들은 개혁의 주체인 동시에 그 대상이 되
어야 합니다.

개혁가들은 성인들의 공적에 편승하려는 헛된 기대를 부수었
습니다. 이른바 무임승차를 배격한 것입니다. 아울러 자신의 책임
을 일정하게 제한해 두고 그 범위 내에서 무엇인가 성취한 것처럼
자만하지 말도록 요구했습니다. 우리의 구원은 우리가 이룩한 어
떤 성취에 대한 정당한 대가가 아니라 오직 하나님의 은혜로만 가
능하다는 것입니다.

특히 자기 스스로의 개혁 없이 사회의 개혁만을 부르짖는 모습
은 스스로를 절대화시키고 자만과 위선에 빠지는 결과로 연결되
기 쉽습니다. 따라서 개혁주일이 신자들 스스로의 개혁 과제에 대
해서도 깊이 생각하고 또 최선을 다해 실천하는 '자기 갱신'의 시작
이 되기를 기대합니다.

---

* https://www.1517.org/articles/simul-iustus-et-peccator-what-does-this-mean.

오늘 개혁주일을 맞이하여 중세기로부터의 개혁운동을 함께 생각해 보았습니다. 그 개혁운동이 오늘 우리들을 통해서 교회와 사회 그리고 우리 자신을 철저하게, 새롭게 만드는 총체적인 개혁운동으로 이어지도록 함께 기도하며 행진해 나갑시다.

# 4부 | 천국의 열쇠

# 예수, 로고스(道)

### (잠 8:22-31; 골 1:15-20; 요 1:1-14)

태초에 말씀이 계셨다. 그 말씀은 하나님과 함께 계셨다. 그 말씀은 하나님이셨다. 그는 태초에 하나님과 함께 계셨다. 모든 것이 그로 말미암아 생겨났으니, 그가 없이 생겨난 것은 하나도 없다. 그의 안에서 생겨난 것은 생명이었으니, 그 생명은 모든 사람의 빛이었다. 그 빛이 어둠 속에서 비치니, 어둠이 그 빛을 이기지 못하였다. 하나님께서 보내신 사람이 있었다. 그 이름은 요한이었다. 그 사람은 빛을 증언하러 왔다. 그 증언으로 모든 사람을 믿게 하려는 것이었다. 그 사람 자신은 빛이 아니었다. 그는 그 빛을 증언하러 온 것뿐이다. 그 빛이 세상에 오셨으니, 모든 사람을 비추는 참 빛이시다. 그는 세상에 계셨다. 세상이 그로 말미암아 생겨났는데도, 세상은 그를 알지 못하였다. 그가 자기 땅에 오셨으나, 그의 백성은 그를 맞아들이지 않았다. 그러나 그를 맞아들인 사람들, 곧 그 이름을 믿는 사람들에게는, 하나님의 자녀가 되는 특권을 주셨다. 그들은 혈통으로나 육정으로나, 사람의 욕망으로 나지 않고, 하나님께로부터 났다. 말씀이 육신이 되어 우리 가운데 사셨다. 우리는 그의 영광을 보았다. 그 영광은 아버지께서 주신 독생자의 영광이며, 그 안에는 은혜와 진리가 충만하였다(요 1:1-14).

오늘부터 창조절기가 시작됩니다. 성자 예수 그리스도를 중심으로 대림절, 성탄절, 주현절과 사순절, 부활절 등의 절기들이 있고, 이어 성령을 중심으로 성령강림절기가 있습니다. 그리고 성부 하나님과 그의 피조세계를 생각하는 기간이 창조절기입니다. 교회력에서 한 해를 이처럼 성부, 성자, 성령에 강조점을 두고 말씀을 생각해 보도록 한 것을 '삼위일체 교회력'이라고 부릅니다.*

## 도道를 아십니까?

혼자서 길거리를 걷고 있는데 전혀 모르는 사람이 말을 걸어옵니다. 그리고 묻습니다. "도道를 아십니까?", "기氣에 관심 있으세요?" 이런 질문과 관련된 사람들에 대한 비판이 일자, 요즘에는 "혹시 ○○○이세요?, 여기 ○○○에 사시나요?" 등으로 접근한다고 합니다. 갑작스러운 질문에 당황하거나 "아닌데요" 또는 다른 답변을 하게 되면 다음에 나이, 직업 등 질문이 이어지고, 다음에 인상이나 능력 등에 대한 평가 등을 통해 대화를 계속하려 합니다. 나아가 미술치료 테스트, 애니어그램 성격 분석, 또는 설문참여 등을 유도하는 방식으로도 진화했다고 합니다.

일반적으로 '도'란 세상의 이치라고 할 수 있겠습니다. 그렇지만 차나 먹을 것을 사 주면서 이들과 대화를 이어가다 보면, "조상의 한을 풀어드려야 한다", "조상에게 치성을 올리지 않으면 사고를 당한다", "치성을 안 드리면 당신 남편이 죽게 된다" 등등의 명

---

* https://blog.daum.net/ssb0975/1080.

목으로 그들이 요구하는 이른바 '정성', 제사 비용도 부담하고, 또 물품을 사거나 거액을 헌납하게 되는 경우도 있다고 합니다.

그래서 거꾸로 자신이 미끼가 되는 척하면서 이른바 '도쟁이' 상대방을 낚는 방식으로 "도를 아십니까"에 대한 '퇴치 영상', '역관광 영상' 등의 유튜브 채널들이 인기를 누리고 있기도 합니다.* 그런데 길거리에서 만나는 "도를 아십니까?"에서의 도는 '포덕布德'이라는 명분으로 실제로는 다단계 상납-착취 구조일 뿐이라는 것이 대순진리회 대진성주회 관련 피해자나 그 가족들이 폭로한 내용입니다. 더욱이 이 집단에서는 그 상납구조를 보다 공고하게 만들기 위해 매월 정기적으로 구타와 폭언을 일삼고, 여러 차례 사망에 빠뜨린 사건들까지 발생했다고 합니다.**

## 태초에 말씀(로고스)이 계셨다

오늘 함께 읽은 요한복음서 1장 1절은 "태초에 '말씀'이 계셨다. 그 '말씀'은 하나님과 함께 계셨다. 그 '말씀'은 하나님이셨다"라고 시작하고 있습니다. 히브리 구약성서 오경의 책 이름은 책의 첫 단어에서 따왔습니다.*** 그래서 창세기는 '베레쉬트בראשית', 즉 '태초에'라는 이름으로 불립니다. 이와 비교해 보면 요한복음서 기자는

---

* https://youtu.be/H2r0P6B3IvI; https://youtu.be/gXYRJ8DQpmk; https://youtu.be/z7Cb7gc2P-k; https://youtu.be/jXuBSMn8o5A; https://youtu.be/vTBa--h3ThY.

** https://blog.naver.com/dohc04/222485784030.

*** https://doi.org/10.28977/jbtr.2014.4.34.55.

창세기의 첫 단어와 같이 '태초에'로 복음서를 시작합니다. 그리스어로는 '엔 아르케Ἐν ἀρχῇ'라고 한 것입니다.

그리스어 '호 로고스ὁ Λόγος'란 단어를 영어 번역에서는 대문자를 써서 'the Word'라고 했습니다. 중국어로는 1절은 "太初有道, 道與神同在, 道就是神"이라고 했으며, 본문 마지막 14절은 "道成了肉身"이라고 했습니다. 로고스를 '도道'라고 번역한 것입니다.

그 말씀, 또는 '도'에 대해서 이를 '세상의 원리'라고 이해할 수도 있겠습니다. 그런데 그 말씀은 하나님과 함께 계셨고, 그 말씀이 하나님이라고 요한복음서는 선포합니다. 여기서 삼위일체의 기본적 토대를 발견할 수 있습니다.

'레고λέγω'는 그리스어로 '말하다'는 뜻인데 원래 배열하다, 수집하다, 뽑다, 계산하다, 모으다, 부르다 등의 뜻도 있습니다.* 레고라는 어린이들 장난감이 있는데, 그 브랜드 이름을 정말 잘 지은 것 같습니다. 레고 장난감으로 집도 만들고 자동차, 비행기나 헬리콥터 등등 무궁무진하게 만들 수 있기 때문입니다. 그처럼 결국 창조는 설계로부터 출발하는 것입니다. 만들었던 집을 부수고 레고통에다가 넣으면 그 집은 어디로 갔나요? 그 집이 통속으로 들어간 것은 아닙니다. 그냥 사라져 버린 것이지요.**

그래서 이 본문은 예수님은 첫 창조 때부터 하나님과 함께 계셨으며 그 말씀, 그 원리, 그 도가 바로 하나님이시라는 의미입니다.

---

\* https://en.wiktionary.org/wiki/λέγω.

\*\* http://eternalvigilance.nz/2012/04/are-you-lego-or-logos/.

## 예수, 지혜와 말씀(로고스), 창조

오늘 성서의 세 본문을 찾아보면 바로 창조에 관련된 말씀들임을 알 수 있습니다. 잠언 8장 22절은 이렇게 말합니다. "주께서 일을 시작하시던 그 태초에, 주께서 모든 것을 지으시기 전에 이미 주께서는 나를 데리고 계셨다." 여기서 일인칭 '나'는 누구일까요? 8장 12절을 보면 답이 있습니다. "나 지혜는 명철로 주소를 삼으며 지식과 분별력을 가지고 있다." 즉, 지혜를 의인화하여 표현한 것입니다. 그런 의미에서 요한복음서 본문은 오늘 잠언 본문과 짝을 이루기 좋은 구절이라 하겠습니다. 그 '나', 즉 지혜를 말씀이란 단어로, '도' 또는 예수란 이름으로 대치하더라도 전혀 손색이 없을 것입니다.

주께서 일을 시작하시던 그 태초에, 주께서 모든 것을 지으시기 전에 이미 주께서는 '말씀'과 함께 계셨다. 영원 전, 아득한 그 옛날, 땅도 생기기 전에 '도'는 이미 세움을 받았다. 아직 깊은 바다가 생기기도 전에, 물이 가득한 샘이 생기기도 전에 '예수'는 이미 태어났다.

골로새서 1장 16-17절은 이렇게 말씀합니다. "만물이 그의 안에서 창조되었습니다. 하늘에 있는 것들과 땅에 있는 것들, 보이는 것들과 보이지 않는 것들, 왕권이나 주권이나 권력이나 권세나 할 것 없이 모든 것이 그로 말미암아 창조되었고, 그를 위하여 창조되었습니다. 그는 만물보다 먼저 계시고, 만물은 그의 안에서 존속합니다." 본문 중 '그'는 누구입니까? 맞습니다. 그 아들, 즉 예수 그리

스도를 말합니다. 따라서 우리는 여기서 요한복음서 1장의 메시지
가 다시 등장한다고 말할 수 있습니다.

## 생명에 대한 책임

오늘 창조절 첫째 주일을 맞아 함께 읽어본 성서 본문들에서 우
리는 예수 그리스도가 단지 한 인간이 아니라 바로 '로고스', 즉 '말
씀'이요 '도'이며, 창조주와 함께 계신 분이라는 고백을 발견합니
다. 그 고백은 모든 그리스도인의 고백이 되어야 합니다. 그 고백
이 바로 생명에 대한 그리스도인들의 책임적 자세와 실천으로 나
타나야 하는 것입니다.

생명에 대한 책임은 하나님께서 아름답게 창조해 주신 이 자연
만물에 대한 관리자로서의 마땅한 과제입니다. 인간이 자연의 주
인이 아닙니다. 창조신학에서 우리가 배우는 것처럼 피조세계의
주인은 사람이 아니라 하나님입니다. 인간은 그 자연의 관리자로
서의 책임(stewardship)을 담당해야 할 뿐이며, 그 자연을 훼손,
파괴할 권리가 부여된 것이 아니라는 말씀입니다.

이미 오래전인 1966년, 린 화이트Lynn Townsend White Jr.(1907~1987)
라는 학자는 창세기 1장 28절을 들어 우리 시대 생태학적 위기에
기독교가 책임이 있다고 주장하기도 했습니다.* 즉, "하나님이 그

---

\* Lynn White, "The Historical Roots of Our Ecologic Crisis." Science 155.3767 (1967):
1203-207, https://www.scu.edu/environmental-ethics/environmental-activists-heroes-
and-martyrs/lynn-white.html 재인용.
https://history.sfsu.edu/sites/default/files/EPF/2015/2011_Emily%20Warde.pdf, 45.

들에게 복을 베푸셨다. 하나님이 그들에게 말씀하시기를 '생육하고 번성하여 땅에 충만하여라. 땅을 정복하여라. 바다의 고기와 공중의 새와 땅 위에서 살아 움직이는 모든 생물을 다스려라' 하셨는데, 여기 나오는 '땅을 정복하라'는 유대-기독교적 가치로 말미암아 서구세계가 자연을 남용하여 착취했다"는 주장이었습니다. 이로 말미암아 당시 교회와 신학계는 충격을 받았고, 화이트의 주장처럼 어떻게 종교, 교회가 생태학적 위기의 극복에 나설 것인지 적극적으로 고민하는 계기가 되었습니다.

신학자들은 창세기 1장 28절에서 '땅을 정복하라'라고 번역한 단어가 이어지는 29-30절 본문을 보면 실은 '경작하라'라는 뜻임을 드러내며, 기독교는 결코 자연파괴를 선동하지 않는다고 응답하였고, 오히려 그 관리자로의 책임을 강조하게 되었습니다. 그런 의미에서 그의 주장은 기독교 환경운동사에 중요한 이정표를 제시한 셈이 되었다 할 것입니다.

## 로고스, 도道, 창조질서

생태사회(eco-society)란 인간 활동을 최대한 환경의 자연 주기에 적응하도록 추구하는 사회라고 정의합니다.* 다른 표현으로 지속가능성(sustainability), 또는 지속가능발전(sustainable development)이라고도 하는데, 이는 "미래 세대의 필요를 충족시

---

* "Eco-Society is defined for this Conference as a society that pursues, as much as possible, the adapting of human activities to the natural cycles of the environment." https://www.un.org/press/en/1998/19980522.eco4.html.

킬 수 있는 능력을 손상시키지 않으면서, 현재의 요구를 충족시키는 발전"을 말합니다.* 생태계의 건강과 환경은 인간과 다른 유기체의 생존과 번영을 위해 필수적인 요소입니다. 더욱이 자연은 현 세대뿐만 아니라 미래 세대 또한 함께 사용하고 누릴 수 있도록 물려주어야 합니다. 그런 의미에서 미래 이웃과의 연대성(solidarity)이요 또 파트너십partnership이라고 표현할 수도 있겠습니다. 피조물을 허투루 대하는 것은 그 피조물의 창조자에 대한 불경이요 모독이 될 수 있습니다.

이처럼 하나님의 창조 섭리, 창조질서에 담겨 있는 이런 이치들을 깨닫는 것이 바로 로고스, 즉 도를 아는 것이라고 할 수 있습니다. 우리가 예배를 통해 말씀을 추구하고, 성서연구를 통해 찾아나가고자 하는 지혜요 진리입니다.

"만물이 그분 안에서 창조되었습니다"(골 1:16). "만물은 그분 안에서 존속합니다"(골 1:17). 성부이신 하나님이 세워주신 창조질서의 바탕에 성자 예수 그리스도께서 함께 계신다는 뜻이 오늘 성서 본문들이 우리에게 강조하는 바입니다. 성령의 능력 가운데서 이처럼 밝히 깨닫고 힘차게 실천하는 사람들이 세상에 가득하길 기원합니다.

---

* "Sustainable development is development that meets the needs of the present without compromising the ability of future generations to meet their own needs."
https://sustainabledevelopment.un.org/content/documents/5987our-common-future.pdf.

## 장공과 생명

약 한 달 전에 〈의열지사 넋두리 한마당〉*이라는 사이트에 "장공 김재준 목사, 마이크 잡다"는 제목으로 글을 기고해 달라는 요청을 받았습니다. 다른 분들이 더 적임이라고 사양했지만, 결국 그 과제를 맡았습니다. 장공은 우리 교단, 한국기독교장로회의 '새 역사'에 가장 중요한 인물이라 하겠습니다. 글을 쓰기 위해 그의 저작들을 꽤 읽어보았습니다. 그리고 우리가 살고 있는 오늘 이 시대에 대해서 장공의 관심과 관점으로, 또 스스로 '범용자凡庸者', 즉 별 볼 일 없는 사람이라고 겸허해 하셨던 장공의 언어로, 또 가능하다면 최대한 장공 자신의 표현을 빌려 말하고자 노력했습니다. 또 처음에 글을 설계할 때 저는 '정의', '평화', '생명' 이런 화두들 순서로 그 내용을 쓰고자 했습니다.

제가 부탁받았던 원고는 이미 발표되었습니다만, 돌이켜보면 그런 작업이 얼마나 무모한 일이었는지 새삼스럽게 고백하지 않을 수 없습니다. 어쨌거나, 창조절 첫째 주일을 맞이한 오늘, 제 말씀은 그 글 가운데 생명과 관련하여 적었던 부분을 읽으며 마치고자 합니다.**

오늘날 기후변화와 환경, 생태계의 위기가 화두다. 나도 젊은 시절부터 열 가지를 정하여 지키려고 노력했는데, "산하(山河)와 모든 생명

---

* https://blog.naver.com/tongwoohn.
** https://blog.naver.com/tongwoohn/222493879407.

을 존중하여 다룬다"와 "모든 피조물을 사랑으로 배려한다"가 있었고, 늘 "생명, 정의, 평화"를 기도했다. 자연은 쓰고 버리는 일회용품이 아니다. 자연과 환경의 보전은 후세를 위한 우리 세대의 마땅한 책임이다. 그 가운데 핵발전, 핵무기 등의 극복이 중요한 과제로 자리 잡고 있다.

아울러 전쟁으로 말미암은 인명의 대량 살상은 물론이려니와, 평시에도 이 땅에서 산업재해와 교통사고, 자살 등으로 말미암은 안타까운 죽음들을 막아야 한다. '생명살림'이란 이 늙은이의 호소에 교육, 국방, 건설, 산업, 정치, 시민사회 등 각 부문이 응답하기를 바란다.

# 하나님 사랑과 이웃 사랑

(출 20:1-21; 빌 4:8-9; 막 12:28-34)

❧ ❧

율법학자들 가운데 한 사람이 다가와서, 그들이 변론하는 것을 들었다. 그는 예수께서 그들에게 대답을 잘 하시는 것을 보고서, 예수께 물었다. "모든 계명 가운데서 가장 으뜸되는 것은 어느 것입니까?" 예수께서 대답하셨다. "첫째는 이것이다. '이스라엘아, 들어라. 주, 곧 우리 하나님은 오직 한 분이신 주님이시다. 네 마음을 다하고, 네 목숨을 다하고, 네 뜻을 다하고, 네 힘을 다하여, 주 너의 하나님을 사랑하여라.' 둘째는 이것이다. '네 이웃을 네 몸 같이 사랑하여라.' 이 계명보다 더 큰 계명은 없다." 그러자 율법학자가 예수께 말하였다. "선생님, 옳은 말씀입니다. 하나님은 한 분이시요, 그 밖에 다른 이는 없다고 하신 그 말씀은 옳습니다. 또 마음을 다하고 지혜를 다하고 힘을 다하여 하나님을 사랑하는 것과, 이웃을 자기 몸 같이 사랑하는 것이, 모든 번제와 희생제보다 더 낫습니다." 예수께서는, 그가 슬기롭게 대답하는 것을 보시고, 그에게 말씀하셨다. "너는 하나님의 나라에서 멀리 있지 않다." 그 뒤에는 감히 예수께 더 묻는 사람이 없었다 (막 12:28-34).

오늘은 창조절 여덟째 주일, 이단경계주일입니다.

## 공관복음서

마가와 마태, 누가 이렇게 세 복음서들을 '공관복음서'(共觀福音書, the synoptic Gospels)라고 부릅니다. 그래서 이 세 복음서들에는 서로 공통된 내용이 꽤 많습니다. 오늘 복음서 본문인 마가복음서 12장 28-34절의 내용도 지난 주일 언급한 마태복음서 22장 34-40절 그리고 누가복음서 10장 25-28절에 공통으로 나오는 '평행구'(parallel)들입니다. 마태복음서에는 예수께서 이를 '율법과 예언자의 본뜻'이라고 설명해 주시는 부분이 그리고 누가복음서에는 선한 사마리아 사람의 비유가 이 본문에 붙어 있습니다.

성서를 이해하기 위해서 우리가 필수적으로 바탕에 깔고 있어야 하는 관계성을 다음 세 가지 'S'로 이미 설명한 바 있습니다: 하나님과의 '영성'(spirituality), 이웃과의 '연대성'(solidarity), 자연의 '지속가능성'(sustainability).

지난 주일에는 창조 질서의 세 가지 관계성 가운데 자연에 대한 선한 관리자로서의 책무성, 즉 지속가능성을 살펴보았습니다. 이어서 오늘은 다른 두 가지 영역, 즉 영성 그리고 연대성 측면을 함께 생각해 보고자 합니다.

## 십계명

구약성서 출애굽기 20장과 신명기 5장, 두 곳에 십계명(the Decalogue, Ten Commandments)이 수록되어 있습니다. 이 십계명의 내용은 보통 교회에서 세례를 받을 때 필수적으로 암기하도록 합니다. 따라서 그 내용은 잘 알고 계실 것입니다.

"나는 너희를 이집트 땅, 종살이하던 집에서 이끌어낸 주 너희의 하나님이다"라고 되어 있는 출애굽기 20장 2절은 십계명의 '전문前文'(preamble), 즉 머리말에 해당합니다. 그리고 "너희는 내 앞에서 다른 신들을 섬기지 못한다"는 제1계명으로부터 "안식일을 기억하여 그 날을 거룩하게 지켜라"라는 제4계명에 이르는 내용은 하나님과 사람과의 관계성을 규정합니다. 이어 "너희 부모를 공경하여라"로부터 "너희 이웃의 소유는 어떤 것도 탐내지 못한다"까지의 여섯 계명은 사람과 사람의 관계성에 대한 것입니다.*

그래서 예수께서는 이를 "네 마음을 다하고, 네 목숨을 다하고, 네 뜻을 다하고, 네 힘을 다하여 주 너의 하나님을 사랑하여라"는 것이 첫째 부분이요, "네 이웃을 네 몸같이 사랑하여라"는 것이 둘째 부분이라고 요약해 주셨던 것입니다.

---

* 가톨릭교회에서는 이를 1-3과 4-10 계명으로 분류한다: https://ko.wikipedia.org/wiki/십계명 참고.

## 하나님만이 주님이시다

창세기의 배경에 대해서 연구한 학자들은 구약성서 시대에 유포되었던 고대 메소포타미아의 창조 신화 '에누마 엘리쉬' 등을 언급합니다.* 그러나 그 신화들에 등장하는 신적 존재들은 창세기에서는 모조리 신성이 박탈당한 채 야훼 하나님의 피조물들에 불과한 것으로 나타납니다. 예를 들어 신화 속에 파괴의 신이었던 레비아탄Leviathan**은 그저 큰 물고기에 불과하며, 바빌론에서 숭배되었던 뱀도 마찬가지로 '야훼 하나님이 만드신 들짐승' 가운데 하나일 뿐입니다(창 3:1). 이런 차이는 당시의 신적 권위를 가졌던 모든 것들을 비신화화시켜 버리는 의미가 있으며, 이 모든 눈에 보이는 것들은 우리가 숭배해야 할 대상이 아니라는 것입니다. 사람과 마찬가지로 그저 하나님의 피조물일 뿐입니다.

우리가 만질 수 있고 볼 수 있는 그 모든 것이 하나님의 피조물일 뿐이라는 창세기의 선언은 그야말로 당시 그런 존재들을 신으로 여겼던 사회에서는 혁명적 무신론이었다 하겠습니다. 마치 로마 황제도 신으로 숭배되고 있던 시대에 황제나 다른 우상들을 향해 이들은 신이 아니라며 살아계신 하나님을 믿는 믿음을 고백했던 초기 그리스도인들이 '무신론자'라는 비난을 받고 핍박을 당했던 것과도 상응합니다.

---

* https://blog.naver.com/chanwoolee/221193121315.

** https://en.wikipedia.org/wiki/Leviathan.

## 하나님이냐, 맘몬이냐

그렇다면 오늘날 우리 사회에서는 무엇이 신적 권위를 가지는 것으로 숭배되고 있는지를 살펴보아야 합니다. 성서는 그 모든 것들이 신이 아니라고 선언합니다. 그저 피조물에 불과하다는 것입니다. 우리가 잘 관리해야 하는 대상일 뿐입니다. 그런데 현실에서는 한갓 피조물에 불과한 많은 존재가 스스로 신적 위상을 주장하거나 그렇게 여겨져 섬김을 받고 있습니다.

첫째로 생각해 볼 것은 재물입니다. 예수께서는 이렇게 말씀하셨습니다: "아무도 두 주인을 섬기지 못한다. 한쪽을 미워하고 다른 쪽을 사랑하거나, 한쪽을 중히 여기고 다른 쪽을 업신여길 것이다. 너희는 하나님과 재물을 함께 섬길 수 없다"(마 6:24).

여기서 재물이라고 번역된 단어는 원래 '맘몬'(μαμωνᾷ)입니다. 재물 자체가 악한 것은 아닙니다. 신약성서에서 이 단어는 누가복음서 16장에 나오는 불의한 청지기의 비유에도 사용되는데, 거기서도 재물 자체를 죄악시하지는 않습니다. 다만 궁극적 관심이 재물 자체에 있는 경우의 문제점을 지적하는 것입니다.

현대 사회에서는 마치 소유한 재물의 규모에 따라 인격이 결정되는 것처럼 오해하고 그렇게 알아주는 경향이 있습니다. 그러나 재물을 얼마나 소유하고 있느냐 하는 것으로 사람의 인격을 판단할 수는 없습니다. 재물 소유를 향한 탐욕이 클수록 그 인격은 보잘것없고, 그래서 재물과 인격은 오히려 반비례하는 경우가 훨씬 많을 것입니다. 맘몬의 숭배는 사람을 인격체로 받아들이는 것이 아니라 자신의 탐욕을 채우는 수단으로 삼게 만듭니다.

재물을 어떻게 잘 활용할 것인가에 대한 관심이 아니라 재물의 소유 그 자체 그리고 그 규모를 키우는 것에 삶의 최종적인 관심이 있다면 그것이 바로 하나님의 자리를 맘몬이 차지한 것이라고 해야 할 것입니다. 어떤 수단이나 방법을 가리지 않고 오로지 탐욕을 채우면 된다는 식으로 타락해버린 언론, 법조, 종교, 학문, 정치, 문화, 경제 등도 그 맘몬의 숭배에서 벗어나지 못하는 것입니다.

## 하나님의 자리를 차지하는 이단 사이비

둘째로 그런 신적 권위를 주장하는 것들 가운데 하나가 바로 이단 사이비들입니다. 일부 집단의 경우에는 기독교 등의 외피를 입고 그 종파의 창시자 등을 신적 권위를 가진 존재로 믿도록 합니다. 그런 자들을 일컬어 '선생님', '재림예수', '감람나무', '이긴 자', '보혜사' 등으로 숭배합니다. 그러면서 자신을 믿으면 육체적으로 영생불사하는 것처럼 주장하다가 교주가 죽은 후에는 다른 사람에게 영이 임했다며 그 교리를 계속 주장하는 행태를 보입니다. 그리고 이런 궤변에 미혹 당한 사람들을 정신적으로, 물질적으로, 또 나아가 육체적으로까지 착취하고 수탈하는 행태를 계속하고 있습니다.

물론 개개인이 이런 미혹에 빠지는 일이 없어야 합니다. 하지만 오늘 이단경계주일을 맞아 특별히 어떻게 하면 이러한 미혹이 더 이상 세력을 자랑하지 못하고 사그라들게 할 수 있을지에 대해서도 함께 고민해 보아야 합니다. 교회가 교회답지 못할 때 이들은 더욱 발호하며 위세를 떨칩니다. 따라서 교회를 교회답게, 교인은 교인답게 만들어 이런 집단들이 발호하지 못하도록 해야 하겠습니다.

## 말초적 공정을 넘어서야

셋째로 하나님의 자리를 몇몇 사람이 차지하는 경우도 있습니다. 이단의 경우에도 유사하지만, 많은 독재자가 자신의 명령이 마치 하나님처럼 무소불위의 권력을 가진 것처럼 행세하고 그 과정에서 수많은 시민의 생명과 안전, 재산 등을 앗아갑니다. 그런 독재의 현실은 지금 이 시간에도 세계 곳곳에서 지속되고 있습니다.

그런데 사람들은 흔히 독재 구조 속에서의 폭압에 대해서는 무기력하게 자포자기합니다. 대신 자기 주변의 작은 일들에서 공정이 깨진 현실에 대해서는 매우 민감하게 반응하고 또 분개합니다. 마치 〈오징어게임〉에 나오는 설정처럼 말입니다. 언론이나 학문 등은 이런 미개한 현실에 대해서는 눈을 감고 이른바 '말초적 공정', 즉 눈앞에서의 주변 사람과의 경쟁에서 어떻게 하면 손해를 보지 않을까 하는 범위에만 몰두합니다. 저는 〈오징어게임〉이라는 영화에서 가장 크게 주제로 삼은 것이 바로 이런 심리 현상이 아닐까 생각합니다.

독재나 부패, 직권남용 등의 커다란 불의에는 무감각하고 대신에 자잘한 인턴확인서 따위에만 선택적으로 분노합니다. 또 그렇게 길들여집니다. 그래서 퇴직금 명목으로 수십억 원이 오가더라도 그러려니 합니다. 대신 수백만 원 장학금에는 뇌물 성격이라며 함께 손가락질합니다.

대학입시 제도에서도 비슷한 현상이 나타납니다. 정시 확대가 보다 공정한 방식이라고 신뢰하며 선택하는데, 사실 그 이면에 수능 성적이 가정의 수입 규모와 비례한다는 사실에 대해서는 애써 못 본 체합니다.

게다가 게임에 참여한 사람들은 목숨을 내놓아야 함에도 불구하고 그 영화에서 VIP들이 그 게임을 즐기듯, 다른 사람들의 생명을 걸고 자신들의 말초적인 쾌락만을 추구하는 자들이 있는 것입니다. 사람의 가치보다 탐욕이 앞서고, 사람의 생명보다 돈이 더 중하다고 여기는 것입니다.

## 신앙인의 책임

자기 동생 아벨을 죽이고도 "너의 아우 아벨이 어디 있느냐?" 물으시는 야훼의 질문에 "모릅니다. 제가 아우를 지키는 사람입니까?"(창 4:9)라고 항변하는 가인의 모습은 오늘 많은 현장 속에서 찾을 수 있습니다.

사람과 사람은 본디 '갈비뼈'로 상징되는 가장 가까운 벗이어야 합니다. 성별이 다르다고 해서 우열을 뜻하는 것은 아닙니다. 지향, 출신지, 인종, 문화, 언어, 종교 등등 어떤 차이도 차별로 이어지지 않고 인격체로 존중히 여김을 받는 사회를 향해 나아가야 합니다. 이웃 사랑은 공허한 구호가 아니라 이러한 구체적인 내용을 갖춘 실천이어야 합니다.

하나님을 사랑한다고 하면서 이웃을 사랑하지 않는 것은 거짓입니다. 자신은 뜨거운 영성을 지닌 것처럼 내세우면서, 이웃과의 연대성 측면에서는 그저 바닥을 치듯 전무하다시피 한다면 이는 위선에 불과합니다.

산재사고, 교통사고 등에서 상대방의 생명이 어떻게 취급되는지 살펴보아야 합니다. 자살의 경우에도 그처럼 극한의 상황으로 내몰리기까지 우리는 무엇을 했는가 자문하여야 합니다. 영화 〈D.P〉에서 탈영병들의 스토리를 공유한 것은 비단 병영문화에서의 문제점들에 대한 지적으로만 생각해서는 안 됩니다. 오히려 우리 사회, 나아가 지구의 인권 상황에 대한 반성, 깊은 성찰을 요구하는 아우성으로 받아들여야 할 것입니다. "당신도 방관만 하던 공범 아니었냐?" 하는 물음은 우리 사회 다른 영역에도 그대로 통하는 질타가 아닐 수 없습니다.

신앙이란 이처럼 우리의 이웃에 대한 책임의 범위를 제대로 인식하고 그 실천에 나서는 출발을 뜻합니다. 믿음의 사람이란 그 방향성을 추구한다는 의미이지, 그 사람이 완벽하게 다 이루었다는 뜻은 결코 아닙니다. 우리는 그 책임의 범위가 넓어질수록 오히려 우리의 무력함을 확인하게 됩니다. 신앙이란 그 책임의 범위를 인식하고 자신의 부족함을 고백하며, "제발 행위로서가 아니라 그 지향을 보아 내 생애를 심판하소서"* 라며 조용히 하나님 앞에 무릎

---

* A. J. Cronin, *The Keys of the Kingdom*; 이승우 역, 『천국의 열쇠』 (서울: 성바오로출판사,

을 꿇는 것입니다. 이웃에 대한 책임과 자신의 무력함에 대한 인식 없이 자신이 죄인이라고 고백하는 것은 내용 없는 공허한 입놀림에 불과할 가능성이 높습니다.

오늘 "창조의 질서 가운데 하나님 홀로 주님이시다"는 신앙고백이 우리의 마음 가장 깊은 곳에서 우러나오기를 기대합니다. 이웃과 더불어 살도록 돕는 짝으로 만들어주셨다는 다짐으로 다시 우리 생활의 현장으로 달려갑시다. 하나님을 향한 깊은 영성을 바탕으로 서로 '돕는 짝'으로 살도록 창조해 주신 이웃들을 자기 몸처럼 존중하며 살아가는, 아름다운 사회를 향해 힘차게 전진해 나갈 때 주님의 성령께서 우리와 함께하실 것입니다.

1984), 386.

# 무엇을 구할까

(렘 17:5-8; 엡 6:10-20; 마 6:25-34)

＊❦❦＊

"그러므로 내가 너희에게 말한다. 목숨을 부지하려고 무엇을 먹을까 또는 무엇을 마실까 걱정하지 말고, 몸을 보호하려고 무엇을 입을까 걱정하지 말아라. 목숨이 음식보다 소중하지 않으냐? 몸이 옷보다 소중하지 않으냐? 공중의 새를 보아라. 씨를 뿌리지도 않고, 거두지도 않고, 곳간에 모아 들이지도 않으나, 너희의 하늘 아버지께서 그것들을 먹이신다. 너희는 새보다 귀하지 않으냐? (중략) 믿음이 적은 사람들아, 오늘 있다가 내일 아궁이에 들어갈 들풀도, 하나님께서 이와 같이 입히시거든, 하물며 너희들을 입히시지 않겠느냐? 그러므로 무엇을 먹을까, 무엇을 마실까, 무엇을 입을까, 하고 걱정하지 말아라. 이 모든 것은 이방 사람들이 구하는 것이요, 너희의 하늘 아버지께서는 이 모든 것이 너희에게 필요하다는 것을 아신다. 너희는 먼저 하나님의 나라와 그의 의를 구하여라. 그리하면 이 모든 것을 너희에게 더하여 주실 것이다. 그러므로 내일 일을 걱정하지 말아라. 내일 걱정은 내일이 맡아서 할 것이다. 한 날의 피로움은 그 날로 족하다"(마 6:25-34).

창조절 둘째 주일입니다. 교우 여러분께 하나님의 은혜와 사랑이 충만하기를 빕니다. 여러 가지 사회의 환경이나 개인적 조건 등으로 어려움 속에서 신음하는 세계 곳곳에 하나님의 위로와 희망이 함께하여 용기를 낼 수 있기를 손 모아 빕니다. 특히 삶의 의미나 방향을 찾지 못하고 방황하고 있는 사람들에게도 밝은 빛이 임하기를 기도드립니다.

## 숨바꼭질

약 15년 전입니다만, 개그콘서트에 '마빡이'라는 코너가 있었는데, 기억나시는지요?* 거기에 우리 모두가 어릴 때의 추억을 떠올리게 하는 "술래잡기 고무줄놀이…" 하는 노래가 나옵니다.** 저는 그게 원래 동요인 줄 알았는데, 찾아보니 '자전거 타는 풍경'의 〈보물〉이란 노래라고 합니다.***

술래잡기, 숨바꼭질은 아마 우리 모두가 어렸을 때 누구나 해본 놀이일 것입니다. 그리고 동서고금을 막론하고 어디서나 보편적으로 찾아볼 수 있는 어린 시절 놀이 가운데 하나 아닐까 생각합니다.**** 신생아일 때에는 '까꿍' 놀이를 통해 아기가 찾는 대상이 어디로 사라지지 않고 그대로 남아 있다는 것을 알려줍니다. 또 좀 더 커서는 숨바꼭질의 발전된 형태의 '다방구'를 하며 집 주위에서

---

* https://namu.wiki/w/마빡이(개그콘서트)
** https://www.youtube.com/watch?v=HGDNTTbKxTY.
*** https://youtu.be/3_isaSJ-RDM.
**** https://100.daum.net/encyclopedia/view/b12s4169a.

뛰어다녔던 기억도 있을 것입니다. 숨바꼭질은 찾기 어렵게 몸을 숨기는 것과 이를 찾는 과정이 결합한 놀이라 하겠습니다.

## 무엇을 구하는가?

오늘 복음서 본문은 산상수훈, 산상설교의 한 부분입니다. 마태복음서 6장 33절에서 우리는 "너희는 먼저 하나님의 나라와 하나님의 의를 구하여라"는 예수의 말씀을 만납니다. 숨바꼭질 놀이에서는 무엇을 또는 누구를 찾아야 하는지가 분명합니다. 그런데 삶 속에서 우리는 무엇을 찾고 있는지 알지 못하고 그냥 사는 경우가 많습니다. 그러한 우리들에게 예수께서는 우리가 무엇을 찾으며 살고 있는지를 돌아보게 하십니다.

여기에 '구하다'는 그리스어로 '제테오ζητέω'라는 단어입니다. 추구한다, 찾는다, 염원한다, 요구한다 등으로 번역할 수 있습니다. 본문 앞부분에서 예수께서는 살기 위해서 하는, 즉 무엇을 먹을까, 무엇을 마실까, 무엇을 입을까 걱정하는 모습을 말씀하십니다. 마치 오늘 우리들의 삶의 모습을 콕 집어 말씀하시는 것 같다는 생각이 들지 않나요?

## 궁극적 관심

의식주, 이런 것들이 불필요하다는 뜻은 결코 아닙니다. 예수께서는 그런 것들이 우리에게 필요하다는 것은 하늘 아버지께서 다 알고 계시다고 말씀하시기 때문입니다. 문제는 우선순위입니다.

폴 틸리히Paul Tillich(1886-1965)라는 신학자는 "종교란 인간 정신적 삶의 특수한 기능이 아니라, 정신적 삶의 제반 기능들 속의 깊이의 차원"이라고 말했습니다. 그런 의미에서 "삶 전체를 아우르는 가장 깊은, 궁극적인 관심이 신앙이요, 또 종교"*라는 것입니다.

그런데 현실에서는 대부분의 경우 종교나 신앙은 삶의 전체를 아우르는 바탕이 아니라 삶의 아주 작은 부분에 불과한 것으로 취급당합니다. 많은 사람이 월요일부터 토요일까지는 그냥 '일반인'이지만, 일요일 하루만 거룩하게 지키면서도 당당하게 자신은 '신앙인'이라고 말합니다. 또 교회당 담벼락 안에 들어오면 경건하고 고상한 존재인 것처럼 행세하지만, 그가 사회에서 말하고 행동하는 내용을 보면 그런 거룩, 고결, 품격 등과는 거리가 먼, 아니 그와는 반대되는 이른바 '개차반'인 경우들이 수두룩하지 않습니까?

하지만 우리들 자신의 삶에서 우선순위가 무엇인가 하는 데 가서는 도로 성서 본문의 말씀이 날선 검처럼 우리 가슴을 찌르고 있음을 느낄 수밖에 없습니다.

술래잡기 놀이에서 우리가 찾는 대상이 명확한 것처럼 우리 신앙인의 삶에서도 가장 밑바탕이 되는 궁극적 관심이 분명해야 할 것입니다. 신앙인들이 추구해야 할 대상은 무엇인가요? 우리가 극복해야 할 모습들을 먼저 생각해 봅니다.

---

* https://m.blog.naver.com/stchopeter/221815737754.

## 타계주의의 극복

첫째는 '타계他界주의'입니다. 기독교인, 신앙인이라고 하면서도 가장 근본적으로는 죽은 다음에 천당에 가는 것을 가장 중요한 것으로 꼽는 경우를 많이 봅니다. 그런 타계주의적 경향의 대표적인 경우는 '예수천당 불신지옥'이라는 손팻말에서 찾을 수 있습니다. 하지만 이것은 신앙인들에게 그것은 부수적인 상급 정도일 뿐이지, 예수께서 그것 자체를 최종적 목표로 삼으라고 하신 적은 없습니다.

마태와 함께 이른바 'Q 자료'라고 하는 예수의 어록 자료를 공유하고 있는 책이 누가복음서입니다. 누가에서는 '하나님의 나라'가 29회, '그의 나라'가 2회 나옵니다. 원래 예수께서는 '하나님의 나라'라는 표현을 썼을 것으로 보입니다. 하지만 마태복음서에는 표준새번역으로 '하나님의 나라'가 5회, '하늘 나라'가 40회 나옵니다. 그래서 하늘에 있는 나라, 천당 등으로 오해하는 경우가 많습니다. 그렇지만 여기서 하늘은 천문기상학에서 말하는 하늘이 아닙니다.

십계명 가운데 "너희는 너희 하느님의 이름 야훼를 함부로 부르지 못한다. 야훼는 자기의 이름을 함부로 부르는 자를 죄없다고 하지 않는다"(출 20:7, 공동번역)는 말씀 기억하시지요? 그래서 탈무드 등의 유대 전통에서는 구약성서에 기록된 그 하나님의 이름, YHWH라고 된 신명사문자神名四文字(tetragrammaton)를 직접 읽지 않았습니다. 그 대신 '아도나이Adonai', 즉 '나의 주님'(My Lord)이라

고 하거나 '신神'이란 뜻의 '엘로힘Elohim' 또는 '그 이름'(the Name)
이란 뜻의 '하솀HaShem' 등 간접적으로 읽었다고 합니다.* 그래서
마태복음서 기자는 초대교회의 유대계 출신 독자들을 위해 하나
님 나라 대신 하늘 나라라는 표현으로 대체하여 배려하고자 했던
것으로 생각합니다. 따라서 하나님의 나라를 그런 의미의 천당이
라고 생각하는 것은 분명한 오해일 뿐입니다.

　또한 최후 심판의 비유(마 25:31-46) 등 죽은 후의 삶에 대한
예수의 말씀이 여러 곳에 있습니다. 그러나 그런 말씀들이 무엇을
가르치고 있는지 바르게 깨달아야 합니다. 예수는 결코 타계주의
를 선동하신 것이 아닙니다.

## 물신주의의 극복

　둘째로 우리가 흔히 보는 관심은 '물신주의'(fetishism)입니다.
사람이 만들어 놓은 사물을 가장 중요한 것으로 생각하는 경향입
니다. 예수를 왜 믿느냐고 물어볼 때, 예수 믿으면 장사가 잘되고
돈을 크게 벌 수 있고 병을 고치게 하고 시험에 합격하고 성공하게
한다 등등을 꼽는다면, 그런 사례들은 모두 물신주의적 병폐에 찌
든 결과라 하겠습니다. 무엇을 소유했느냐 거기서 존재 이유를 찾
고, 신앙의 깊이는 세상적인 성공으로 표시된다고 착각합니다. 그
래서 큰 재물이나 권력 등을 소유한 사람들을 우러러보는 것입니다.

　그런 숭배까지는 아닐지라도 오늘 복음서 본문에 나오는 것처

---

* https://en.wikipedia.org/wiki/Tetragrammaton.

럼 일상에 찌든 상황도 찾아볼 수 있습니다. 예수께서 말씀하신 바와 같이 무엇을 먹을까, 무엇을 마실까, 무엇을 입을까 하는 걱정들이 마음속을 가득 메우고 있는 것입니다. 물론 예수의 말씀이 이런 것들에 초연하라, 무관심하라, 그런 것들은 내박쳐 놓아라 그런 뜻은 아닐 것입니다. 다만 그런 걱정들이 삶 전체를 억누르고 그런 고민에 빠져서 사는 것이 문제입니다. 이것은 물신주의가 아니라 할 수 있을까요? 저는 이런 삶도 또한 물신주의라는 동전의 반대쪽에 새겨진 모습이 아닐까 생각합니다.

그러나 이런 모습들에서 보는 물신주의 또한 결코 신앙의 본질은 아닙니다. 오히려 반신앙의 증거라 해야 할 것입니다.

## 쾌락주의의 극복

셋째로 '쾌락주의'입니다. 죽은 후의 내세나 뭘 많이 소유하는 것도 별로 관심이 없습니다. 지금의 삶 속에서 최대한 즐기자 하는 경향입니다. 아마 요즘 젊은 세대의 특징이 아닐까 생각합니다. 소유나 타계에 대한 조바심으로부터 자유로운 것은 바람직한 면도 있다고 생각합니다. 그렇다고 해서 타계주의나 물신주의 아니면 선택 가능한 다른 대안은 쾌락주의뿐일까요?

영화 〈죽은 시인의 사회〉로 유명해진 문구가 있지요? 라틴어 '까르페 디엠Carpe diem', '오늘을 즐겨라' 그런 뜻입니다. 우리는 반드시 죽는데 그처럼 아웅다웅하며 살 필요가 있겠느냐 하는 것입니다. 저는 그 대사, 그 표현은 좋아하지만, 그렇다고 해서 지금을 즐기는 것이 삶이 궁극적으로 추구해야 하는 목적이라고 생각하지는 않습니다. 지금을 즐기는 것은 궁극적인 과제를 향한 삶을 추구하면서 그 삶 속에서 스스로 만족하고 기뻐하는 것을 내용으로 삼아야 한다고 생각합니다.

예수께서 말씀하셨던 부자와 거지 이야기(눅 16:19-31)가 있습니다. 부자가 호화롭게 살다가 죽어서 지옥에서 고통당하면서 후회하는 내용입니다. 그러나 그 본문은 결코 타계주의를 선동하는 것이 아닙니다. 그 바로 앞에는 '돈을 좋아하는 바리새파 사람들'(눅 16:14)의 비웃음이나 "너희는 하나님과 재물을 함께 섬길 수 없다"(눅 16:13)는 말씀이 있으므로 그런 맥락에서 읽으면, 이는 물신주의나 쾌락주의에 빠지지 말 것을 가르치신 것으로 이해해야 하겠습니다. 쾌락주의, 지금 내 쾌락이 삶의 목적이라고 생각하고 그저 즐기는 데 빠진 것도 신앙적이지 않다는 말씀입니다.

### 먼저 하나님의 나라를

어렸을 때 우리가 술래잡기 놀이에서 찾고자 했던 대상이 분명했던 것처럼, 오늘 우리 그리스도인들이 추구하는 궁극적 관심 또한 분명해야 하겠습니다.

오늘 읽은 산상수훈을 통해 예수께서 가르쳐주시는 그 밑바탕, 궁극적 관심은 바로 '하나님의 나라'입니다. "너희는 먼저 하나님의 나라와 하나님의 의를 구하여라." 이 말씀 가운데 '하나님의 나라'란 어떤 뜻입니까? 하나님의 나라는 다른 말로 하면 주권이 하나님에게 있고 하나님이 통치하는, 즉 하나님의 뜻이 이 세계를 꿰뚫어 그 뜻대로 움직이는 그런 상태를 의미합니다.

따라서 우리가 스스로 신앙인이라고 말하기 위해서는 우리의 가장 궁극적인, 근본적인 관심이 바로 하나님의 뜻이 관철되는 것, 즉 하나님 나라의 실현에 있어야 한다는 말씀입니다. 그 하나님 나라의 실천이 우리 삶의 우선순위에 가장 높은 곳에 있을 때라야 우리는 진정한 신앙인들이 될 수 있습니다.

또한 그처럼 하나님 나라를 삶의 가장 높은 우선순위에 놓고 실천해 나가는 삶 속에서 우리들이 미리 맛볼 수 있는 것이 바로 하나님 나라입니다.

구약성서 예레미야는 사람을 의지하지 말고 주를 믿고 의지하라고 요구합니다. "그는 물가에 심은 나무와 같아서 뿌리를 개울가로 뻗으니 잎이 언제나 푸르므로 무더위가 닥쳐와도 걱정이 없고, 가뭄이 심해도 걱정이 없다. 그 나무는 언제나 열매를 맺는다"는 것입니다(렘 17:8).

바울은 에베소서 본문에서 우리 삶을 악한 영들과 상대하는 싸움이라고 표현합니다. 온갖 뒤틀린 세계 속에서 하나님의 뜻, 하나님의 질서를 회복, 실현해 나가는 데 자신의 삶의 궁극적인 관심을 두는 것이 진정한 신앙인들의 삶입니다.

# 아들을 믿는 사람에게 영생이 있다

(출 3:1-8; 히 4:1-13; 요 3:31-36)

❧

위에서 오시는 이는 모든 것 위에 계신다. 땅에서 난 사람은 땅에 속하여서, 땅의 것을 말한다. 하늘에서 오시는 이는 모든 것 위에 계시고, 자기가 보고 들은 것을 증언하신다. 그러나 아무도 그의 증언을 받아들이지 않는다. 그의 증언을 받아들이는 사람은, 하나님의 참되심을 인정한 것이다. 하나님께서 보내신 이는 하나님의 말씀을 전한다. 그것은 하나님께서 그에게 성령을 아낌없이 주시기 때문이다. 아버지는 아들을 사랑하여, 모든 것을 아들의 손에 맡기셨다. 아들을 믿는 사람에게는 영원한 생명이 있다. 아들에게 순종하지 않는 사람은 생명을 얻지 못한다. 그는 도리어 하나님의 분노를 산다(요 3:31-36).

그러므로 하나님께서 허락하시는 안식에 들어갈 수 있는 약속이 아직 남아 있는 동안에, 거기에 미치지 못하는 사람이 여러분 가운데서 아무도 생기지 않도록, 두려운 마음으로 조심하십시오. 그들이나 우리나, 기쁜 소식을 들은 것은 마찬가지입니다. 그런데 들은 그 말씀은 그들에게는 아무런 유익이 되지 못하였습니다. 그들은 그 말씀을 듣고서도, 그것을 믿음과 결합시키지 않았기 때문입니다. (히 4:1-2).

## 부활과 영생의 신앙, 그 이중성

어떤 사람들에게는 그리스도교를 믿기 어렵게 만드는 가장 큰 걸림돌 가운데 하나가 부활과 영생의 신앙입니다. 출애굽이야 역사라 치고 그 해석이나 설명이 각각 다를 수 있으니 받아들일 수도 있을 것입니다. 하지만 이런 분들에게는 천지창조, 승천, 동정녀 탄생, 부활, 천국, 영생 등은 교회에 대해서 접근하기 어렵게 만드는 요소들이 되고 있습니다.

그렇지만 (이단 종파를 포함하여) 다른 어떤 사람들, 즉 교회 생활에 몰입하며 일반 사회로부터 도저히 이해할 수 없는 집단이라는 평가를 받게 만드는 사람들 상당수는 아이로니컬하게도 이 부활과 영생의 신앙이야말로 신앙의 본질이요, 자신감과 몰입의 근거가 됩니다.

## 영생불사에 대한 관심, 파라오

고대로부터 사람들은 죽음에 대한 두려움을 가지고 살아왔습니다. 죽음이 생명의 종말이라는 점에 절망하기도 했습니다. 나아가 어떻게 영생불사의 길을 찾아볼 수 있을까 고민하며 추구했습니다.

잘 아시는 바와 같이 출애굽의 출발지점이 라암셋Rameses이라는 곳인데, 나일강 하류 동북부에 있던 삼각주의 중앙 부분에 있었던 성읍이라고 합니다. 비돔과 라암셋에 국고성國庫城을 짓는데 바로

가 이 히브리 노예들을 동원했다고 성서는 말합니다. 우리가 잘 아는 출애굽기에 나오는 '바로'가 바로 '파라오'입니다.

하지만 히브리 노예들은 또한 잘 아시는 피라미드Pyramid 건축과 스핑크스 제작에도 동원되었을 것입니다. 기자의 스핑크스는 높이 20m, 길이 72m의 화강암으로 제작된 것이라고 합니다. 그런데 이 스핑크스는 피라미드 앞에 수호신으로 배치되어 있는 보조적인 위상을 가지고 있을 뿐입니다. 가장 큰 규모인 기자의 피라미드는 밑변이 가로 220m, 세로 230m로 거의 정사각형의 모습의 거대한 구조물입니다. 쿠푸의 피라미드는 주전 2,560년에 세워졌다고 하는데 높이만 146m라고 합니다. 하나의 피라미드 건설에 소요된 당시의 노동력 규모는 어느 정도였을까요? 학자들의 계산에 따르면 현대의 장비나 기술이 아닌 당시의 수준에서 이는 20만 명이 20년 동안 부역해야 할 정도였다고 합니다.

이집트의 파라오Paraoh들이 이처럼 거대한 피라미드를 건설한 까닭은 무엇이었나요? 파라오들은 자신의 죽음 이후를 예비하기 위해 그처럼 엄청난 노동력을 동원했던 것이라고 합니다. 파라오의 사후 미이라mummy를 만들었고 이를 피라미드에 안치했던 것입니다. 대영박물관에 가보시면 라암셋 2세 미이라가 전시되어 있습니다. 물론 파라오 아닌 귀족이나 일반인들, 심지어 동물들까지도 미이라로 만들었던 것을 볼 수 있습니다. 미이라, 피라미드, 스핑크스 등은 바로 이집트인들의, 사후에 영혼이 다시 육체로 복귀한다는 믿음을 보여주는 증거라 하겠습니다.

## 불로초에 대한 관심, 진시황

시간이 흘러 주전 3세기, 주전 259년부터 210년까지 재위했던 진시황 이야기로 들어가 봅니다. 그는 중국을 통일하고 자신을 제국의 '시황제始皇帝'라고 불렀습니다. 진시황은 문자를 통일시키고, 흉노의 침입을 차단하기 위해 만리장성을 쌓았습니다. 아방궁도 진시황의 궁궐이었습니다. 또 유명한 것이 있지요? 분서갱유焚書坑儒, 그렇습니다.

만년의 시황제는 오직 자신의 불로장생不老長生만을 생각하게 되었다고 합니다. 천하를 통일한 시황제로서도 자신의 죽음에 대해서는 마음대로 할 수 없었던 것이지요. 그는 여러 차례 해외에 사람을 보내어 불사不死의 영약靈藥을 구해오도록 하였습니다. 불로초不老草라 불리는 것이지요. 불로초, 인천에 있는 한 초등학교 이름이기도 합니다만, 진시황 이전에 제나라 위왕, 선왕, 연나라 소왕도 마찬가지였고, 진시황 이후 한나라 무제, 오나라 손권도 불로초를 찾기에 골몰했다고 합니다.

"이 불로초가 발해의 삼신산에 있다고 하니 거기 가서 신선을 만나 불로초를 구해와라" 명을 내립니다. 이 삼신산은 봉래산, 방장산, 영주산이라고 하는데, 우리나라의 금강산, 지리산, 한라산이라고도 합니다. 이렇게 파견된 신하들은 가서는 돌아오지 못하겠지요? 영지버섯이 그 불로초라는 설도 있습니다만, 그것이 불사의 영약은 아니니까요.

불사의 영약을 구하는 일에 골몰했던 시황제는 이번에는 후생候

生, 노생盧生이라는 일종의 주술사, 연금술사였던 '방사'에게 영약을 구해오도록 하였으나 결국은 그들로부터 우롱만 당하고 말았다고 합니다. 아무리 방사라도 효험이 없으면 가차 없이 사형에 처하는 것이 시황의 성품이었기 때문에, 후환을 두려워한 후생, 노생도 결국은 도망치고 맙니다.

진시황은 이들의 행방을 찾다가 후생, 노생이 도망하면서 황제인 자기를 비방했다는 사실을 알고 크게 노하여 자기를 비방했을 것으로 생각되는 함양의 학자들을 철저히 조사토록 했습니다. 조사 결과 자기를 비방한 자는 주로 유생들이고 그들이 "시황제는 유생을 우습게 알고 법에만 의존하고 있다. 권세욕의 권화權化, 잔학한 폭군…"이라고 비방했다고 알게 됩니다. 이에 진시황은 관련된 유생 460명을 체포하여 구덩이를 파고 생매장했다고 합니다. 이것이 시황제 35년(주전 212)의 일로 역사상 유명한 분서갱유 사건입니다.

또 하나 진시황 관련 유물 가운데 유명한 것이 있습니다. 바로 중국 시안西安에서 발견된 병마용갱兵馬俑坑입니다. 8천여 명의 병사들과 520마리 말, 130개의 전차의 모형이 이 갱들에서 나왔습니다. 현재 제4호 갱까지 발견되었습니다만 이게 끝이 아닐 것 같다고 합니다. 이 병마용들은 자신의 무덤을 지키는 병력의 기능을 위해 만든 것인데, 진시황은 자신의 무덤을 만들고 나서 그 도굴을 막기 위해 동원되었던 인부들을 모두 살해했다고 알려집니다.

## 사람이 다시 태어날 수 있는가 물음, 니고데모

오늘 요한복음서 3장은 예수님과 니고데모라는 바리새파 지도자의 대화로 시작됩니다. 우리가 가장 잘 알고 있는 성서 요절, 3장 16절에 있지요? "하나님이 세상을 이처럼 사랑하사 독생자를 주셨으니, 누구든지 저를 믿으면 멸망하지 않고 영생을 얻으리라." 이 본문은 예수님과 니고데모와의 대화의 결론 부분입니다.

니고데모는 매우 합리적이고 이성적인 사람이었던 것으로 보입니다. 사람이 늙어서 어떻게 어머니 뱃속에 다시 들어갔다가 태어날 수 있습니까? 오늘 요한복음서 3장 마지막에 있는 본문은 그러한 예수님과 니고데모와의 대화의 연속선상에서 이해를 해야 되는 것입니다. "어떻게 그것을 알 수 있습니까?" 니고데모의 예수님을 향한 질문들 가운데서 그 사람의 생각을 알게 됩니다.

그냥 "믿으시면 아멘 하십시오"라고 하면 무슨 말이 됐든 다 "아멘!" 하는 그런 사람들은 이 니고데모하고는 좀 다르죠? 니고데모는 그냥 무조건 믿고, 무조건 '아멘' 하면서 이런 것들을 받아들이지 않았습니다. 그래서 예수님과 대화를 하면서 "사람이 거듭나지 않으면 영원한 생명을 얻을 수가 없다"는 요한복음서 3장의 가장 핵심적인 메시지를 듣게 된 것입니다. 예수님께서 "누구든지 다시 나야 하나님 나라에 들어갈 수 있다. 다시 나지 않으면 하나님 나라를 볼 수가 없다"라는 말씀을 하실 때 그는 즉각, 반응합니다. "사람이 다 늙었는데 어떻게 어머니 뱃속에 다시 들어갔다가 태어날 수 있습니까?" 아주 합리적인 생각이라 하겠습니다.

그런데 이 니고데모에게 예수님께서 대답하십니다. "물과 성령으로 거듭나야 하는 것이다." 어머니 뱃속에 도로 들어가서 다시 나는 게 아니라, 물과 성령으로 거듭나는 것이라고 설명을 하십니다.

그래서 이 본문을 성령강림절기와 연결하고 있는 것입니다. 니고데모에게는 이게 이상한 말로 들렸겠지만, 예수님께서 3장 7절에 '다시 태어나야 한다고 하는 것을 이상하게 여기지 마라, 다시 태어난다는 말도 합리적으로 생각하면 있을 수 없는 일'이라고 하십니다. 니고데모는 이 상징에 대해서 받아들일 수가 없었을 텐데, 예수님께서 그것은 물과 성령으로 거듭나는 것을 말한다고 설명해 주십니다.

예수님께서 말씀하시는 것은 그냥 어머니 뱃속으로 들어가 다시 태어나는 것이 아닙니다. 늙은 사람이, 덩치도 어머니보다 더 큰 사람이 어떻게 뱃속, 즉 태중으로 다시 들어갑니까? 이러한 차원이 아니라, 물과 성령으로 자신의 삶이 달라지는 것, 이것을 요구하는 것입니다.

## 하나님의 선물인 영원한 생명과 부활

성서 언어는 많은 상징을 내포하고 있습니다. 그래서 이 본문과 연계해서 주석 책들을 찾아보면 마태복음서 25장, 최후 심판의 비유입니다. 마태복음서 25장 46절에 영원한 생명과 영원한 저주를 언급합니다. 또 양과 염소의 무리의 이야기입니다. "어떤 사람들은 내가 굶주렸을 때 먹을 것을 주었고, 목말랐을 때 마실 것을 주었고, 옥에 갇혀 있을 때는 찾아봐 주었다. 그래서 '양의 무리', 이 사람들은 영원한 생명을 얻게 되고, 다른 사람들은 영원한 저주를 받게 된다." 이 말씀과 연결해서 생각해야 합니다.

'영원한 생명이라는 것은, 또 영원한 처벌, 영원한 저주라는 것은 무엇인가?' 영원한 처벌에는 스스로 행한 일이 역사 속에 기록되고 기억되어 처벌이 계속되는 것이 포함됩니다. 역사 속에서 어떻게 기록되고 어떻게 기억될 것인가. 그것 또한 처벌의 영속성입니다. 반대로 생각해 보면 영원한 생명이라는 것은 그 반대의 사람들, 즉 희생된 사람들, 또 그 희생이 없도록 싸우다가 힘들게 고난을 겪은 사람들에게서 주어지는 하나님의 보상들 가운데 하나라고 하겠습니다.

유대교 신앙에는 원래 '부활'이란 개념은 없었습니다. 우리가 부활에 대해서 언급한 처음을 찾아보려면 신구약 중간시대, 공동번역에서 외경이라고 하는 마카비서하에 나옵니다. 마카베오 형제들을 중심으로 당시에 시리아 권력의 압제 속에서 이들은 율법을 준수하는 것에 생명을 내겁니다. 마카비서하 7장을 보면 어머니와 그의 일곱 아들의 순교가 나옵니다. 돼지고기를 먹으라는 강요를 받고 이를 거절하자 하나씩 하나씩 다 죽입니다. 죽이는 형벌도 어마어마하게, 정말 참혹하게 죽이는데 여기에 어머니가 아들한테 말합니다. "이 세상의 창조주 하나님께서 너희에게 생명과 호흡을 다시 주실 것이다"(23절).

그 이야기를 읽으면서 저는 안중근 의사에게 어머니가 하셨다는 말씀이 연상되었습니다. 이 마카비서에 나오는 일곱 아들도 어머니까지 포함해서 다 죽임을 당합니다. 그저 돼지고기를 먹어 유대교 율법을 어기면 살려 준다고 하는데, 그 한 가지를 절대 못 한다고 끝까지 버티다가 죽는 것입니다. 마지막에 이렇게 우리가 신앙을 준수했는데 현실에서 이게 하나도 이루어지지 않을 때, 이것에 대해서 하나님이 어떻게 우리에게 보상해 주실 것인지, 이런 희망이 부활신앙으로 나타나게 되었을 것입니다.

그래서 이러한 성서 언어의 상징을 먼저 생각하지 않고, 단지 이것을 '불로영생不老永生'에 대한 관심으로 생각해서는 안 된다는 말씀입니다.

오스카 쿨만Oscar Cullmann이라는 신약 학자가 있는데, 그는 "'영혼불멸' 사상은 성서적이지 않다. 신앙적이지 않다"고 합니다. 이집트의 파라오, '그 영혼은 지금 신체로부터 떠나서 어디에 가 있고, 지금의 이 신체는 영원히 사라지기 때문에 죽은 신체고, 영혼은 언젠가 다시 돌아올 것이기 때문에 이 신체를 잘 보존하고 있어야 된다.' 이것이 파라오의 생각이고 또 진시황의 생각이었을 것입니다. 그런 영혼불멸이 아닙니다.

부활이라는 것은 무엇입니까? 이처럼 참혹하게 현실 속에서 고난 당하면서 하나님의 생각을, 하나님의 뜻을 실현하기 위해서 애쓴 사람들에게 주시는 '하나님의 선물'이 바로 부활이라는 말씀입니다. 그래서 오늘 본문에 나오는 예수님과 대화했던 니고데모에게 있어서 예수님을 만나서 다시 거듭난다는 것이 무엇인지, 그래서 거듭나지 않으면 영생에 들어갈 수 없다는 표현이 무엇인지, 이때 니고데모는 예수님의 말씀을 이해하게 되었을 것입니다.

영생은 "오직 한 분이신 참 하나님을 알고 또 아버지께서 보내신 예수 그리스도를 아는 것이다." 이를 영생이라고 표현합니다. 영생의 본질, 요한복음서 17장 3절에 이렇게 기록이 되어 있습니다. "영생은 오직 한 분이신 참 하나님을 알고 또 아버지께서 보내신 예수 그리스도를 아는 것입니다." 안다는 것은 단순히 그냥 지식으로 받아들이는 것이 아닙니다. 그렇게 사는 것, 그렇게 생각하고 실천하는 사람들에게 그것은 영원한 생명이고, 그것이 그리스도인들에게 하나님께서 주시는 선물이라는 것입니다. 이를 거역하고 반대로 살았을 때 이 사람은 영원히 역사 속에서 기억되고 기록되면서 영원한 처벌을 받게 된다는 것입니다. 이것이 마태복음서 25장에 나오는 말씀이며 우리가 기억해야 할 것입니다.

영원에 대한 교리, 그것은 우리가 말하는 '시간의 연속'에 대한 교리가 아닙니다. 삶에서, 현장에서 하나님의 뜻을 깨닫고 그대로 실천하고자 애쓴 사람들에게 주어지는 상급, 주어지는 선물입니다. 우리는 선물로 주신 영생, 부활을 기억하고 마음속에 담는 것이 우리 신앙인들의 과제가 될 것입니다.

# 하나님께서 오실 큰 길을 곧게 내어라

(사 40:1-11; 눅 1:57-66; 빌 4:4-7)

❧❦❧

"너희는 위로하여라! 나의 백성을 위로하여라!" 너희의 하나님께서 말씀하신다. "예루살렘 주민을 격려하고, 그들에게 일러주어라. 이제 복역 기간이 끝나고, 죄에 대한 형벌도 다 받고, 지은 죄에 비하여 갑절의 벌을 받았다고 외쳐라." 한 소리가 외친다. "광야에 주께서 오실 길을 닦아라. 사막에 우리의 하나님께서 오실 큰길을 곧게 내어라. 모든 계곡은 메우고, 산과 언덕은 깎아 내리고, 거친 길은 평탄하게 하고, 험한 곳은 평지로 만들어라. 주의 영광이 나타날 것이니, 모든 사람이 그것을 함께 볼 것이다. 이것은 주께서 친히 약속하신 것이다." (중략) 좋은 소식을 전하는 시온아, 어서 높은 산으로 올라가거라. 아름다운 소식을 전하는 예루살렘아, 너의 목소리를 힘껏 높여라. 두려워하지 말고 소리를 높여라. 유다의 성읍들에게 "여기에 너희의 하나님이 계신다" 하고 말하여라. 만군의 주 하나님께서 오신다. 그가 권세를 잡고 친히 다스리실 것이다. 보아라, 그가 백성에게 주실 상급을 가지고 오신다. 백성에게 주실 보상을 가지고 오신다. 그는 목자와 같이 그의 양 떼를 먹이시며, 어린 양들을 팔로 모으시고 품에 안으시며, 젖을 먹이는 어미 양들을 조심스럽게 이끄신다(사 40:1-11).

## 말머리

교우 여러분, 안녕하십니까?

오늘은 대림절 넷째 주일입니다. 성탄절 직전, 성탄절이라 하기에는 너무도 우울하고 기쁜 성탄을 말하기는 어려운 그러한 주일입니다. 이는 비단 코로나19뿐만 아니라, 우리 사회에 가장 취약한 사람들에 대한 제대로 된 제도적 장치가 아직 마련되지 않았기 때문이기도 합니다. 노동 친화적 사회 이 또한 구호로서만이 아니라, 현실로 이루어지도록 함께 기도하며 노력해야 하겠습니다. 더불어 어떤 특정한 집단도 자신들의 권력을 남용해서 국민 위에 군림하고, 자신들만 살판나는 세상 만들려는 일이 일어나지 않도록 깨어 있어야 하겠습니다.

## 와페어에서 웰페어로

오늘 구약성서 본문은 이사야 40장 1절부터 11절입니다. 잘 아시는 바와 같이 제2이사야(40-55장)의 시작입니다. 바벨론포로 시기에 위로와 회복, 희망의 메시지를 선포한 예언자입니다. 우리나라가 일제 식민통치를 겪고 있을 때 이에 저항하고 해방을 위해서 노력했던 많은 선구자, 선각자들과 마찬가지라고 생각하면 되겠습니다. 40장 1절에 "너희는 위로하여라. 나의 백성을 위로하여라." 이렇게 선포하는 것입니다. 40장 2절에 보면 여기 '복역 기간'이라고 표준새번역이 번역한 단어가 있습니다. 히브리어로는 차바고 하는데, 이 차바라는 것은 영어로 크게 두 가지로 번역을 합니다. 서비스 service와 와페어 warfare, 이렇게 두 가지로 번역을 하는데 복역 기간, '복역을 해야 할 기간이 다 끝났다' 이렇게 번역을 하거나, '전쟁이 끝났다'고 번역한 영어 성경들도 있습니다. '와페어'라는 단어는 전쟁, 무슨 무슨 전, 세균전, 화학전, 이렇게 할 때 쓰는 단어입니다. 제2차 세계대전 말엽에 영국에서 '더 이상 와페어가 아니라 웰페어 welfare의 사회가 되었으면 좋겠다'라고 하는 이 웰페어, 오늘날 우리가 '복지'라고 번역합니다. 이 단어와 관련하여 생각해 보면, 와페어에서 웰페어로 바뀌는 것을 선포한 사람이 그 시대에 예언자, 바로 제2이사야라 할 것입니다.

3절을 보면 "광야에서 주님께서 오실 길을 닦아라, 사막에 우리 하나님께서 오실 큰 길을 곧게 내어라", 오늘 말씀의 제목이 되었는데요 사막에 고속도로를 내라는 것입니다. 그래서 계곡을 메우고 산과 언덕을 깎아내리고 거친 길은 평탄하게, 또 험한 곳은 평지로 만들라는 것입니다. 오늘날에야 터널도 뚫고 교량도 세우고 이렇게 하지만, 그 당시에 사막에 큰 길을 내는 일이라는 것은 이러한 터널이라든지 교량을 통해서 가능하지 않았습니다. 따라서 계곡을 메꾸고 산과 언덕을 깎고 거친 길을 평탄하게 하고 험한 곳을 평지로 만드는 일이 꼭 필요했던 것입니다.

40장 9절을 보면 왜 이런 일들을 해야 하는지 말씀합니다. 이것은 바로 좋은 소식, 아름다운 소식을 시온, 예루살렘이 유다의 성읍들에게 전해야 되기 때문입니다. 그 내용은 한마디로 "여기에 너희의 하나님이 계신다"라고 되어 있습니다. 하나님은 어떤 분이신가요? 이것이 11절에 기록되어 있는데, 이것은 "목자와 같이 양 떼를 먹이시며 어린 양들을 팔로 모으시고 품에 안으시고 젖을 먹이는 어미 양들을 조심스럽게 이끄신다"라는 것으로 하나님의 모습을 그리고 있습니다.

〈세계테마기행〉 등의 TV 프로그램들을 보면 오지의 산골에서 양을 키우는 가정들을 볼 수 있습니다. 양 떼를 이동시킬 때 중요한 것은 어미 양들입니다. 어미 양들이 어디로 가느냐, 그 뒤로 다른 양 떼가 졸졸 따라오기 때문입니다. 이들을 잘 인도하기 위해서 어떤 데서는 개들을 동원하기도 하고, 어떤 데서는 말을 동원하기도 합니다. 그래서 어미 양을 잘 이끌어가는 것이 제일 큰 과제일 것입니다. 하지만 이와 함께 양치기들에게 중요한 또 하나의 과제가 있습니다. 어린 양들이 무리를 따라잡지 못하고 또는 어떤 구덩이나 덤불, 그런 데서 빠져나오지 못할 때가 있는데, 그런 경우 어린 양을 번쩍 들어내어 제대로 무리에 합류하도록 만드는 그런 역할도 목자가 하는 것입니다. 바로 하나님께서 목자와 같이, 양 떼를 이끄는 목자처럼 이스라엘을 이렇게 인도해 내신다는 것이 예언자의 설명입니다.

나아가 우리는 본문 가운데서 '임마누엘עִמָּנוּאֵל'의 개념을 찾아낼 수 있습니다. 임마누엘, '임마'라는 것은 위드with, '함께'라는 뜻이고 '누'는 우리 그리고 '엘'은 하나님, "하나님이 우리와 함께 하신다"라는 뜻이 여기에 기록되어 있는 것입니다.

## 메시지가 아니라 메신저일 뿐

오늘 복음서 본문은 누가복음서 1장 57-66절입니다. 여기에는 세례자 요한의 출생이 기록되어 있습니다. 요한의 아버지가 사가랴이고 어머니는 엘리사벳입니다. 오늘 본문 앞 1장 8-20절에 가브리엘 천사와 사가랴의 대화가 기록되어 있습니다. 22절을 보면 사가랴가 성소에 들어갔다가 오래 지체했고, 나와서는 말을 못 했다고 합니다. 왜 그렇게 된 것인가요? "주님을 맞이할 준비가 된 백성을 마련할"(17절) 책임을 맡을 아이를 낳을 텐데, "그 이름을 요한이라고 하여라"(13절). 이렇게 천사가 말합니다. 사가랴는 이것을 믿을 수가 없었습니다. 그래서 천사에게 말합니다. "어떻게 그것을 알겠습니까? 나는 늙은 사람이요 내 아내도 나이가 많으니 말입니다"(18절). 그러나 가브리엘은 "나는 하나님 앞에 서 있는 가브리엘인데, 나는 네게 이 기쁜 소식을 전해주려고 보내심을 받았다"(19절)라고 합니다. 사가랴가 이 말을 "믿지 않았으므로"(20절) 나와서 말을 못 했고 그래서 손짓만 할 뿐이었다고 합니다(22절). 그 천사의 예언대로 얼마 지나지 않아 엘리사벳은 임신을 했고 결국 아들을 낳았습니다.

이 늙은 부부가 아이를 낳았다는 것만 하더라도 믿기 어려운 일인데, 또 하나의 놀랄 일이 기다리고 있었습니다. 아이가 태어나서 여드레 되는 날, 율법에 따라 아이에게 할례를 하게 됩니다. 그리고 이름을 등록해야 하는데, 집안사람들은 그 아버지의 이름을 따서 '사가랴'라고 하라고 했습니다. 그 결정 과정에 여성, 아기 어머니들은 소외되기 쉽습니다. 그렇지만 엘리사벳은 소외에 순응하지 않고 일어나 목소리를 냅니다. "안 됩니다. 요한이라고 해야 합니다"(60절)라고 합니다. 사람들은 당신의 친척 가운데 이런 이름 가진 사람이 없으니 사가랴 Jr., 사가랴 2세라고 해야 된다고 고집합니다. 그러니까 이 며느리의 이야기를 꺾기 위해서 이 집안 어른들이 사가랴, 아이의 아버지에게 몰려갔을 것입니다. "아이 아버지에게 아기 이름을 뭐라고 하려고 하느냐?" 손짓으로 물어보니까, 말은 못 하고 그가 서판, 태블릿tablet을 달라고 해서 '그의 이름은 요한'(63절)이라고 썼다고 합니다. 그때 "그의 입이 열리고 혀가 풀려서, 말을 하며 하나님을 찬양했다. 그리고 이웃 사람들은 두려워하였다"(64절). 이러한 내용이 복음서 본문에 기록되어 있습니다.

여기서 그 세례자 요한은 "하나님이 사람이 되셨다"라고 하는 메시지를 '전달하는' 사람입니다. 자기 자신이 '메신저messenger' 이지 '메시지message'가 아니라는 것입니다. 오늘날에 많은 사람이 메신저임에도 불구하고 스스로 메시지가 되려는 사람들이 있습니다. 어떤 지위를 차지하게 되면 그 지위를 가지고 다른 사람들을 함부로 대하고 그것으로 자기가 메신저가 아니라 메시지라는 것을 인증 받고자 하는 그리고 주변에 이른바 '기레기'라고 하는 사람들은 그것을 날라서 쓰는 것입니다. 그렇지만 사가랴의 아들, 엘리사벳의 아들 요한은 자기 자신은 메시지가 아니라 메신저라고 분명하게 선을 긋고 있습니다. 그래서 요한은 누가복음서 3장 16절에 자기를 그리스도라고 생각하는 백성들한테 이렇게 표현하죠.

"나는 그의 신발끈, 신들메를 풀어드릴 자격도 없다." 이것이 세례자 요한의 본질이었습니다.

오늘날 우리 사회에서는 권력이라든지 돈이라든지 명예라든지 인기라든지 이런 것들을 인생의 궁극적 가치로 삼고 추구하는 사람들이 많습니다. 그런데 이것 자체가 목적이 되어 버리면 욕심이 통제가 안 됩니다. 견제와 균형(check and balance) 이런 것도 없고, 절제도 없고 제한도 없고, 철저하게 자기중심으로 살게 됩니다. 이웃이나 자연에 대해서는 관심이 없죠. 이것은 단지 수단일 뿐입니다. 그리고 이 사람들에게는 명분과 실제가 서로 따로 놉니다. 그래서 '한국적 민주주의'라는 표현을 박정희 시대에 썼는데, 민주주의가 아닌 거죠? 민주주의에다가 형용사를 붙여서 이것이 뭔가 고유한 독창적인 것처럼 표현하지만 사실은 민주주의의 본질을 벗어나는 것입니다. 그래서 명분하고 실제가 서로 괴리되는 것입니다. 그리고 이들은 이웃과 하나님, 나아가서 자신을 속이는 그런 삶을 사는 것입니다.

이런 삶에 비해서 자기 자신을 철저하게 낮추어 자신은 "메시지가 아니라 메신저일 뿐이다"라고 선포한 사람이, 바로 그 전형이 세례자 요한에게서 나오는 것입니다. 철저하게 낮아지고 자기를 비운 사람, 이것이 세례 요한의 삶이었습니다. 세례 요한은 잘 아시는 대로 회개만을 요구한 것이 아니라 회개에 합당한, 회개에 알맞은 열매를 맺으라고 3장 8절에 이야기합니다. 이 열매가 뭔가요? "속옷을 두 벌 가진 사람은 없는 사람에게 나누어 주고, 먹을 것을 가진 사람도 그렇게 하라." 즉, 신앙과 실천, 신앙과 생활의 일치를 요구한 것이 바로 이 세례자 요한이었습니다.

## 주님께서 가까이 오셨다

오늘 본문인 사도 서간문 빌립보서 4장 4-7절입니다. "주님께서 가까이 오셨습니다. 아무것도 염려하지 말고, 모든 일을 오직 기도와 간구로 하고, 여러분이 바라는 것을 감사하는 마음으로 하나님께 아뢰십시오." 이렇게 하면 하나님의 평화가 주어질 것이라는 내용입니다. '주님께서 가까이 오셨다. 우리 사회, 이 지구에 예수 그리스도께서 오셨다. 하나님이 우리와 함께 하신다는 것을 선포하는 책임 그리고 그것을 위해서 준비할 책임이 우리 그리스도인들에게 있다'는 것을 알려주는 본문입니다.

## 신앙인의 성탄 준비

신앙인의 과제, 성탄절을 준비하기 위한 신앙인의 과제들이 무엇인가 오늘 본문을 통해서 다시 생각해 봅니다.

첫째 과제는 먼저 자기 자신을 지키는 일입니다. 요즘에 자기 자신을 지킨다, 그러면 '마스크를 잘 쓰고, 방역수칙을 준수한다', 그러한 차원뿐만 아니라 근본적으로 자기 자신의 본질에 대해서 이해를 하는 것입니다. 그래서 자기 자신이 메시지가 아니라 메신저라는 사실을 깨닫고 이것을 철저하게 실천하는 것입니다. 이것이 자기 비움의 모습입니다. 또 세례자 요한이 자신을 '오시는 분의 신들메를 풀 자격도 없는 사람'이라고 철저하게 낮춰간 모습을 통해서 볼 수 있습니다. 이것은 예수님께서 '케노시스kenosis', 즉 자기를 비우셔서 하나님의 자리가 아니라 사람의 모습으로 오신 것의 내용과 상통하는 일입니다. 그래서 먼저 자기 자신을 지키는 것입니다.

둘째 과제는 이웃을 지키는 일입니다. 세례자 요한은 회개만 하는 것이 아니라 회개에 알맞은 열매를 맺으라고 요구했습니다. 오늘 함께 감상했던 메르세데스 소사Mecedes Sosa의 〈Solo le Pido a Dios〉(오직 하나님께 기도드립니다) 이런 제목의 노래가 있었죠. 여기에서 내가 고통에 대해서 무관심하지 않도록, 불의에 대해서, 전쟁에 대해서, 거짓에 대해서, 미래에 대해서 무관심하지 않도록 기도하는 그러한 내용을 접했습니다. 오늘날 우리 시대의 약자들과 함께하는 그러한 교회가 되어야 하는데 이것이 바로 이웃에 대해서 우리가 져야 하는 책임이요, 또 회개에 합당한 열매이기도 합니다.

이제 셋째 과제로 우리는 하나님 앞에 자기 책임을 완벽하게 수행할 수 없음을 고백해야 합니다. 우리가 하나님 앞에 이렇게 내세울 만한 실천, "나는 두 벌 가운데에서 한 벌을 다 줬다." 이렇게 내세울 수 없습니다. 오히려 우리의 무한한 책임이라는 것을 하나님 앞에 깨닫고 고백할 수밖에 없습니다. 여기에 빌립보서 4장 4-7절은 우리에게 하나의 가능성을 열어줍니다. "아무것도 염려하지 말라. 우리가 감사하는 마음으로 오직 기도와 간구로 하나님께 아뢰라"고 하는 것입니다. 우리는 무릎을 꿇고 겸손하게 하나님 앞에 "우리가 부족한 죄인입니다. 우리는 우리의 최선을 다할 따름입니다. 하나님, 우리를 우리의 행위로서가 아니라 우리의 의도로서 우리를 받아주십시오"(A. J. Cronin, 『천국의 열쇠』 중), 이러한 자세로 하나님 앞에 조용히 무릎 꿇는 신앙인들이 되어야 성탄절이 가능해지는 것입니다.

> 은혜로우신 하나님, 오늘 함께 멀리 떨어져서 말씀을 들었습니다. 이 시대에 하나님께서 오시는 길을 곧게 큰 길을 내는 그러한 귀한 사역에 우리 모든 그리스도인이 함께하도록 인도하여 주시옵소서. 나를 지키고 이웃을 지키고, 하나님 앞에 우리의 책임의 완수 불가를 선언하며, 우리의 모습을 되돌아보며 겸손하게 무릎 꿇는 신앙인들 삼아주시옵소서. 이를 통해서 진정으로 예수께서 이 세상에 오셨다, 하나님께서 우리와 함께 하신다는 기쁜 소식을 증거하는 모든 신앙인 삼아주시옵소서. 예수 그리스도 이름으로 간절히 기도드리옵나이다. 아멘

# 선량한 관리자

(창 9:1-7; 벧전 4:1-11; 마 25:14-30)

❧

그리스도는 육신으로 고난을 받으셨습니다. 여러분도 같은 마음으로 무장하십시오. 육신으로 고난을 받은 사람은 이미 죄와 인연을 끊은 것입니다. 이제부터는 육신의 남은 때를 인간의 욕정대로 살지 말고, 하나님의 뜻대로 살아야 합니다. (중략) 만물의 마지막이 가까웠습니다. 그러므로 정신을 차리고, 삼가 조심하여 기도하십시오. 무엇보다도 먼저 서로 뜨겁게 사랑하십시오. 사랑은 허다한 죄를 덮어 줍니다. 불평하지 말고, 서로 따뜻하게 대접하십시오. 모두 자기가 받은 은사를 따라서, 하나님의 여러 가지 은혜를 맡은 선한 관리인으로서, 서로 봉사하십시오. 말을 하는 사람은 하나님의 말씀을 전파하는 사람답게 하고, 봉사하는 사람은 하나님께서 주시는 힘으로 봉사하는 사람답게 하십시오. 그리하면 하나님께서 모든 일에 예수 그리스도로 말미암아 영광을 받으실 것입니다. 영광과 권세가 영원무궁 하도록 그에게 있습니다. 아멘(벧전 4:1-11).

## 어느 계명이 중요한가

마태복음서 22장 34-40절을 보면, 율법 가운데 어느 계명이 중요한가 묻는 율법 교사의 질문에 예수께서는 이렇게 대답하십니다.

"네 마음을 다하고 네 목숨을 다하고, 네 뜻을 다하여, 주 너의 하나님을 사랑하여라" 하셨으니, 이것이 가장 중요하고, 으뜸 가는 계명이다. 둘째 계명도 이것과 같은데 "네 이웃을 네 몸 같이 사랑하여라" 한 것이다. 이 두 계명에 모든 율법과 예언자들의 본 뜻이 달려 있다.

여기서 율법서, 즉 토라Torah와 예언자들, 즉 예언서는 바로 구약성서를 의미합니다. "하나님을 사랑하라"와 "이웃을 사랑하라" 이 두 계명이 구약성서를 관통하는 '강령'(개역개정)이라는 것입니다. 이 두 계명은 비단 구약성서뿐만 아니라 신약성서에서도 마찬가지로 관통하는 중심적 가르침이기 때문에 신앙인들은 이를 마음 가장 깊은 곳에 새기고 살아가야 합니다.

## 세 가지 관계성

구약성서 창세기를 통해서 우리가 발견할 수 있는 가장 중요한 가르침은 바로 하나님의 창조 질서와 그 파괴라 하겠습니다. 이 주제는 구약과 신약을 통틀어 신앙인들이 생각의 바탕으로 삼아야 할 강조점이기도 합니다. 그래서 성서연구반을 시작할 때 이 부분을 이해하는 것이 필수적입니다.

창세기에는 세 가지 관계성이 그려져 있습니다. 창세기 1-3장을 연극으로 꾸민다면 최소한 네 명의 배역이 필요할 것입니다. 하나님과 두 명의 사람 그리고 자연을 대표하는 뱀의 역할입니다. 따라서 사람의 입장에서 본다면 하나님과 또 다른 사람들과 나아가 자연과 어떤 관계를 맺을 것인가에 대한 해답을 창세기에서 찾아내는 것이 중요한 과제입니다.

저는 그 관계성들을 세 가지 'S'로 표현합니다. 첫째로 하나님과의 관계는 '영성'(spirituality), 이웃과의 관계는 '연대성'(solidarity), 자연과의 관계는 '지속가능성'(sustainability)이라고 말입니다.

## 하나님의 형상

'하나님의 형상'이란 무엇일까요? 미켈란젤로의 그림 〈아담의 창조〉*를 보면 하나님의 외모가 인간과 비슷하게 생겼습니다. 그렇지만 구약성서에서 '형상'이란 개념은 그처럼 외모가 닮았다는 의미는 아닙니다.

중국에서는 황제를 천자天子라고 불렀습니다. "천자의 뜻풀이는 말 그대로 하늘의 주인인 '옥황상제玉皇上帝의 아들'인 천자天子로, 하늘(신)에 제사를 지낼 수 있는 특권을 가진, 봉선封禪의식을 거행할

---

* https://en.wikipedia.org/wiki/The_Creation_of_Adam.

수 있는 신분"을 말한다고 합니다. 한반도에서도 고려 시대에 군주를 해동천자海東天子로 지칭했고, 문종은 태평천자泰平天子, 고종은 만년천자萬年天子라고 불린 적이 있다고 합니다.* 일본에서도 천황天皇이란 칭호를 통해 왕이 하늘로부터 유래된 신적 권위를 가진 것처럼 표현해 오고 있습니다.

이와 비슷하게 구약 시대 당시 대부분의 사회에서는 왕이나 파라오 등에게 신적 권위가 주어져 있다고 여겼습니다. 이들에게 주어진 권력은 신이 부여했다는 것입니다. 그런데 여기서 '신의 형상'(image of god)이라는 개념이 등장합니다. 마치 아들이 아버지를 대신하는 것처럼 백성을 다스릴 수 있는 권한을 신으로부터 부여받았다는 상징이 바로 그 개념입니다.**

사회학자 막스 베버Max Weber(1864~1920)***의 분석에 따른다면 이들은 '카리스마적 권위'(charismatic authority)를 주장했다고 하겠습니다. 따라서 오늘날 관점에서 분석해 본다면, 신의 형상이란 표현은 당시의 제왕 체제가 활용해 온 일종의 '지배 이데올로기'였던 것입니다.

## 지속가능성

하지만 구약성서는 하나님께서 사람을 '하나님의 형상'(image

---

* https://namu.wiki/w/천자.

** https://m.blog.naver.com/PostView.naver?isHttpsRedirect=true&blogId=kimadman11&logNo=50179260492.

*** https://en.wikipedia.org/wiki/Max_Weber.

of God)으로 창조해 주셨다고 함으로써, 그 지배 이데올로기를 무력화시키고 또 민주화시킨 혁명적 선언을 담고 있습니다. 그리고 왕이 백성을 지배하는 것 대신 사람이 하나님의 형상으로 지음을 받았기 때문에 자연을 잘 관리하는 책임을 부여받았다는 것으로 대치했습니다.

그러나 자연의 관리 책임을 부여받았다는 것은 마음대로 자연을 착취, 파괴, 훼손해도 된다는 의미는 아닙니다. 오히려 잘 보존하고 관리하는 책임입니다. 이런 의미에서 자연의 지속가능성에 대한 책임은 하나님께서 사람에게 부탁하신 '관리자로서의 책무'(stewardship)라는 것이 신학적으로 바른 관점이 됩니다.

국제연합(UN) 등 국제사회는 지난 2000년부터 15년 동안 '새 천년개발목표'(Millenium Development Goals, MDGs)의 실현을 위해 노력했습니다.* 일정한 성과에도 불구하고 그 과제들 자체가 너무 협소하고 제한적이라고 해서 '최소개발목표'(Minimum Development Goals)라는 별명이 붙기도 했습니다.** 이후 2015년부터 향후 15년 동안 국제사회의 공동과제로 좀 더 진취적으로 구체화시켜 17가지를 선정하여 '지속가능개발목표'(Sustainable Development Goals, SDGs)라고 이름을 붙입니다.***

이 지속가능성은 신앙적 관점에서 본다면 하나님으로부터 부여받은 책임인 까닭에 '하나님이 주님이심'(lordship)을 제대로 나

---

* https://www.un.org/millenniumgoals/.
** https://sur.conectas.org/en/millennium-declaration-development-goals-opportunities-human-rights/.
*** https://sdgs.un.org/goals.

타낼 우리의 영성 실현의 통로입니다. 자연의 관리자로서의 책임을 도외시하고 오직 골방이나 기도원에서의 영성에만 매달린다는 것은 그 영성의 내용에서 구체성이 빠진 것이 되고 맙니다.

동시에 지속가능성은 미래의 이웃들에 대한 연대성 실천의 방법이기도 합니다. 하나님이 서로 돕는 짝으로 우리에게 더불어 살아가도록 창조해 주신 이웃들에는 동시대뿐만 아니라 미래의 이웃들까지 포괄한다고 하겠습니다. 그렇다면 이 지속가능성 없이 지구상에서 앞으로 살아갈 이웃들에 대한 '파트너십partnership'의 실천은 불가능하다고 할 것입니다.

## 노아와의 계약: 새 창조

구약성서 창세기 3장을 보면 1-2장에 나온 창조의 질서는 파괴되어 버리고 인간의 욕심과 무질서가 세상을 지배하게 됩니다. 4장에 나오는 가인의 동생 살해, 아벨의 죽음이 하나님의 창조 질서가 파괴된 현실을 대표하고 있습니다. 사람은 서로 돕는 짝이 아니고, 상대방을 죽이며 하나님처럼 되겠다고 합니다. 연대성은 물론 영성도 파괴되어 버렸습니다. 그 결과가 창세기 6장 11절에 이렇게 표현되어 있습니다: "하나님이 보시니, 세상이 썩었고, 무법천지가 되어 있었다." 그처럼 창조 질서의 파괴의 현장은 지속가능성의 영역에서도 확인됩니다. 그것이 바로 홍수라는 모습으로 나타난 것입니다.

창세기에서의 홍수는 단순히 비가 많이 와서 물이 넘치는 것이 아니었습니다. 창세기 7장 11-12절은 당시의 3층 우주관에 비추어 홍수를 이렇게 표현합니다: "땅 속 깊은 곳에서 큰 샘들이 모두 터지고, 하늘에서는 홍수 문들이 열려서, 사십 일 동안, 밤낮으로 비가 땅 위로 쏟아졌다." 달리 표현한다면 그 홍수는 창조 이전의 무질서, 혼돈의 상황으로의 회귀입니다. 그 반대로 홍수가 그치는 장면은 이렇게 표현되어 있습니다: "땅 속의 깊은 샘들과 하늘의 홍수 문들이 닫히고, 하늘에서 내리는 비도 그쳤다"(창 8:2).

오늘 구약 창세기 본문에서 이제 하나님은 노아와 계약을 맺으시고 다시 창조 시기에 주셨던 축복을 거듭 주십니다: "생육하고 번성하여 땅에 충만하여라. 땅에 사는 모든 짐승과, 공중에 나는 모든 새와, 땅 위를 기어 다니는 모든 것과, 바다에 사는 모든 물고기가, 너희를 두려워하며, 너희를 무서워할 것이다. 내가 이것들을 다 너희 손에 맡긴다"(창 9:1-2). 이제 무지개라는 언약의 징표를 통해 다시는 홍수를 통해서 그런 무질서로 회귀하는 일이 없을 것임을 약속해 주신 것입니다.

여기서 신앙인들은 사람들의 과제가 무엇이었는지 다시 한번 마음을 기울여 확인해야 합니다. 그것은 창조의 질서에서 하나님께서 분부해 주신 바와 같이 이제 선량한 자연의 관리자로서의 우리의 책임을 다하겠다는 다짐을 하게 되는 것입니다.

### 베드로전서 4장

베드로전서 4장 10절은 우리에게 이렇게 권면합니다: "모두 자기가 받은 은사를 따라서, 하나님의 여러 가지 은혜를 맡은 선한 관리인으로서, 서로 봉사하십시오." 여기서 신앙인들은 여러 종류의 다양한 은사들 가운데서 자신이 받은 것을 활용하여 선한 관리자로서 서로 봉사하라는 분부를 받고 있습니다.

## 달란트의 비유

마태복음서 25장 14절 이하의 본문을 통해서 예수께서는 관리인의 책임을 추궁하는 비유를 들려주십니다. 선량한 관리자는 주인이 자기에게 맡긴 달란트를 활용하여 자기의 능력의 범위에서 최대한 노력을 기울여 이익을 남깁니다. 그 금액의 규모가 중요한 것은 아닙니다. 사람마다 각각 자신의 달란트가 다르다는 전제에서 선량한 관리자는 자기의 능력을, 또 열과 성을 다해서 주인의 달란트를 활용했으며 이를 통해 이익을 남긴 것입니다.

예수께서는 그 종들이 남긴 금액의 규모로 그들을 차별하지 않았습니다. 다섯 달란트든 두 달란트든 이를 남긴 선량한 관리자들은 주인으로부터 똑같은 축복의 메시지를 받습니다: "착하고 신실한 종아, 잘했다! 네가 적은 일에 신실하였으니, 이제 내가 많은 일을 네게 맡기겠다. 와서, 주인과 함께 기쁨을 누려라"(마 25:21, 23).

그런데 문제는 한 달란트를 맡은 사람입니다. 자신의 달란트가 다른 종들과 비교해 보니 별로 규모가 크지 않습니다. 그는 다른 종들이 다섯 달란트, 두 달란트를 맡았을 때 한 달란트밖에 맡지 않았다는 사실을 알고 아마 마음이 가볍게 느꼈을 것 같습니다. 그 규모에 비추어 중요성도 별로 크지 않습니다. 다른 사람들이 62.5%, 25%인데 비해 자신이 맡은 것은 전체의 12.5%밖에 되지 않습니다. 그저 원금을 보존하기 위해 달란트를 땅에 숨겨 두었다가 주인에게 돌려줍니다. 그러나 주인은 그에게 쓸모없는 종이라 나무라며 그를 바깥 어두운 데로 내쫓으라고 명합니다. 거기서 슬피 울며 이를 가는 일이 있을 것이라는 말씀이었습니다.

## 선량한 관리자의 환경감수성

법률이나 금융, 회계, 감사 등의 분야에서 말하는 선량한 관리자로서의 주의의무, 즉 '선관주의의무'(due diligence)를 다해야 한다는 점에 대해서는 얼마 전에도 소개해 드린 바 있습니다. 그런데 그 영역에서 활동하는 사람들뿐만 아니라 모든 신앙인이 스스로 하나님으로부터 받은 달란트를 어떻게 활용할 것인가의 문제에서 선량한 관리자로서의 의무를 잘 수행하는 것이 중요합니다. 환경, 지속가능성, 기후변화 대응 관련하여 선량한 관리자로서 먼저 필요한 것은 환경감수성입니다. 녹색영성, 생태감수성이라고 표현할 수도 있겠습니다.

기후위기기독교비상행동도 출범하여 활동하고 있습니다.* 우리 남양주시찰에서는 기후위기대응남양주비상행동**에 참여하고 있습니다. 지금의 기후위기 상황에서 "기독교교육은 생태감수

---

* http://www.dangdangnews.com/news/articleView.html?idxno=35137.
** http://www.nyjtoday.com/news/articleView.html?idxno=51062.

성, 녹색영성을 함양하는 방향으로 이뤄져야 한다"는 제언도 나왔습니다.* 환경감수성을 키우기 위하여 어린이용 그림책도 나왔고, 학생들을 위한 검사 도구들도 제시되었습니다.**

그 실천의 내용으로 구체적으로 어떤 일들이 가능할지 집단지성이 발휘될 수 있도록 해 봅시다. 물론 실천 과제들은 어마어마한 것들만 생각할 일이 아닙니다. 가정에서 또 공동체 단위에서 함께 책을 읽거나 영화를 감상한 다음 토론의 시간을 가지고 자신이나 공동체가 실천할 수 있는 과제들을 찾아보는 것도 추천합니다. 영화 중에서 〈월-e〉도 좋겠습니다. 내게 맡겨진 것이 한 달란트에 불과할지라도 이를 활용하여 최선의 결과를 이룩하는 것이 중요합니다.

창조절기에 우리 신앙인들의 과제, 특별히 창조 질서의 수호와 그 과제들 속에서 세 가지 S, 즉 영성과 연대성, 지속가능성에 대해 다시 한번 생각하고 다짐하기를 바랍니다.

---

\* http://news.kmib.co.kr/article/view.asp?arcid=0924211662&code=23111318&cp=du.

\*\* https://blog.naver.com/hanurimom/222446053652;
   https://blog.naver.com/lpjini1004/222463957679.

# 하나님의 나라는 너희 가운데 있다

(습 1:14-18; 벧후 3:8-13; 눅 17:20-37)

❧

바리새파 사람들이 하나님의 나라가 언제 오느냐고 물으니, 예수께서 말씀하셨다. "하나님의 나라는 눈으로 볼 수 있는 모습으로 오지 않는다. 또 '보아라, 여기에 있다' 또는 '저기에 있다' 하고 말할 수도 없다. 보아라, 하나님의 나라는 너희 가운데 있다." (중략) 인자가 나타나는 날에도 그러할 것이다. 그 날에 지붕 위에 있는 사람은, 자기 물건들이 집 안에 있더라도, 그것들을 꺼내려고 내려가지 말아라. 또한 들에 있는 사람도 집으로 돌아가지 말아라. 롯의 아내를 기억하여라. 누구든지 자기 목숨을 보존하려고 애쓰는 사람은 잃을 것이요, 목숨을 잃는 사람은 보존할 것이다. 내가 너희에게 말한다. 그 날 밤에 두 사람이 한 잠자리에 누워 있을 터이나, 하나는 데려가고, 다른 하나는 버려둘 것이다. 또 두 여자가 함께 맷돌질을 하고 있을 터이나, 하나는 데려가고, 다른 하나는 버려 둘 것이다." (36절 없음) 제자들이 예수께 말하였다. "주님, 어디에서 그런 일이 일어나겠습니까?" 예수께서 그들에게 말씀하셨다. "주검이 있는 곳에는 독수리가 모여드는 법이다"(눅 17:20-37).

오늘 주어진 성서 본문들은 주님의 날, 하나님의 나라에 대한 주제를 다루고 있습니다.

## 예언과 대언

우리말로 예언자라고 말할 때 우리는 흔히 앞날을 미리 알려주는 이른바 점쟁이처럼 생각하기 쉽습니다. 물론 아모스 3장 7절을 보면 "참으로 주 하나님은 당신의 비밀을 그 종 예언자들에게 미리 알리지 않고서는 어떤 일도 하지 않으신다"는 표현이 있고, 또 앞날에 어떤 일이 벌어질지를 선포하기 때문에 그렇게 오해할 수도 있습니다.

하지만 히브리 성서는 예언자라고 할 때 대부분 '나비'(נביא)라는 단어를 사용합니다. 이 나비란 단어는 구약에 316회 등장하는데, '대변인'(spokesman), 선포자, 말씀을 맡은 사람이란 의미의 예언자預言者라는 뜻입니다.[*]

아모스 7장 12절을 보면 아모스의 예언 활동에 대해 불만을 품고 베델의 제사장이었던 아마샤가 이렇게 말합니다. "선견자先見者야, 사라져라! 유다 땅으로 도망가서 거기에서나 예언하면서 밥을 빌어먹어라." 여기에 나오는 '선견자'로 번역된 단어는 히브리어로 '호제'(חזה)인데, 이것이 점을 치는 것처럼 앞날을 미리 보는 사람(seer)이라는 뜻으로 21회 사용되었습니다.[**] 따라서 나비는 이

---

[*] https://biblehub.com/hebrew/strongs_5030.htm.

[**] https://biblehub.com/hebrew/strongs_2374.htm.

호제와 혼동해서는 안 되는 다른 개념인 것입니다.

예언 활동, 대언 활동은 점쟁이 노릇이 아니라 율법서, 즉 토라에 나타난 하나님의 뜻을 역사 현실에 적용시켜 그 시대에 주시는 하나님의 메시지를 대신 전하는 일입니다.

## 예언자들이 선포한 주의 날

스바냐는 '야훼의 날'에 대한 메시지를 대언하고 있습니다. 많은 사람이 야훼의 날이란 표현을 들으면 마치 '지구 최후의 날'과 마찬가지의 개념으로 받아들일 것입니다. 하지만 구약성서에서 야훼의 날은 그러한 무차별적인 우주적 사건, 즉 세상 종말의 날이 아니라, 역사 속의 구체적 상황에서 야훼를 거스른 죄의 대가代價로 오는 징벌이란 개념으로 사용되었다고 저는 생각합니다.

예를 들어볼까요? 주전 8세기 북왕국 이스라엘에서 활동한 대표적인 예언자로 아모스와 호세아를 꼽을 수 있습니다. 그중 아모스는 '주님의 날'에 대해 다음과 같이 대언했습니다.

> 너희는 망한다! 주의 날이 오기를 바라는 자들아, 왜 주의 날을 사모하느냐? 그 날은 어둡고 빛이라고는 없다. 사자를 피하여 도망가다가 곰을 만나거나, 집 안으로 들어가서 벽에 손을 대었다가, 뱀에게 물리는 것과 같다. 주의 날은 어둡고 빛이라고는 없다. 캄캄해서, 한 줄기 불빛도 없다. "나는, 너희가 벌이는 절기 행사들이 싫다. 역겹다. 너희가 성회로 모여도 도무지 기쁘지 않다. 너희가 나에게 번제물이나 곡식제물을 바친다 해도, 내가 그 제물

을 받지 않겠다. 너희가 화목제로 바치는 살진 짐승도 거들떠보지 않겠다. 시끄러운 너의 노랫소리를 나의 앞에서 집어치워라! 너의 거문고 소리도 나는 듣지 않겠다. 너희는, 다만 공의가 물처럼 흐르게 하고, 정의가 마르지 않는 강처럼 흐르게 하여라(암 5:18-24).

마찬가지로, 호세아도 이렇게 대언했습니다.

재난이 닥쳐와서 백성들이 흩어지는 날, 이집트가 그 피난민을 받아들여도, 끝내, 멤피스 땅에 묻히는 신세가 되고 말 것이다. 가지고 간 귀중한 금은 보화는 잡초 속에 묻히고, 살던 곳은 가시덤불로 덮일 것이다. 이스라엘은 알아라. 너희가 보복을 받을 날이 이르렀고, 죄지은 만큼 벌받을 날이 가까이 왔다(호 9:6-7a).

이처럼 예언자들이 피를 토하듯 처절하게 외쳤지만, 실제로 이스라엘은 주전 722년 앗시리아에 의해 멸망하고 말았습니다.[*]

## 벌 받게 되는 원인

이 예언자들은 이스라엘이 그처럼 벌 받을 날이 가까이 오게 된 원인을 무엇이라고 지적했을까요? 누구나 나면서부터 원죄를 지고 태어났기 때문인가요? 아닙니다. 간단하게 호세아 5-7장의 제목들만 보면 벌 받을 원인은 이렇습니다. 우상숭배, 백성들의 불성

---

[*] http://www.newsnjoy.or.kr/news/articleView.html?idxno=226066.

실한 회개, 왕궁 안의 반란(이상 표준새번역), 남의 나라를 믿다가 망한다, 배은망덕하는 이스라엘은 망하리라(이상 공동번역 개정판).

예를 들어 이스라엘 내부적으로는 사회정의를 깨뜨리고 있었습니다. 아모스는 이렇게 지적합니다.

나 주가 선고한다. 이스라엘이 지은 서너 가지 죄를, 내가 용서하지 않겠다. 그들이 돈을 받고 의로운 사람을 팔고, 신 한 켤레 값에 빈민을 팔았기 때문이다. 그들은 힘없는 사람들의 머리를 흙먼지 속에 쳐넣어서 짓밟고, 힘 약한 사람들의 길을 굽게 하였다. 아버지와 아들이 같은 여자에게 드나들며, 나의 거룩한 이름을 더럽혔다. 그들은 전당으로 잡은 옷을 모든 제단 옆에 펴 놓고는, 그 위에 눕고, 저희가 섬기는 하나님의 성전에서 벌금으로 거두어들인 포도주를 마시곤 하였다(암 2:6-8).

사람들은 법정에서 시비를 올바로 가리는 사람을 미워하고, 바른말 하는 사람을 싫어한다. 너희가 가난한 사람을 짓밟고 그들에게서 곡물세를 착취하니, 너희가 다듬은 돌로 집을 지어도 거기에서 살지는 못한다. 너희가 아름다운 포도원을 가꾸어도 그 포도주를 마시지는 못한다. 너희들이 저지른 무수한 범죄와 엄청난 죄악을 나는 다 알고 있다. 너희는 의로운 사람을 학대하며, 뇌물을 받고 법정에서 가난한 사람들을 억울하게 하였다(암 5:10-12).

법이 다스리는 법치法治가 아니라, 권력이 다스리는 권치權治, 돈이 다스리는 금치金治, 검찰이 다스리는 검치檢治가 되어버린 것입니다. 호세아의 표현을 빌리면 "서로 속이고, 안으로 들어가서 도둑질하고, 밖으로 나가서 떼 지어 약탈"(호 7:1b)하는 것이요, "거짓 저울을 손에 든 장사꾼이 되어서 사람 속이기를 좋아한다"(호 12:7)는 것입니다. 이렇게 하나님을 대적하는 행태 때문에 이스라엘은 "이제 망했다"(호 13:9)고 예언자들이 선포했던 것입니다.

더욱이 그들은 열강, 즉 외세를 믿다가 망하게 되었다는 것입니다. 이에 대해 호세아는 다음과 같이 설명합니다.

> 이 민족 저 민족에게 빌붙는 에브라임, 에브라임은 뒤집지 않고 구운 과자다. 외세가 제 힘을 먹어치우는데 그런 줄도 모르고 죽을 날이 얼마 남지 않았는데도 그 역시 모르는구나. 이스라엘은 거드름을 피우다가 납작해지리라. 이런 일을 모두 겪고도 이 야훼가 저희 하느님이건만 저들은 나를 찾아 돌아오지 않으리라. 에브라임은 철이 없고, 비둘기처럼 어수룩하구나. 이집트로 가고 아시리아로 가서 살려달라고 애원하지만, 내가 어디든 따라가서 그물을 던져 공중의 새 잡듯 낚아채리라. 그토록 못된 짓만 하는데 나 어찌 벌하지 않으랴?(호 7:8-12, 공동번역 개정판).

여기 나오는 에브라임, 즉 이스라엘은 당시 열강인 이집트나 앗시리아에 빌붙어 그들의 존립을 꾀하려 하는 이른바 '외교우선주의'를 추구했습니다. 그 열강들의 힘을 빌려야 한다는 것입니다. 임정 시기 이승만이 추구했던 것이 바로 외교우선주의 아니었습니까?*

같은 주전 8세기, 남왕국 유다에서 활동한 이사야 또한 앗시리아와 이집트 사이에 줄타기외교를 하고 우상을 숭배하며 또 내부적으로 사회정의를 깨뜨린 남왕국 유다에 대해 주님의 날을 선포했습니다.

야훼의 말씀을 들어라. 빈정대기나 좋아하는 자들아! 이 백성을 예루살렘에서 다스리는 자들아! 너희가 자신만만하게 말하는구나. "우리는 죽음과 계약을 맺었다. 저승과 협정을 체결하였다. 부서뜨리는 채찍이 지나가도 우리에게는 미치지 못한다. 거짓말이 우리의 대피소요, 속임수가 우리의 은신처다." 그러므로 주 야훼께서 이렇게 말씀하신다. "보아라, 내가 시온에 주춧돌을 놓는다. 값진 돌을 모퉁이에 놓아 기초를 튼튼히 잡으리니 이 돌을 의지하는 자는 마음 든든하리라. 법이 나의 척도요, 정의가 나의 저울이다. 거짓말로 꾸민 너희 대피소는 우박에 맞아 부서지고 그 은신처는 물에 휩쓸려 간다. 죽음과 맺은 너희의 계약은 깨지고 저승과 체결한 협정은 효력을 잃는다. 부서뜨리는 채찍이 지나가는 날, 너희는 산산이 부서진다(사 28:14-18, 공동번역개정판).

여기 나오는 "죽음과 계약을 맺었다", "저승과 협정을 체결하였다"는 표현이 나옵니다. 이사야 30장을 읽어보면 이집트와의 조약에 대한 비판이 나옵니다. 그렇다고 앗시리아와의 협정이 진실하다거나 효험이 있는 것 또한 아니었음은 주지의 사실입니다.

---

* http://weekly.chosun.com/client/news/viw.asp?nNewsNumb=002361100005.

## 유동적인 야훼의 날: 스바냐 예언자와 요시야 왕

스바냐는 주전 7세기에 활동한 예언자로 유다 왕 히스기야의 손자의 손자, 즉 현손이었습니다. 스바냐는 종교개혁으로 유명한 요시야 왕 때에 활동한 것으로 기록되어 있습니다. 그는 야훼의 날, 즉 "주님께서 심판하실 그 무서운 날이 다가온다"고 선포했습니다(습 1:14).

스바냐에게 예루살렘은 "망하고야 말 도성, 반역하는 도성, 더러운 도성, 억압이나 일삼는 도성"입니다(습 3:1). 그 안에 있는 대신들은 으르렁거리는 사자들이며, 재판관들은 이튿날 아침까지 남기지 않고 먹어치우는 저녁 이리떼입니다(습 3:3). 예언자들은 거만하며 믿을 수 없는 자들이고, 제사장들은 성소나 더럽히며 율법을 범하는 자들입니다(습 3:4).

이런 선포에도 불구하고, 스바냐를 비롯한 예언자들이 언급했던 그 야훼의 날은 그 시대에 실제로 일어나지 않았습니다. 왜 그랬을까요? 열왕기하 22-23장에는 요시야 왕의 개혁 조처들이 잘 기록되어 있습니다. 다음은 열왕기하 22장 19-20절에 기록된 내용입니다.

이 곳이 황폐해지고 이 곳의 주민이 저주를 받을 것이라는 나의 말을 들었을 때에, 너는 깊이 뉘우치고, 나 주 앞에 겸손하게 무릎을 꿇고, 옷을 찢고, 내 앞에서 통곡하였다. 그러므로 내가 네 기도를 들어 준다. 나 주가 말한다. 그러므로 내가 이 곳에 내리기로 한 모든 재앙을, 네가 죽을 때까지는 내리지 않겠다. 내가 너를 네 조상에게로 보낼 때에는, 내가 평안히 무덤에 안장 되게 하겠다.

열왕기서를 보니 요시야 왕 시절 성전에서 율법책을 발견하였고, 그에 따라 회개하고 개혁한 덕분에 야훼의 날이 지연되었다고 해석한 것입니다. 이 회개와 개혁을 촉구했던 스바냐의 예언 내용으로 보면 요시야 왕이 그를 비롯한 예언자들의 비판과 문제 제기에 귀를 열고 회개하고 개혁하였기 때문에 그날이 지연된 것으로 볼 수도 있겠습니다.

이 사례에서 우리는 야훼의 날이 어떤 특정한 시점, 즉 정확하게 미리 정해진 일시가 아님을 알 수 있습니다. 오히려 인간들의 반응, 즉 회개와 개혁에 따라 지연되거나 취소될 수 있는, 그러한 신축성 있는, 또한 조건적인 주님의 계획이라고 할 것입니다.

이처럼 구약성서 여러 곳에 언급된 야훼의 날이 미리 정해진 일시가 아니라 유동적이고 또 신축성 있는 개념이라면, 우리는 야훼의 날이란 하나님의 백성들에게 교훈을 주어 회개하고 개혁하라는 의미를 지닌 메시지로 이해해야 할 것입니다.

### 오래 참으시는 하나님: 베드로후서

사도 서간문 베드로후서는 시편 90편 4절의 "주님께는 하루가 천 년 같고, 천 년이 하루 같다"는 말씀을 언급합니다. 또 약속을 더디 지키시는 것이 아니고 우리를 위해 오래 참으시는 것이며, 아무도 멸망하지 않고 모두 회개하는 데에 이르기를 바라신다는 말씀입니다(벧후 3:8).

달리 말하면 이는 확정된 일정이 아니고 유동적이며, 기계적으로 실현될 미래가 아니라 인간의 반응에 따라 추후 진행 여부가 결정될 일, 즉 신축적이라는 표현으로 해석해도 되겠습니다. 따라서 "우리 주님의 오래 참으심이 구원을 위한 것이라고 생각하라"는 것입니다(벧후 3:15).

## "하나님의 나라는 너희 가운데 있다"

오늘 복음서 본문은 마태복음서와 누가복음서 두 곳에 공통적으로 나오는 예수님의 어록 자료로 보입니다. 여기서 바리새파 사람들은 "하나님의 나라가 언제 오느냐?" 묻습니다. 그런데 예수께서는 "하나님의 나라는 눈으로 볼 수 있는 모습으로 오지 않는다"고 말씀하십니다(눅 17:20).

나아가 예수께서는 사람들이 말하기를 "보아라, 저기에 있다", 또는 "보아라, 여기에 있다" 하겠지만, 실은 "하나님의 나라는 너희 가운데 있다"고 선포하십니다(눅 17:21).

이를 뒤집어 표현한다면 하나님의 심판, 또한 언제 오느냐 하는 문제가 아니라 할 수 있습니다. 불의, 전쟁, 폭력, 독재, 부패, 착취를 일삼는 자들에게 하나님의 심판을 선포한 예언자들의 대언처럼 그들에게는 이미 하나님의 심판이 임해 있다고 말해야 하겠습니다. 최후 심판에서 이들이 어떤 판단을 받을지, 또 어떤 집단으로 분류될 것인지는 말하지 않더라도 명야관화明若觀火한 일 아닙니까? 그런데 잘못을 행할 때 사람들 마음에는 두려움이 생길 수밖에 없습니다. 이러한 자신들의 비행은 그 두려움을 넘어 그들에게는 그 자체로 이미 하나님의 심판이며 또한 우주적 사건이요 세상 종말인 것입니다.

반면, 하나님의 나라를 위해 일하는 자들에게는 그 길이 멀고 험할지라도 하나님 나라가 이미 그들 안에 있는 것입니다. 비록 고난과 희생, 눈물의 길을 걷지만, 그럼에도 불구하고 그 여정 속에서 누리는 기쁨과 보람은 '하나님 나라의 선취先取', 즉 하나님 나라를 미리 맛보는 일입니다. 역사의 마지막에 그들이 받을 상급은 덤입니다.

# 그날이 오면

(욜 2:1-11; 살전 5:1-11; 막 4:21-34)

형제자매 여러분, 그 때와 시기를 두고서는, 여러분에게 더 쓸 필요가 없겠습니다. 주님의 날이 밤에 도둑처럼 온다는 것을, 여러분이 잘 알고 있습니다. 사람들이 "평안하다, 안전하다" 하고 말할 그 때에, 아기를 밴 여인에게 해산의 진통이 오는 것과 같이, 갑자기 멸망이 그들에게 닥칠 것이니, 그것을 피하지 못할 것입니다. (중략) 그러나 우리는 낮에 속한 사람이므로, 정신을 차리고, 믿음과 사랑을 가슴막이로 하고, 구원의 소망을 투구로 씁시다. 하나님께서는 우리를 진노하심에 이르도록 정하여 놓으신 것이 아니라, 우리 주 예수 그리스도로 말미암아 구원을 얻도록 정하여 놓으셨습니다. 그리스도께서 우리를 위하여 죽으신 것은, 우리가 깨어 있든지 자고 있든지, 그리스도와 함께 살게 하시려고 하는 것입니다. 그러므로 여러분은 지금도 그렇게 하는 것과 같이, 서로 격려하고, 서로 덕을 세우십시오(살전 5:1-11).

교우 여러분, 안녕하십니까? 코로나19로 말미암아 성도의 교제가 매우 제한되고 있어서 안타깝지만, 조속히 이런 어려움을 극복하고 정상적인 예배와 친교, 선교와 봉사를 할 수 있는 그런 날이 속히 오기를 기대합니다.

### 야훼의 날(요엘)

오늘 구약성서 본문은 요엘서의 일부입니다. 요엘(יוֹאֵל)이라는 이름은 야훼(요)가 엘, 즉 '야훼가 하나님이시다'는 뜻입니다. 즉, 야훼를 하나님으로 섬기는 사람이라는 의미를 담은 이름입니다. 대부분 예언자는 어떤 왕 재위 시절에 활동했다는 설명이 나오는데, 요엘 1장 1절에 그는 '브두엘의 아들'이라고만 언급되어 그가 어떤 시대에 활동했는지는 알기 어렵습니다.

요엘서에서 우리가 주목해야 할 것은 바로 2장 1절의 '야훼의 날'이란 표현입니다. 우리말 성서를 보면 표준새번역은 '주의 날'이라고 했고, 공동번역 개정판은 '야훼께서 거둥하실 날'이라고 번역했습니다. 저는 처음에 '거둥하다'라는 단어를 보면서 혹시 '거동하다'의 오자가 아닐까 생각했는데, 국어사전을 찾아보니 '거동하다'에서 나왔지만, 특별히 "임금이 나들이하다"는 표현으로 특화된 단어입니다.* 1장 15절을 보면 그날은 심판하실 날, 파멸의 날(표준새번역)이며 전능하신 하느님께서 마구 멸하실 날(공동번역개

---

* "거둥하다": https://ko.dict.naver.com/#/entry/koko/4949e33c30644b4c8abbd07f3b09e454.

정판)입니다. 이어서 16-18절에서는 그날을 이렇게 설명하고 있습니다.

곡식이라고는 구경조차 할 수 없다. 우리 하나님의 성전에는 기쁨도 즐거움도 없다. 씨앗이 흙덩이 속에서 모두 말라 죽고, 광마다 텅텅 비고, 가물어, 거두어들일 곡식이 없어서, 창고는 폐허가 된다. 풀밭이 없어, 가축들이 울부짖고, 소 떼가 정신없이 헤매며, 양 떼도 피로워한다.

그래서 예언자는 이렇게 부르짖습니다.

야훼여, 내가 주께 부르짖습니다. 들판의 목장이 타버렸습니다. 벌판의 나무들도 모조리 타버렸습니다. 물줄기들은 모두 마르고 들판의 목장도 모두 타버려 가축들이 벌판에서 주께 부르짖습니다.

마치 출애굽기 10장에 나오는 애굽을 향한 여덟째 재앙, 메뚜기가 땅을 덮었던 것처럼 야훼의 날은 심판의 날이며 파멸의 날입니다. 거기서 어느 누구도 살아남을 수 없습니다.
따라서 예언자는 이렇게 하나님의 말씀을 대언합니다.

시온에서 나팔을 불어라. 이 땅에 사는 모든 사람이 떨도록 나의 거룩한 산에서 경보를 울려라. 야훼께서 거둥하실 날이 왔다. 그 날이 다가오고 있다 (공동번역개정판).

## 신약성서의 책들

신약성서의 여러 책의 순서를 보면 제일 먼저 예수의 족보와 탄생 그리고 행적과 말씀, 나아가 수난과 부활이 기록된 복음서들이 맨 앞에 자리 잡고 있습니다. 이어서 사도행전과 서신들이 나옵니다. 하지만 이는 그 책들이 기록된 순서는 아닙니다. 바울의 편지들은 먼저 공동체에 보낸 로마서로부터 데살로니가전후서까지, 다음으로 개인에게 보낸 편지 디모데전후서, 디도서, 빌레몬서가 나옵니다. 그렇지만 이 순서도 기록된 연도에 따른 것이 아니고 단순히 서신의 분량에 따른 순서로 알려져 있습니다. 그리고 일반서신 또는 공동서신이라 불리는 히브리서부터 유다서까지 그리고 맨 마지막에 요한계시록입니다.

오늘날에는 인터넷 등 정보기술을 활용한 여러 가지 원격 소통 방식이 사용되고 있지만, 과거 성서가 기록될 당시에는 메신저를 통하거나 서신을 통해 메시지를 전하는 방식이 주로 사용되었을 것입니다.

우리가 서신을 읽을 때 그 편지의 내용과 함께 주목해야 하는 것은 바로 그 서신의 '삶의 자리'(Sitz-im-Leben), 즉 어떤 상황과 사회·문화적 배경에서 기록된 것인지를 이해하는 일입니다. 시나 소설 등 문학에서도 그 배경에 대한 전前이해 없이 그 작품을 제대로 이해하는 것은 쉽지 않을 것입니다. 마찬가지로 우리와 시·공간적 장벽이 훨씬 큰 성서 메시지를 해석함에 있어서 그 책의 삶의 자리를 먼저 이해하기 위해 노력해야 제대로 해석이 가능해질 것입니다. 그렇지 않으면 성서가 스스로 말하게 하는 것이 아니라 성서 본문의 글자만 인용하여 자기의 주관적인 메시지를 합리화, 정당화하는 데 이용하는 것으로 전락해 버리기 쉽습니다.

이처럼 27권의 신약성서 책들 가운데 맨 먼저 기록된 것은 아마도 데살로니가전후서와 갈라디아서로 보입니다. 데살로니가는 오늘날 그리스 제2의 도시로 불리는 테살로니키입니다. 당시 데살로니가 공동체가 어떤 상황에 있었는지를 이해할 수 있다면 그 메시지의 의미를 더욱 정확하게 알 수 있을 것입니다.

## 바울 서신의 삶의 자리(1): 유대교를 넘어서

처음 교회가 형성되는 과정에서 등장한 두 가지 중요한 문제들이 있었을 것으로 보입니다. 지금까지 몇 차례 말씀드린 바 있습니다만, 그 첫째는 그리스도교의 정체성이었을 것입니다. 달리 말하면 이는 유대교와의 연결성 내지는 차별성의 문제라 할 수 있습니다. 과연 예수 그리스도를 따른다는 것이 우선 한편에서 유대인들에게는 유대교인으로서의 정체성 내에 있으면 되는 것인지 아니면 이를 포기해야 하는지 이런 문제가 등장합니다. 다른 한편에서는 유대인 이외의 이방인들에게는 예수를 따른다면 이전의 이른바 이방인으로서 유대교로 개종한 '경건한 자들'처럼 먼저 유대교를 받아들이는 것이 필요한가, 나아가 유대교 율법 조항들을 준수하는 것이 필수적이거나 또는 권장할 일인가, 아니면 불필요한 일인가 하는 문제로 나타났을 것입니다.

이 주제는 갈라디아서로부터 시작하여 맨 마지막 기록된 바울의 유언과도 같은 로마서에 이르기까지 바울의 대부분 서신에 보편적으로 등장하고 있습니다. 갈라디아서에서 바울은 그리스도교 공동체 내에서 할례 필수론자들에 대해서 "그렇게 할례 할례 주장하면서 선동하는 자들은 포피가 아니라 차라리 자기의 그것 자체를 잘라 버리지 그러느냐"(갈 5:12) 하는 격한 표현까지 사용하지 않았습니까?

바울의 견해는 우리 입장에서는 구약성서 종교의 창조적 계승이라고 부를 수 있겠습니다만, 이는 유대교 입장에서 보면 유대교 범위 내에 있는 것이 아닌 유대교와는 전혀 다른 예수를 따르는 독립된 종교라 하겠습니다. 그래서 바울을 통해 유대교와는 다른 독립적인 새로운 종교인 그리스도를 따르는 신앙 운동, 즉 그리스도교가 형성된 것입니다. 그래서 바울을 '기독교의 창시자'라 부를 수도 있겠다는 말이 나오는 것입니다.

### 바울 서신의 삶의 자리(2): 예수님은 언제 다시 오시는가?

초대교회는 아마도 예수의 다시 오심, 즉 재림이 임박했다고 생각했을 것으로 보입니다. 사도행전 1장 11절을 보면 예수께서 승천하실 때 흰옷을 입은 사람들이 "갈릴리 사람들아, 어찌하여 하늘을 쳐다보면서 서 있느냐? 너희를 떠나서 하늘로 올라가신 이 예수는 하늘로 올라가시는 것을 너희가 본 그대로 다시 오실 것이다" 하고 말씀하신 것이 기록되어 있습니다.

하지만 예수의 재림은 지연되고 시간만 계속 흐르는 그런 상황에서 '과연 예수의 다시 오심을 기다리는 것이 필요한가?' 이런 의문이 생겼을 것입니다. 그래서 예수님의 말씀은 믿을 수 없을 것 같다는 회의적인 견해도 등장했을 것입니다. 이것이 바로 바울 서신의 또 하나의 문제 상황이고, 또한 삶의 자리라고 볼 수 있지 않을까 생각합니다.

### 언제인지 아니고 어떤 자세인지

요엘서에서 찾은 '주님의 날'이란 표현이 데살로니가전서에도 등장합니다.

> 주님의 날이 밤에 도둑처럼 온다는 것을, 여러분이 잘 알고 있습니다. 사람들이 "평안하다, 안전하다" 하고 말할 그 때에, 아기를 밴 여인에게 해산의 진통이 오는 것과 같이, 갑자기 멸망이 그들에게 닥칠 것이니, 그것을 피하지 못할 것입니다(살전 5:2-3).

이 본문은 예수께서 부활 승천하신 후 다시 오시기로 한 재림을 기대하고 있는 교회의 상황에서 기록된 것입니다. 구약성서의 야훼의 날이란 표현을 바울 사도는 이제 '주님의 날'로 변용하고 있습니다.

우리가 어떤 일을 계획하고 미리 준비하고 있으려고 하지만 실제로는 그 계획이나 준비한 것들을 무력화시키는, 생각지도 못한 일들이 발생할 때가 많습니다.

데살로니가전서 본문에서 사도 바울은 그날이 언제인지는 모르지만, 갑자기 닥칠 것이라고 말합니다. 그 주님의 날은 요엘서에서 읽었던 바와 같이 멸망의 날입니다. 예측하고 미리 준비할 수 있는 것이 아니라 마치 해산의 진통처럼 갑작스럽게 닥치는 것입니다. 그런 의미에서 우리 인간의 준비는 완벽하기 힘들다고 하겠습니다. 우리가 최선을 다해서 준비하고 맞이하고자 하지만, 우리가 대비한 것과는 다른 하나님의 섭리와 개입이 가능함을 전제로 해야 합니다.

주님의 날이 언제인지 우리는 정확히 알 수 없습니다. 여러 이단적 교설들이 자신들만큼은 그 시점을 정확하게 계시받았다고 주장합니다. 이른바 시한부 말세론입니다.*

어떤 시한부말세론을 주장했던 집단은 1992년 10월 28일 휴거가 일어나니 가정도, 직장도, 또 학교도 다닐 필요가 없다고 주장했습니다. 어차피 지상천국이 도래하면 현세의 재물은 필요가 없으니 포교를 위해 다 헌납하라고 요구한 집단도 있었습니다. 하지만 조금만 지나면 그 주장들이 모두 거짓이었음을 확인하지 않았습니까?

오늘날 많은 신학자는 종말이란 크로노스chronos, 수평적인 시간 상의 어느 특정한 시점에 일어나는 사건이라기보다는 그 수평적인 연속선상에 하나님께서 수직적으로 개입하시는 그런 '때', 즉 카이로스kairos를 말하는 것으로 해석합니다. 베드로후서 3장 8절 말씀

---

* https://blog.daum.net/psb8232/8344.

을 따르면 "주님께는 하루가 천 년 같고, 천 년이 하루 같습니다." 따라서 우리에게 이런 종말론적 관점이 제대로 확립되어 있어야만 현실 역사 속에서의 어려움을 극복하고 고난을 이겨낼 힘이 생기는 것입니다.

우리는 이제 '야훼의 날'이나 '주의 날'이 언제인지, 몇 년 몇 월 며칠일까 하는 관심은 접어야 합니다. 지나가는 시간 중 어떤 특정한 때를 기다리며 요행스럽게 그 시점을 맞출 수 있을 것에 대한 기대는 필요하지 않습니다.

이제 우리의 관심을 하나님의 개입을 전제로 살아가는 종말론적인 자세로 옮겨가야 합니다. 신앙인은 하나님께서 우리의 역사 속에 개입하신다는 전제에서 그러한 종말론적 자세로 삶을 살아야 함을 깨달을 수 있게 됩니다.

마태복음서 24장 42절 이하에 기록된 예수님의 말씀입니다.

그러므로 깨어 있어라. 너희는 너희 주께서 어느 날에 오실지를 알지 못하기 때문이다. 이것을 명심하여라. 도둑이 밤에 언제 올지 집주인이 안다면, 그는 깨어 있어서, 도둑이 집을 뚫고 들어오도록 내버려 두지 않을 것이다. 그러므로 너희도 준비하고 있어라. 너희가 생각하지도 않은 때에 인자가 올 것이기 때문이다.

마태복음서 25장에 열 처녀의 비유가 나옵니다. 그다음에 달란트의 비유, 최후 심판의 비유가 이어집니다. 왜 이런 가르침들이 묶여 있을까 고민해 볼 필요가 있습니다. 우리가 깨달아야 하는 교훈도 바로 이것 아닌가요?

서신들을 통해 우리가 확인할 수 있는 사도 바울의 선포 내용은 한마디로 요약하면 바로 "예수가 그리스도이시다"는 것입니다. 그런데 예수 그리스도의 선포의 내용은 무엇이었던가요? 마가복음서 1장 14-15절을 보면 예수께서 하나님의 복음을 선포하셨습니다.

**때가 찼다. 하나님의 나라가 가까이 왔다. 회개하여라. 복음을 믿어라.**

이처럼 복음서들은 한결같이 예수님은 '하나님 나라'를 선포하셨다고 증언합니다. 즉, 예수께서는 하나님 나라를, 바울은 예수가 그리스도이심을 중심 메시지로 삼았다고 줄여 말할 수 있겠습니다.

오늘 마가복음서 4장의 본문은 먼저 등불의 비유이고, 자라나는 씨의 비유 그리고 겨자씨의 비유로 이어져 있습니다.

## 등불이 등불다워야 등불이지

교우 여러분, 어렸을 때 석유 등잔을 사용해 보신 분들 계신가요? 차윤취형 손강영설 車胤聚螢 孫康映雪, 줄여서 '형설', 형설의 공이란 말도 있습니다. 중국 진나라 시절, 차윤이란 사람은 기름이 없어서 반딧불이를 주머니에 담아 그 빛으로 글을 읽었다거나, 또 손강이란 사람은 눈의 빛에 비추어 책을 읽었지만, 높은 벼슬에 오를 수 있었다는 이야기입니다. 석유 등잔도 그 밝기는 형편없었지요.

오늘날 물리학에서는 빛의 강도, 즉 '광도'라고 하여 빛을 내는 광원의 단위는 '칸델라'라고 합니다. 양초(candle)의 라틴어입니다.* 일반적인 촛불 한 개의 밝기를 1cd라고 합니다. 그런데 '루멘', 또 '룩스'라는 단위도 들어보셨을 것입니다. 루멘은 빛의 총량, 즉 광속의 단위로 라틴어로 빛이라고 하는 '루멘'에서 나왔습니다. 그런데 룩스는 최종적으로 비추는 면의 밝기, 즉 조도의 단위인데, 그리스어 룩스노스λύχνος에서 유래되었습니다. 사무실의 권장 조도는 750룩스라고 합니다. 빛을 내는 크기가 아니라 최종적으로 비추는 면의 밝기가 중요한 것입니다.

등불은 세상을 밝게 비추는 사명을 담당합니다. 그래서 등불을 놓는 자리가 중요합니다. 그저 '나는 밝게 빛을 비추었다'라고 하는 자기 고백으로 그치는 것이 아닙니다. 조도, 즉 등불의 효용성을 극대화시켜야 합니다. 등불을 뒷박이나 침상 아래가 아니라 등경 위에 놓는 까닭이 바로 여기에 있습니다.

한 개그맨의 표현을 빌리자면 이 말씀은 다음과 같이 요약할 수 있습니다. "등불이 등불다워야 등불이지." 이 말은 계속 이어집니다. "그리스도인이 그리스도인다워야 그리스도인이지." 또 "교회가 교회다워야 교회지."

---

* https://blog.naver.com/atago59/222384211413.

## 하나님 나라: 자라나는 씨

우리가 등불을 밝게 비추기 위해서 노력한다고 하더라도 분명히 한계가 있을 수밖에 없습니다. 우리 각자가 아무리 열심히 하더라도, 우리 교회 공동체가 수십 년 동안 한 우물로 정진한다고 하더라도 어떤 결과물을 내어놓았는지 되돌아보면 정말 보잘것없음을 확인하게 됩니다.

그렇다면 하나님 나라를 향한 우리 노력은 무의미한 것일까? 우리는 오늘 마가복음서 본문에서 그 답을 찾아야 할 것입니다. 오늘 본문에서 예수께서는 이렇게 말씀하십니다.

하나님의 나라는 이렇게 비유할 수 있다. 어떤 사람이 땅에 씨를 뿌려 놓고, 밤에 자고 낮에 깨고 하는 동안에 그 씨에서 싹이 나고 자라지만, 그 사람은 어떻게 그렇게 되는지를 알지 못한다. 땅은 열매를 저절로 맺게 하는데, 처음에는 싹을 내고, 그다음에는 이삭을 내고, 또 그다음에는 이삭의 알찬 낟알을 낸다. 열매가 익으면, 곧 낫을 댄다. 추수 때가 왔기 때문이다(막 4:26-29).

이어지는 겨자씨의 비유에서도 마찬가지입니다.

우리가 하나님의 나라를 어떻게 비길까? 또는 무슨 비유로 그것을 나타낼까? 겨자씨와 같으니, 그것은 땅에 심을 때에는 세상에 있는 어떤 씨보다도 더 작다. 그러나 심고 나면 자라서, 어떤 풀보다 더 큰 가지들을 뻗어, 공중의 새들이 그 그늘에 깃들 수 있게 된다(막 4:30-32).

## 마무리

심훈<sup>*</sup>의 〈그날이 오면〉이라는 시, 기억하십니까?

그날이 오면 그날이 오면은
삼각산이 일어나 더덩실 춤이라도 추고
한강 물이 뒤집혀 용솟음 칠 그 날이
이 목숨이 끊기기 전에 와 주기만 할 양이면
나는 밤하늘에 나는 까마귀와 같이
종로의 인경人磬을 머리로 들이받아 울리오리다.
두개골은 깨어져 산산조각이 나도
기뻐서 죽사오매 오히려 무슨 한이 남으오리까.

그날이 와서 오오 그날이 와서
육조六曹 앞 넓은 길을 울며 뛰며 뒹굴어도
그래도 넘치는 기쁨에 가슴이 미어질 듯하거든
드는 칼로 이 몸의 가죽이라도 벗겨서
커다란 북을 만들어 들쳐 매고는
여러분의 행렬에 앞장을 서오리다.
우렁찬 그 소리를 한 번이라도 듣기만 하면

---

\* https://ko.wikipedia.org/wiki/%EC%8B%AC%ED%9B%88.

그 자리에 거꾸러져도 눈을 감겠소이다.

_ 심훈 〈그날이 오면〉


경성제1고등보통학교(현 서울 경기고등학교)에 입학해 학교를 다니던 심훈은 4학년이던 1919년 3·1운동에 참여하였고, 3월 5일 남대문 학생시위에서 구속되어 8개월 형을 받아 투옥되었고, 학교에서도 퇴학 처분을 받았습니다. 〈그날이 오면〉은 심훈이 3·1운동에 가담하여 서대문형무소에 있을 때 쓴 시로 알려져 있습니다.

나그네에게 보답하기 위해 상원사 동종을 머리로 들이받아 울렸던 꿩*처럼 종로의 인경을 머리로 들이받아 울리겠다는, 또 자신의 몸의 가죽을 벗겨 북을 만들어 행렬에 앞장서겠다는 시구詩句에서 심훈 시인에게 그날이 그의 마음에 얼마나 절절한 과제였는지를 미루어 짐작할 수 있습니다. 영국 옥스포드 대학의 바우라C. W. Bowra 교수는 전 세계의 저항시들을 연구했는데, 그중에 심훈의 시 〈그날이 오면〉을 극찬했다고 합니다.**

제가 1977년 10월 이른바 '대통령긴급조치제9호위반'이라는 죄목으로 감옥에 갔던 적이 있습니다. 재판을 받으면서 항소심 때 최후진술에서 외워 읊었던 시이기도 합니다. 또 해방 후 1949년 발행된 유고 작품집 이름이기도 합니다.*** 물론 서울대 앞에 있는 인문과학 서점 이름이기도 합니다.****

---

* https://ncms.nculture.org/traditional-stories/story/160.

** https://www.muncon.net/125.

*** https://terms.naver.com/entry.naver?docId=550511&cid=46645&categoryId=46645.

**** http://www.gnal.co.kr/shop/view.php?bbs_id=help&doc_num=241.

저는 그 시에 나오는 '그날'은 1945년 해방 때까지 아무런 실체가 없는 공허한 개념이었다고 생각하지 않습니다. 이미 심훈 시인의 마음과 그의 실천 속에 잉태되어 마치 겨자씨처럼 커가고 있던 '실체'요, 또 '현실'이었을 것입니다.

　그날이 오면… 야훼의 날, 주의 날, 그날 그리고 하나님의 나라는 하나님 나라를 추구하는 그리스도인들 가운데 삶의 목표로 이미 우리 가운데 현존하고 있습니다.

그날이 오면
― 평화와 정의를 위한 증언록

2021년 12월 15일  처음 펴냄

지은이 | 김거성
펴낸이 | 김영호
펴낸곳 | 도서출판 동연
편  집 | 김구 박연숙 정인영 김율 이새한  디자인 | 황경실
등  록 | 제1-1383호(1992. 6. 12.)
주  소 | 서울시 마포구 월드컵로 163-3
전  화 | (02)335-2630  전  송 | (02)335-2640
이메일 | yh4321@gmail.com
블로그 | https://blog.naver.com/dong-yeon-press

ISBN 978-89-6447-744-1 04040
ISBN 978-89-6447-743-4 (김거성 에세이)